全国学前教育专业"十二五"系列规划教材

幼儿园多媒体课件制作实用教程

（上册）

主　　编：卢明存　丁　成

副主编：丁光雪　王　刚

王学军　郭丛晓

胡新建

南开大学出版社

天　津

图书在版编目(CIP)数据

幼儿园多媒体课件制作实用教程.上册 / 卢明存，
丁成主编. —天津：南开大学出版社，2016.9(2021.3 重印)
ISBN 978-7-310-05206-6

Ⅰ.①幼… Ⅱ.①卢… ②丁… Ⅲ.①幼儿园－多媒
体课件－制作－教材 Ⅳ.①G436

中国版本图书馆 CIP 数据核字(2016)第 203343 号

幼儿园多媒体课件制作实用教程(上册)
YOU'ERYUAN DUOMEITI KEJIAN ZHIZUO SHIYONG JIAOCHENG (SHANGCE)

南开大学出版社出版发行
出版人：陈　敬
地址：天津市南开区卫津路 94 号　　邮政编码：300071
营销部电话：(022)23508339　营销部传真：(022)23508542
http://www.nkup.com.cn

三河市同力彩印有限公司印刷　全国各地新华书店经销
2016 年 9 月第 1 版　　2021 年 3 月第 4 次印刷
260×185 毫米　16 开本　13 印张　298 千字
定价：29.80 元

如遇图书印装质量问题,请与本社营销部联系调换,电话:(022)23508339

前　言

教育部 2012 年 2 月 10 日颁布的《幼儿园教师专业标准（试行）》规定：幼儿教师要"具有一定的现代信息技术知识"。同时发布的《小学教师专业标准（试行）》规定：小学教师要"具有适应教育内容、教学手段和方法现代化的信息技术知识"。这就是说幼儿教师具有的信息技术知识，应该是与教育内容、教学手段和教学方法相适应的现代信息技术知识。课件是现代信息技术教学手段，幼儿教师应该了解课件的制作方法，掌握课件的使用方法，能够制作简单的课件，使用课件教学。为了使学生了解课件这一现代信息技术教学手段。我们特编写《幼儿园多媒体课件制作实用教程》这一套教材。

课件，即课堂教学软件的缩写。制作课件，就是把与教学有关的视频、图片、声音、动画、文字等媒体，根据课堂教学的需要，按照既定的顺序和位置组装在一起。因此，课件制作人应该具备下列条件：第一、掌握处理视频、图片、声音、动画、文字的数字技术，具有处理这些素材的能力；第二、能够根据教学的需要，用数字手段把教学素材有机地组合起来做出课件。本教材依据课件制作人应该具备的条件编写，分上下两册，上册介绍课件素材的处理技术，下册介绍课件的拼装技术。

编写中，我们始终针对读者是中等幼儿师范的学生。与高中生和大学生相比，她们形象的、具体的思维能力比较强，理性的、抽象的思维能力比较弱。根据她们的这一心理特点，我们抛弃了从理论到理论的传统编写方法，按照先实践、后理论、再实践的顺序编写，先让读者获得对信息技术的感性认识，在此基础上上升到理论认识，然后，再回到实践中去解决课件制作中的实际问题。这也符合"实践—认识—再实践—再认识"的认知规律。

人都有获得成功的欲望。幼儿师范这些女孩子的成功欲望更为迫切。为了满足她们的这一心理，教材以案例为主线进行编写。这些案例都是经过精选的，具有一定的趣味性和很强的实践性。她们在学习课件制作的过程中能够获得成功带来的快感，学习的案例可以在幼儿园的教学中套用。她们只要掌握了案例，就比较容易掌握案例所包含的信息技术理论。为了保证每个读者都能够根据教材、按图索骥做出案例，每个案例都有详细的操作方法。

每个案例不全是新的信息技术，也不全是学习过的信息技术，而是新旧信息技术的组合体。所以，学习一个案例，既有对旧知识的复习，又有对新知识的获得，既可温故，又能知新，实现了复习巩固与传授新知双重功效。

教材，不是为某一所学校的学生编写的，也不是为某一个班级编写的，更不是为某一个人编写的，而是为某一个年龄段、某一个层次的读者编写的。它切合这个年龄段、这个层次的大多数读者的实际情况。所以，教师在使用教材的时候不可生吞活剥，读者在看这本书的时候不可过于拘谨。

　　本书在编写过程中，得到了一些兄弟学校的大力支持，以及朋友们、同仁们、网友们的鼎力相助。在此深表感谢！

编者

2016.6.1

目　录

第一部分　图

第一章　画图软件"金山画王 2006 专业版"·····················3
第一节　软件的安装·····················3
第二节　孤帆远影碧空尽·····················4
第三节　大海航行靠舵手·····················17
第四节　风吹草低见牛羊·····················23
第五节　变脸男孩·····················34
第六节　飞流直下三千尺·····················40
第七节　一江春水向东流·····················48
第二章　美图秀秀·····················53
第一节　美图秀秀 3.8.1 的安装·····················53
第二节　让青春放射光芒·····················54
第三节　不花钱的服饰·····················65
第四节　喂，我是你的朋友·····················74
第三章　图像处理软件 photoshop cs 8.0.1 绿色版·····················81
第一节　三头六臂·····················81
第二节　凿壁偷光·····················91
第三节　城门失火，殃及池鱼·····················97
第四节　怒发冲冠·····················101

第二部分　小动画

第四章　对象动画软件 Ulead GIF Animator 5·····················113
第一节　我心飞翔·····················113
第二节　怒发冲冠·····················119
第五章　文字动画软件 Xara 3D v6.0·····················126
第一节　旋转的课题·····················126
第二节　让课件内容更精彩·····················134

第三部分　声音

第六章　把文字转换成声音的软件 MagicVoice ·················· 143
第七章　声音的录制软件 Cool Edit Pro V2.1 简体中文版 ·········· 146
　　第一节　录音 ··· 146
　　第二节　变音 ··· 154
　　第三节　合唱 ··· 158
　　第四节　合成 ··· 164

第四部分　视频

第八章　视频处理软件会声会影 ······························· 175
　　第一节　会声会影的安装 ··································· 175
　　第二节　录像处理 ··· 175
　　第三节　改造 MV ·· 184
　　第四节　爱我你就抱抱我 ··································· 190
　　第五节　我要演电视剧 ····································· 198

第一部分　图

　　图分为图形、图片两大类。图形，一般指能够使用画图工具直接画出的规则图和由规则图组合而成的图。如直线、三角形、四边形、多边形、圆柱、圆台等。图片，一般指不规则的图。如使用画图工具画出的人物、花草、河流山川。有时候，图片泛指所有类型的图，包含图形、照片和画出的不规则图。

　　图是课件的主要元素。特别是幼儿园的教学课件，离不开图。小孩子的大脑几乎是一片空白，他们需要感受各种事物，建立对事物的感性认识；他们的抽象思维能力差，需要借助于具体形象的事物进行思维。所以，课件中有大量的图。为了使读者能够制作出像样的课件，我们将在这一部分介绍关于图的计算机技术。

　　这一部分分三章，第一章介绍电脑绘画技术，第二、三章介绍电脑处理图片的技术。画图软件有多种，其中金山画王绘制卡通图、儿童画的功能比较强，而且操作简单，符合幼儿教育的需要，在幼儿师范学生的认知能力范畴之内。另外，当前比较流行的图形处理软件还有美图秀秀和 Photoshop。美图秀秀操作简单，Photoshop 功能强大是课件制作所需要的。因此，我们分两章来分别介绍美图秀秀和 Photoshop。

第一章 画图软件"金山画王 2006 专业版"

　　金山画王是当前国内和国际上比较流行的画图软件，在国内，主要是小孩子们学习电脑绘画的工具；在国外，尤其是西欧，很多成年人使用它画画，它被称之为成年人的画图玩具；是一种老少皆宜的绘画工具。

　　金山画王以画卡通图为主。卡通图线条夸张，色块明显。幼儿对颜色的辨别能力比较差。比如，色彩识别能力强的成年人能够辨别出 200 多种不同色阶的灰色，小孩子只能够辨别出 4、5 种，甚至更少。因而，他们喜欢色阶比较少的卡通画。幼儿对事物形象的认识是概括性的，感知到的常常是事物形象的特点，而并非事物的全部。照片真实地反映事物的形象，国画精确地描绘事物，它们对事物的刻画非常细腻；卡通画反映的是事物的特点，符合幼儿认识事物形象的特性。因而，幼儿喜欢形象特点鲜明的卡通形象。

　　看菜吃饭，量体裁衣，教学也要因材施教。幼儿园各个学科的教学都必须充分考虑幼儿的认知特点。只有这样，才能够获得好的教学效果。所以，幼师生学会用金山画王作画，对她们日后从事幼儿教育工作大有好处。

第一节 软件的安装

　　购买正版金山画王软件进行安装，打开名称为"金山画王 2006 专业版"的文件夹，会发现两个红色的图标，其中一个名称是"setup"，双击它，出现如图 1.1 所示的安装界面。

　　单击"全部安装"按钮，指定安装的位置（一般选择 C 盘），选择安装的版本"fly2006"，单击"继续"按钮，可以看到安装的进度，如图 1.2 所示。

　　安装完成，会提示"安装成功，谢谢使用本软件"。如图 1.3 所示。这时，单击"信息"栏上的"✓"，结束安装。

　　计算机会自动把打开金山画王软件的快捷方式图标放置在桌面和开始菜单里。我们可以从这两个地方打开金山画王软件。

图 1.1

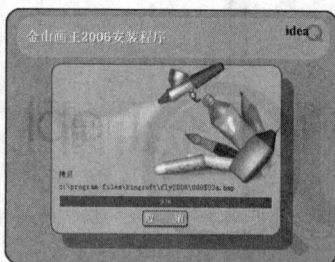

图 1.2

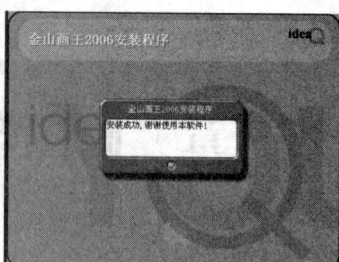

图 1.3

第二节　孤帆远影碧空尽

【编写意图】

（1）介绍金山画王的启动方法。

（2）介绍金山画王的窗口构成。

（3）介绍"几何画板"的使用方法。

（4）介绍"倒色"桶的使用方法。

（5）介绍"文字"工具的使用方法。

任务：给古诗句"孤帆远影碧空尽"配一幅图。

任务分析：做事情都是需要工具的，除草需要锄头，挖地需要镢头，炒菜需要锅和铲子，给古诗词配图也是需要工具的。所以，要给这句古诗配图，首先要打开金山画王软件。

从诗句的字面看，要给这句古诗配图，需要画出一只挂着白帆的小船和碧蓝色的天空。船是在水里行走的，要画船，还需要画承载船的大海。如果想美化配图，还可以在海面上画些海鸥，在天际画一些漂浮的白云。

画图首先要确定的是画图的范围，即在哪个区域画的问题。所以，给这句古诗配图，首先要画一个长方形区域，以此确定绘画的地方。当然，要把它画得大一些，放置在屏幕的中间，也可以把这个长方形边框做成一个相框。

画天和海，重要的是画天和大海的分界线，即地平线。把地平线画在什么位置比较合适呢？通常把地平线画在画纸的黄金分割线上，即画面高度的三分之一处。将画幅的高度三等分，过等分点所做的水平线段，就是这幅画的垂直黄金分割线。对应的还有两条水平黄金分割线。地平线应该是水平放置的黄金分割线。水平黄金分割线有两条，应该选用哪一条呢？这要看表现的主体，如果以表现天空为主的话，那么应该选用下面的黄金分割线；如果以表现大海为主的话，那么应该选用上面的黄金分割线。这首古诗是既表现大海，也表现天空，从诗句的字面意思来看，表现天空的成分比较大，所以应该把地平线画在下面的黄金分割线上。

【任务分解】

任务 1：打开金山画王。

操作方法：

方法一：用快捷方式。双击桌面上金山画王快捷方式图标 →再单击屏幕其他位置。

方法二：用"开始"菜单。单击"开始"菜单→鼠标指向"程序"→鼠标再指向"金山画王 2006"→单击有快捷方式图标的"金山画王 2006"→最后单击屏幕其他位置。

金山画王的窗口如图 1.4 所示。从图 1.4 中可以看出，窗口分为五个区域，右边的长方形区域叫作右区，放着画图的一级工具；左边的长方形区域叫作左区，主要放置着隶属于右区的二级工具；下面的长方形区域叫作下区，主要放置着调整二级工具属性的工具；上面的长方形区域叫作上区，放置的主要是对整幅画编辑的工具；中间的长方形区域叫作中区，也叫画纸，是作画的地方。

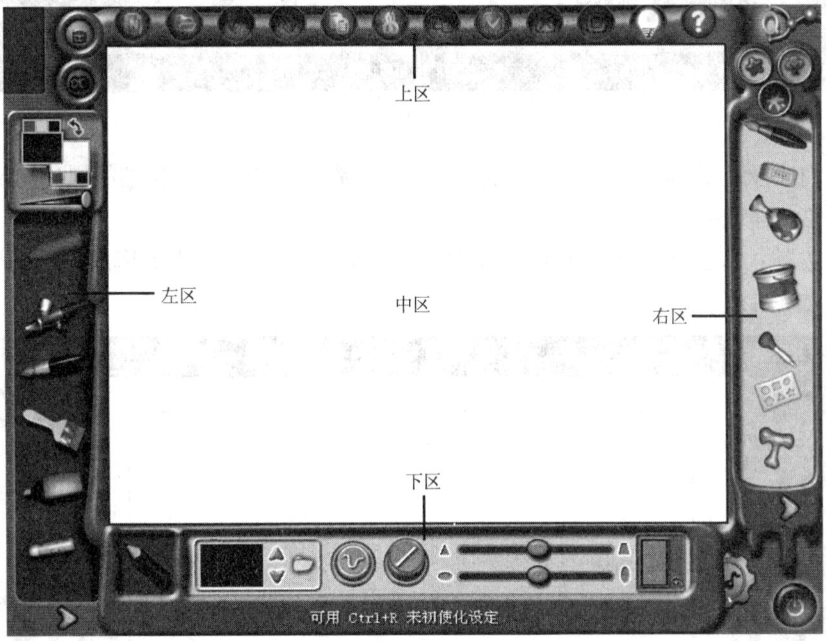

图 1.4

鼠标指针在工具图标上停留片刻，计算机会自动显示这个工具的名称。如果不知道某个工具图标所表示的含义，就可以按照这样的方法知道工具的名称。

任务 2：画一个细线黑色长方形表明画图的范围。

操作方法：单击右区的"画板"按钮（右区上边，红底圆形按钮，其实是一个选项卡）→单击右区的"几何图形"（通常叫它几何画板）图标→单击左区的"矩形"按钮→在下区，向左拖动"线粗细"滑动按钮，使其值为"线粗细（1）"（鼠标指针在滑动按钮上暂停，会自动显示表示线粗细程度的值）→多次单击下区右边的铅笔图标，当出现"麦克笔"时停止→在中区拖放出一个长方形。如图 1.5 所示。

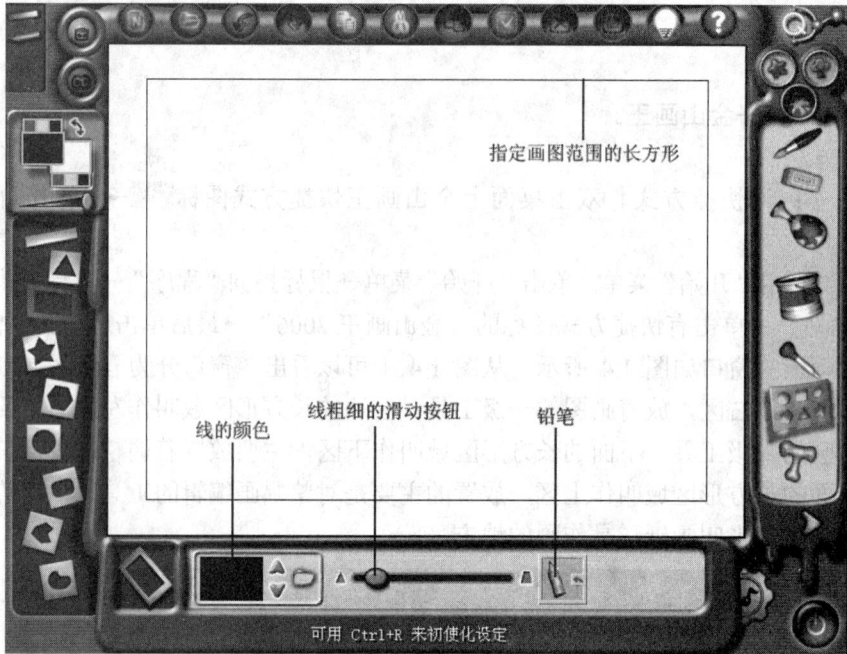

图 1.5

当我们选择画矩形的工具之后，计算机默认的是用铅笔画中等粗细的黑色矩形。

任务 3：画地平线。

操作方法：单击左区的"直线"工具→在下水平黄金分割线上拖放出一条直线作为地平线，如图 1.6 所示。

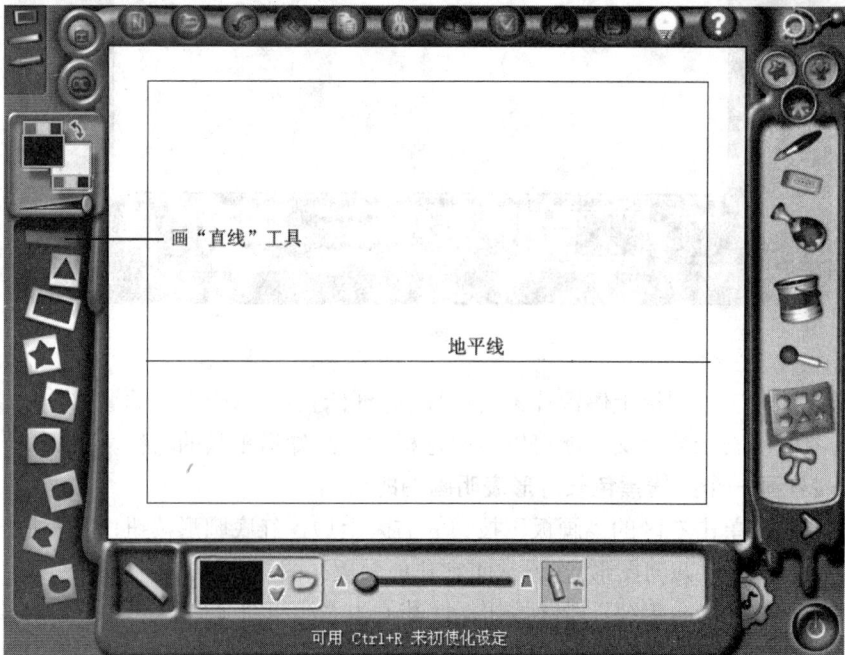

图 1.6

注意：地平线一定要和边框相连接，如果与边框之间有距离，那么在给天空或者大海涂色的时候，会串通颜色，这样就无法给大海和天空添加颜色了。

任务 4：画天空和大海。

操作方法：单击右区"倒色"桶→单击左区"区域渐变倒色"桶→在左区或者下区选择"前景色"，天空选择"蔚蓝"，大海选择"深蓝"→在画纸上天空的位置，自上而下地拖放→在大海的位置，自下而上拖放。如图 1.7 所示。

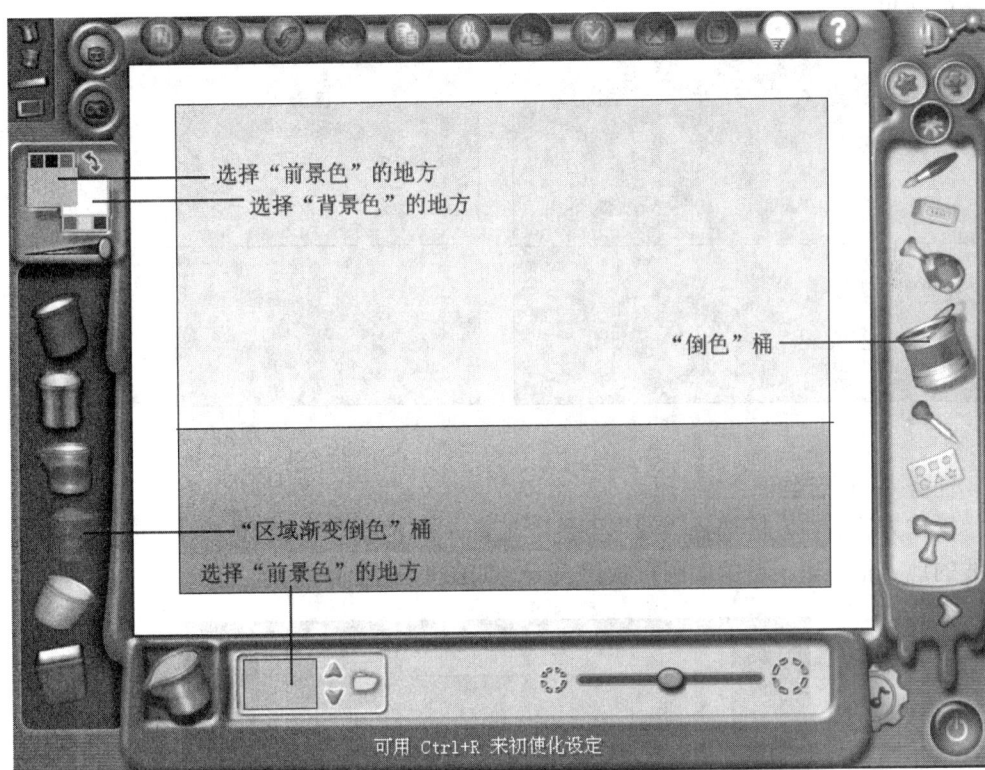

图 1.7

从开始按下鼠标到放开鼠标，依次出现的是前景色和背景色。由于空气中有水蒸气，使得远处的颜色比较浅，显得略微有些白，所以，在晴天时放眼望去，蔚蓝的天空，越接近地平线颜色越浅。计算机默认的背景色是白色，我们选择蔚蓝色作为天空的颜色，深蓝色作为大海的颜色，就选择了前景色。因此，要自上而下拖放画出天空，自下而上拖放画出大海。

选择前景的时候，会出现一个调色盘，我们叫它"颜料盘"。如图 1.8 所示。

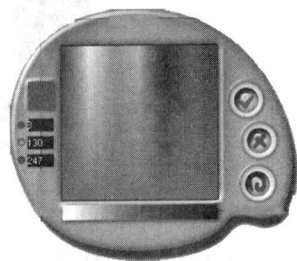

图 1.8

单击要选择的前景色，再单击"✓"按钮，可以确定要选择的颜色。单击"✕"按钮，可以关闭颜料盘。

任务 5：画小帆船。

操作方法：在"几何画板"里选择画"直线"的工具→在下区或者左区选择前景色

"黑红"→在远处，靠近地平线的海面上拖放出一条水平放置的细短线，代表船体→画一条树立的黑色细短线表示桅杆→以桅杆为边做一个黑色的三角形边框。如图 1.9 所示。

打开"倒色"工具，在左区选择"区域倒色"工具（注意：不是"区域渐变倒色"桶）→选择"白颜色"→在帆的位置单击。

如果涂上的白色是一条线段，或者整个屏幕都是白色，或者边框呈白色，那么，请按 Ctrl+Z 键，撤销原来的涂色方案，拖动下区的滑动按钮，重新涂色。就会得到如图 1.10 所示的效果。

 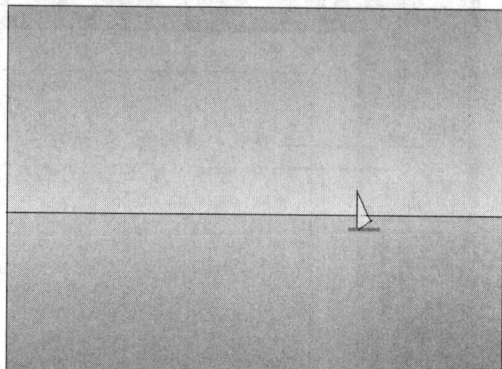

图 1.9   图 1.0

任务 6：画云丝。

操作方法：在左区选择"圆形倒色"工具→在下区选择"白色"→在天空上接近地平线的地方拖放出一些偏椭圆形状代表云。如图 1.11 所示。

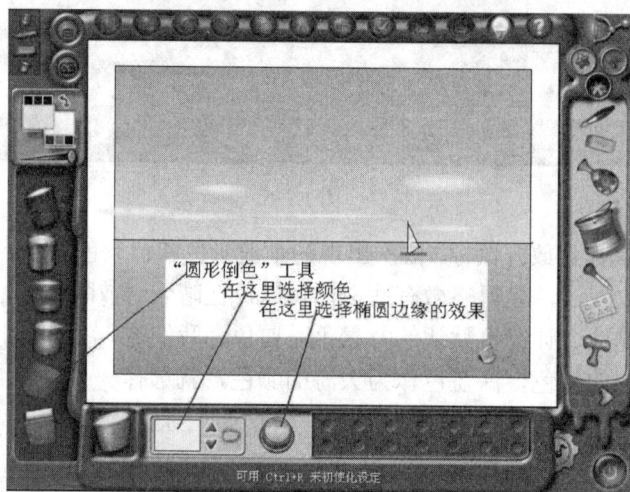

图 1.11

使用这个工具可以画两种椭圆，一种是边缘柔化的椭圆，一种是边缘没有柔化的椭圆，计算机默认的是边缘柔化的椭圆。

任务 7：画海鸥。

操作方法：单击左区的"直线"工具→选择"白颜色"→在画纸的右下角拖放出一

些 V 字，代表海鸥。

　　任务 8：在画纸的下方输入题目"孤帆远影碧空尽"。

　　操作方法：单击右区下面的"T"字→在画纸中光标位置输入"孤帆远影碧空尽"→在下区单击"粗体"按钮、"斜体"按钮、"渐变"按钮，选择字体和字体的颜色以及字体的大小→按住 Ctrl 键拖放，把文字放到一个合适的位置。得到效果如图 1.12 所示。

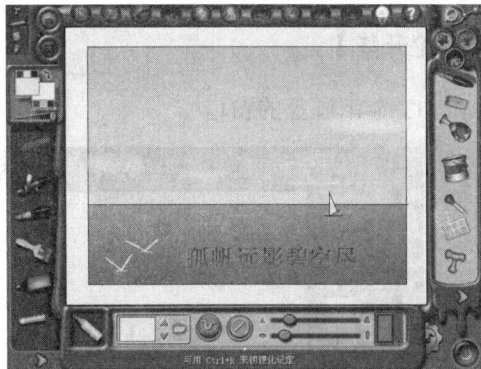

　　任务 9：装裱，做一个木头相框。

图 1.12

　　操作方法：重新画一个黑色长方形，覆盖原来的用来界定作画范围的长方形。

　　单击右区"倒色"桶→在左区选择"区域倒色"工具→单击下区的"绿箭头"，出现"木头纹理"时停止单击→在边框内部单击。如图 1.13 所示。

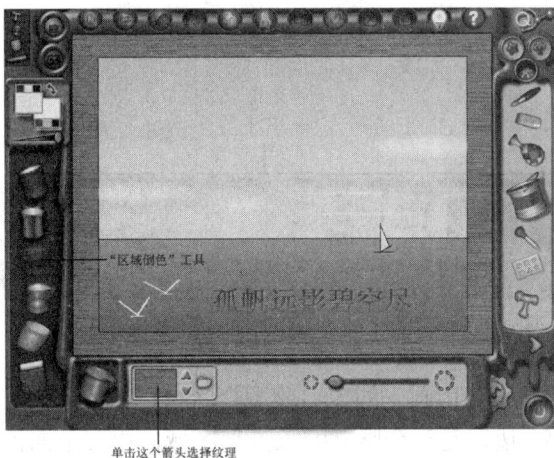

图 1.13

最终效果如图 1.14 所示。

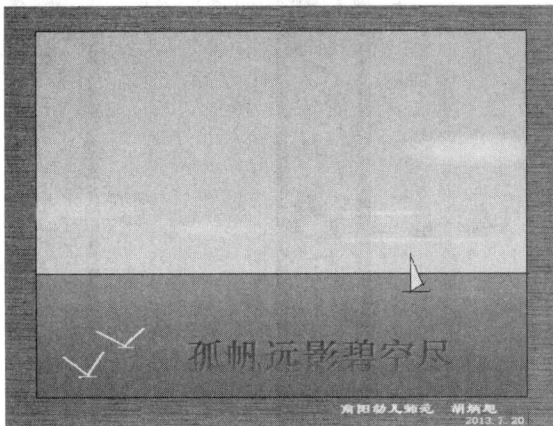

图 1.14

【理论升华】

1. 金山画王的窗口

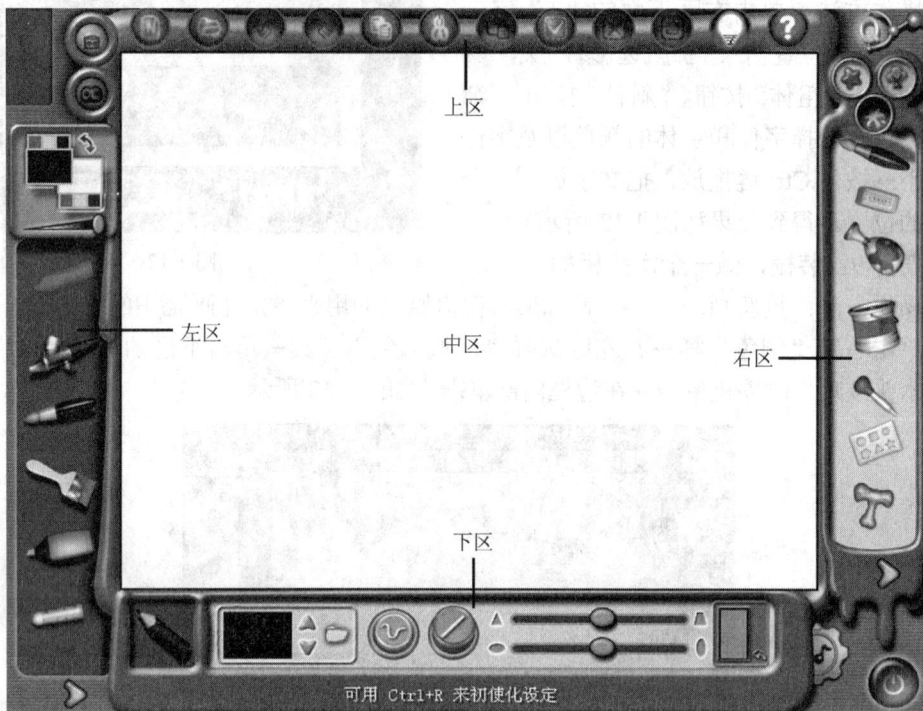

图 1.15

从图 1.15 可以看出，金山画王的窗口分五个区域：右区、左区、下区、上区和中区。

右区，在窗口的右边，是一个竖立的长方形区域，由三个面板组成：画板、图库和暗房。如图 1.16 所示。这三个面板重合在一起，单击右区上面的三个圆圈，可以把需要的面板调整至上层，显示面板中的工具。单击"红色"底纹的圆，可以打开"画板"；单击"蓝色"底纹的圆，可以打开"图库"；单击"黄色"底纹的圆，可以打开"暗房"。"画板"面板里放置的是一些画图的

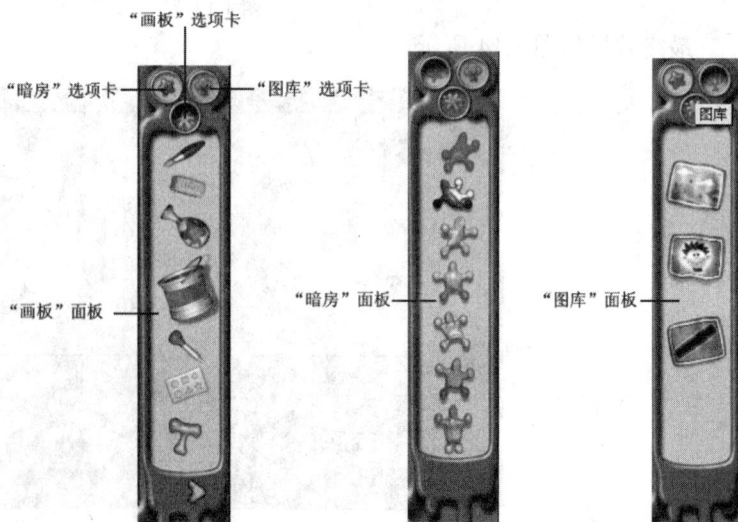

图 1.16

工具；"图库"面板里放置的是一些供用户选用的成品图，"暗房"面板里放置着一些增加图片效果的工具。

左区，在窗口的左边，是一个竖立的长方形区域。如图 1.17 所示。左区分四个小的区域，左上角显示过去的操作，叫历史记录；右上角的两个圆形按钮是用来管理文档的叫文件管理；中间的正方形是用来调整对象的颜色的，叫颜色；下面的竖立长方形区域放置的是工具，这些工具隶属于右区的某一个，叫作工具箱。比如，画地平线的时候，在右区的画板下选择笔，在左区的工具箱里就会显示各种各样的笔，有铅笔、喷枪、水彩笔、刷子、麦克笔、粉笔等。画海水和天空的时候，单击右区的"倒色"桶，在工具箱里会显示隶属于它的各种各样的倒色小桶。

下区，是一个位于窗口下面的水平放置的长方形区域，这个区域显示的是左区的一些功能和其下属的对象。比如，当我们选择了画线的铅笔之后，这个区域显示的是线的颜色、线形、笔尖的粗细和形状，可以在这里选择画线的颜色、线的粗细、线条两头的形状和线的曲直。当在左区选择了调用图片的类型之后，这里会显示属于这个类型的各种各样的图片。如图 1.18 所示。

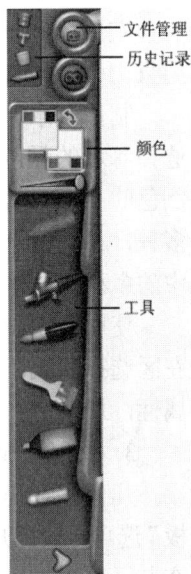

图 1.17

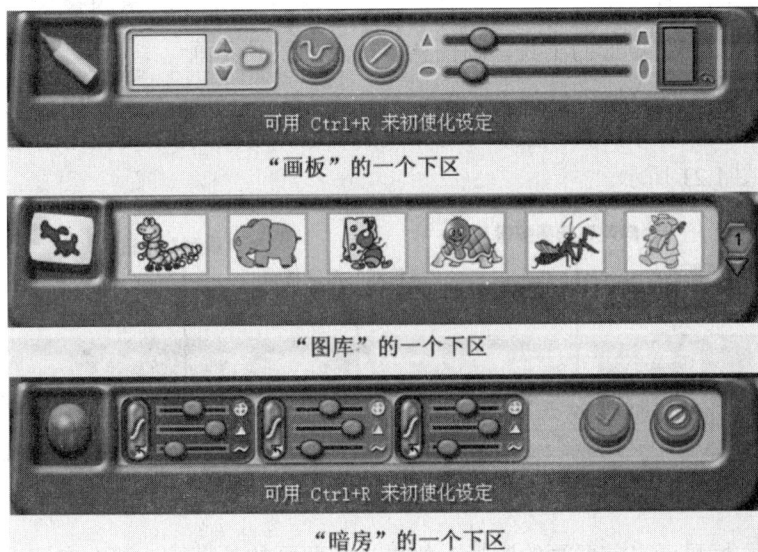

图 1.18

上区，指的是位于窗口上方的一个水平放置的长方形区域。这里放置着一些编辑图片的工具和一些针对整幅画的操作工具。如图 1.19 所示。

图 1.19

中区，即窗口中间的区域，它也叫画纸，是作画的地方。

2. 窗口各区域的隶属关系

左区隶属于右区，下区隶属于左区，上区管理中区，中区是其他区域综合应用的结果。

制作海水，先在右区选择"倒色"桶，再在左区选择一个倒色的小桶，然后在下区选择海水的颜色和容差值等，最后，在中区单击或者拖动给海面涂上颜色。在右区选择倒色的小桶，其实是选择了一种画图的工具，这种工具有很多种，在左区选择小桶，其实是选择了隶属于右区画图工具中的多种工具中的一种。

使用金山画王作画，通常先在右区选择一种工具，再在左区选择隶属于它的一种工具，然后在下区确定这种工具的属性，最后，在画纸上作画。

3. 几何画板

几何画板是画板下面的一个画图工具，单击右区的"画板"选项卡，打开画板面板，在画板面板里单击"几何画板"，在左区可以显示几何画板里的内容，即隶属于几何画板的各种画图工具。如图 1.20 所示。有画直线的工具，画三角形的工具，画矩形的工具，画五角星的工具，画六边形的工具，画圆的工具，画圆角矩形的工具，画任意多边形的工具和画任意曲线的工具。

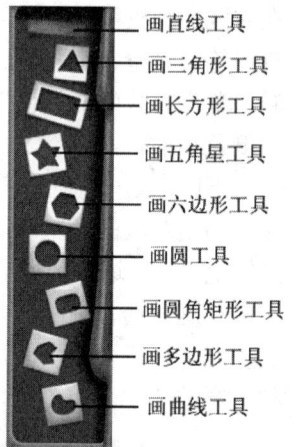

画直线工具
画三角形工具
画长方形工具
画五角星工具
画六边形工具
画圆工具
画圆角矩形工具
画多边形工具
画曲线工具

图 1.20

单击一种工具，下区自然显示与之相关的属性。这些属性一般包括颜色、线的粗细和线型。如图 1.21 所示。

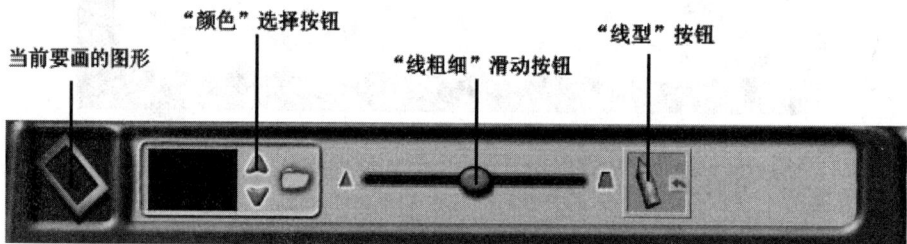

当前要画的图形
"颜色"选择按钮
"线粗细"滑动按钮
"线型"按钮

图 1.21

左边的方框显示当前要画的图形。如果当前要画的是直线，那么在这里将显示一把尺子。如果当前要画的是矩形，那么在这里显示的是一个矩形。

使用几何画板画图，得到的是线框，不包含图形的内部。用五角星工具画出的是五角星轮廓，用三角形工具画出的是三角形的轮廓线，并不向图形的内部填充。如果想在图形中填充颜色，那么需要使用另外的工具加工。当我们选择了几何画板中的画图工具之后，计算机默认线条的颜色是黑色，粗细是中等，线型是铅笔。图形的这些属性是可以修改的。

（1）颜色的选择。金山画王里的线的颜色有三类，一类是纯色，一类是纹理，还有一类是图片。

①纯色的选择。如图 1.22 所示。单击颜色选择按钮左边的黑色长方形，在弹出的颜料盘上选择需要的颜色，单击"✓"按钮表示确定，并关闭颜料盘。单击"✗"按钮关闭颜料盘；单击"恢复"按钮表示撤销原来的选择，可以重新选择颜色。拖动"色阶选择线"，可以设置颜色的成色，如果选择了蓝色，计算机默认的是中等程度的蓝，如

"三原色设置"框
"确定"按钮
"关闭"按钮
"恢复"按钮
"色阶"选择线

图 1.22

果希望蓝色重一些，那么可以把色阶选择线向右拖动一些；当然，如果把色阶选择线向左拖动，蓝色就会淡一些。在"三原色设置框"里输入数，可以获得精确的颜色。

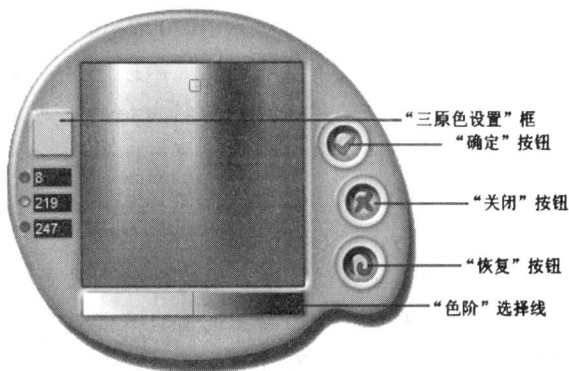

②纹理的选择。在安装金山画王的时候，计算机自动安装了 42 种纹理，放置在 C:\Program Files\KingSoft\fly2006\glib\tex\draw 下。如图 1.23 所示。单击"颜色选择"按钮，便从纯色设置切换到了纹理设置，每单击一次"颜色选择"按钮，就可以获得一种纹理。当颜色选择按钮左边的长方形出现某种纹理时，画出的线就是这种纹理。比如说，在这个长方形里出现的是木纹，那么画出的线就是木纹。

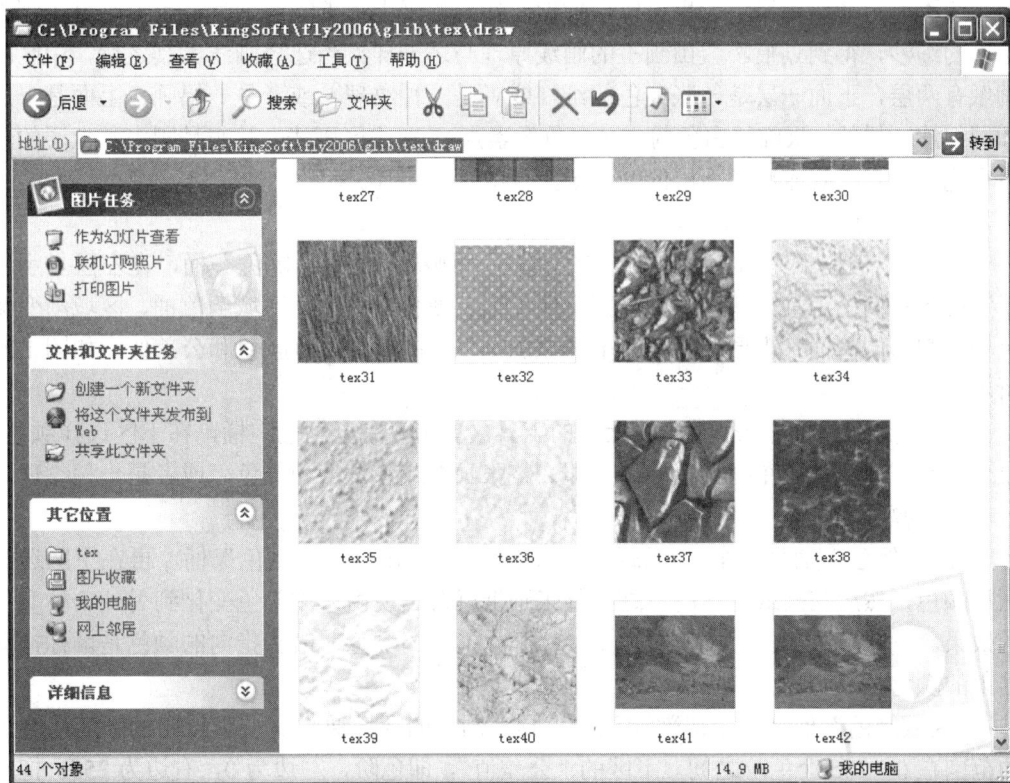

图 1.23

我们也可以把自己喜欢的纹理放进金山画王里，只要把自己喜欢的纹理图片的文件放到 C:\Program Files\KingSoft\fly2006\glib\tex\draw 里，并仿照原来文件名称序列给新增加的文件起个名字就可以了。比如，原来有 40 种纹理，最后一种纹理的名称是 tex40，那么你新增加的纹理名称就要命名为 tex41。也可以用其他方法添加纹理。

③图片的选择。单击颜色选择按钮右边的文件夹，找到自己喜欢的图片，并打开。这幅图片就被复制到了 C:\Program Files\KingSoft\fly2006\glib\tex\draw 里，计算机会自动为它编写序列号，给它起一个合适的名字。

注意：金山画王的画纸在没有做特别设置之前是 600×450 像素，如果打开的图片大于这个尺寸，那么在金山画王的窗口只能够显示一部分。所以，在打开图片之前，要先把图片的像素设置为 600×450。

在纹理和图片状态下，单击颜色选择按钮右边的长方形，可以切换到纯色设置状态。

（2）线粗细的选择。拖动"线粗细"滑动按钮，可以改变线的粗细，向左移动滑动按钮，线变细；向右移动滑动按钮，线变粗。

（3）线型的选择。所谓线型，其实是线的艺术效果。有 9 种：铅笔效果、喷枪效果、水彩笔效果、刷子效果、麦克笔效果、粉笔效果、颜料管效果、特效效果和蜡笔效果。每单击一次线型按钮，就切换出一种画线的艺术效果。

4. 画线原理

用笔在纸上画线是把颜色涂在纸上。金山画王的画线原理与之完全不同。其实在纸上画线不一定非要用墨水，也可以这样做：在一幅画上铺上一层细沙，用一个刷子划去上面的细沙，得到划痕。金山画王的画线原理与之一样。当选择画线工具之后，中区的画纸有两层，下面一层是一张纯色的纸，或者是一种纹理，或者是一幅画，上面是一层如同细沙一样的、极细的白色粉末（白色像素点）。在中区画线，其实是刷去了上层的一些白色像素点，暴露出了下层的纯色纸张、纹理、图片。

5. 倒色桶

"倒色"桶位于"画板"之下。单击右区"画板"下的"倒色"桶，在左区显示属于它的各种倒色工具。共有六种：完全倒色桶、渐变倒色桶、区域倒色桶、区域渐变倒色桶、圆形倒色桶、矩形倒色桶。下区显示倒色桶的属性，有颜色和公差值。如图 1.24 所示。

"完全倒色"桶是一个整张纸上色的工具。单击"完全倒色"桶，在下区选择颜色、纹理或者图片，然后在画纸上单击。那么整张画纸或者是一种颜色，或者是一种纹理，或者是一幅画。

"渐变倒色"桶是一个给整张纸上色的工具。单击"渐变倒色"桶，再在下区选择两种颜色，然后在画纸上拖动，这样整张画纸就会出现由一种颜色变化到另外一种颜色的效果。下区，从箭头出发的颜色是鼠标开始拖动的颜色，箭头指向的颜色是鼠标拖动结束的颜色。

"区域倒色"桶是一个局部涂色的工具。倒色的区域通常是一个封闭的区间，倒色的范围在 0～255 个色阶之间。下区的"公差值"，即色阶，左边为 0，右边为 255。拖动滑动按钮，可以改变倒色的范围。比如，把滑动按钮拖放到 30 的位置。它表明倒色的范围在 0 和 30 之间。即颜色色阶在 0 到 30 的区域都可以涂上颜色，超过这个色阶值的区域涂不上颜色。

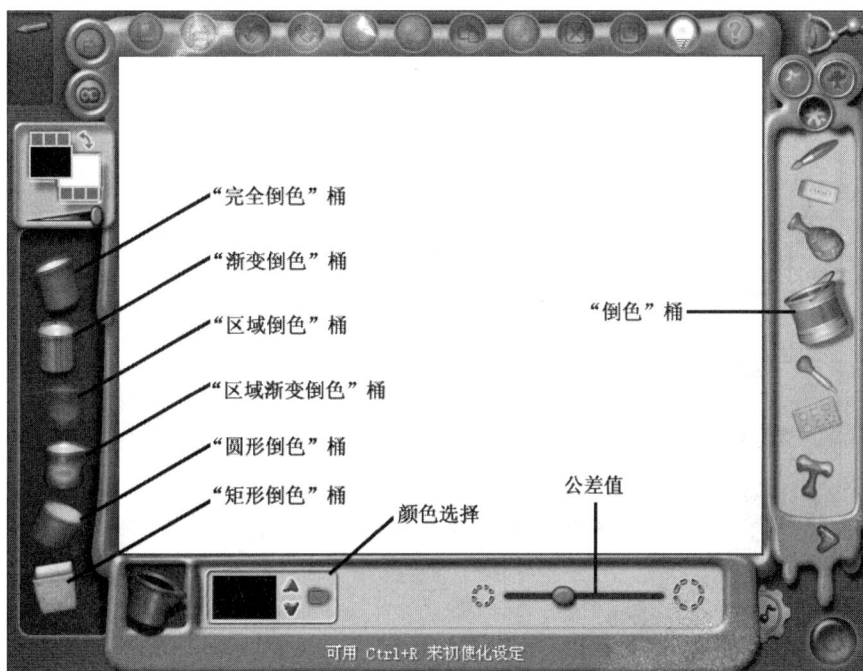

图 1.24

　　色阶，是人们对颜色的浓淡程度的分类。比如，灰颜色，有灰得很深的灰色，有灰得很轻的灰色。怎样表示它们灰的程度呢？人们根据灰的程度，把灰色分成 255 个等级，最浅的为 0 级，最深的为 255 级。

　　渐变倒色，其实是由密密麻麻不同色阶的线条组成。在只有一个色阶的区域倒色，一下子就可以把整个区域涂满一种颜色。在渐变的区域倒色，是倒在某一些线条上，如果这些线条的色阶在指定的倒色范围，那么这些线条都可以被涂上颜色。如果有些线条的色阶超出了倒色的范围，有些线条的色阶在倒色的范围，那么，就会出现有些线条被涂上了颜色，而有些线条则没有涂上颜色的现象。如果封闭线条的色阶低于指定的倒色色阶范围，那么倒色会冲出这条封闭线条，倒到区域之外。比如，我们设定的倒色色阶在 0～200 之间，而封闭线条的色阶只有 100。那么所倒的颜色就会超出封闭区域。所以，我们在渐变区域倒色的时候，一般要试验着倒色，如果倒得不合适，就要撤销，调整公差值后，重新再倒。给船帆倒色就是一个实例。

　　"区域渐变倒色"桶，它的作用即在指定的区域内渐变倒色。如给天空和大海涂颜色。

　　"圆形倒色"桶，它的作用就是画椭圆面。画椭圆有三种情况，一种是画椭圆圈，一种是画椭圆面，还有一种是既画椭圆圈，也画椭圆面。使用"几何画板"里的"椭圆"工具可以画椭圆圈。结合使用"区域倒色"工具，既可以画得椭圆的面又可以画边缘。这个工具只画椭圆的面，但它可以画出边缘虚化的效果和边缘没有虚化的效果。如图 1.25所示。计算机默认的是渐变效果，即边缘柔化效果。单击下区的"渐变"选择按钮，可以切换到不渐变状态，即画边缘不柔化的状态。我们常用"圆形倒色"工具画云和太阳等。"矩形倒色"桶的使用方法与"圆形倒色"桶类似。

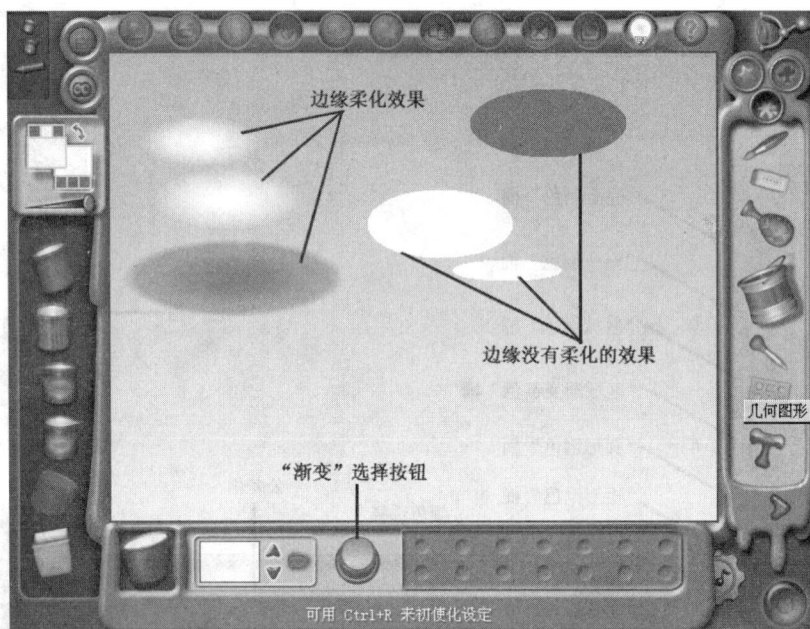

图 1.25

6. 文字工具的使用

单击右区"画板"下的"T"，在中区的中间有光标出现，可以在这里输入文字。在下区可以调整文字的颜色、字体、字号、字的艺术效果等。如图 1.26 所示。

图 1.26

在输入文字的过程中，单击屏幕，意味着结束该段文字的输入，重新输入一段文字，下区的文字面板里的功能对原来的文字失去作用。所以，在调整好文字之前，不要单击屏幕。应该在输入文字后，利用下区的功能按钮修改文字，当认为文字满意的时候，再做其他事情。

可以在画纸上任意位置随便写字，写好文字后，不要随便单击屏幕，可以按下 Ctrl键，把文字移动到一个理想的位置。

7. 新建与保存

新建：单击上区左起第一个按钮"空白画纸"，会弹出一个对话框，询问用户"是否保存此文档"，单击对话框下面的"✓"按钮，计算机将自动把画保存到计算机的C:\Program Files\KingSoft\fly2006\lan\chs\file 里，并新建一个金山画王文档，即重新拿一张画纸；单击"✗"按钮，计算机将自动删除刚刚做的画，重新铺开一张画纸。如果想把所做的画保存到计算机的其他地方，那么还需要在上区"文档管理"下做深层操作。

第三节　大海航行靠舵手

【编写意图】

（1）进一步介绍倒色桶的使用技巧。
（2）介绍"图库"中"角色"工具的作用和从图库调图的方法。
（3）明确多层画图的技法。
（4）使读者感受剖析问题的思路。

扫一扫

大海航行靠舵手

任务：根据"大海航行靠舵手"这句歌词，做一幅画。

任务分析：用图画表现这一句歌词，需要画些什么内容？从字面上讲，需要画大海、舵手。舵手在船的内部，如果画舵手的话，那么大海就没有办法表现。然而，有了船，肯定有舵手。所以，不用画舵手，画船就可以了。这样一来，这幅画岂不与第二节的《孤帆远影碧空尽》一样了吗？不，两者是不一样的。

《孤帆远影碧空尽》纯粹是写景的，而《大海航行靠舵手》则不单单是写景，重要的是写一种思想，写一种观点。意思是说：船在大海里航行，关键看的是舵手，如果舵手掌握不好方向，那么船就有可能触礁沉没，或者误入歧途。如果舵手能够掌握好前进的方向，那么船就可以顺利地到达目的地。小至一个家庭的生活，大至一个国家的发展，都是这个道理。所以，做这幅画不仅仅是画景，更重要的是画出它所包含的意义。怎样才能把它的寓意表现出来呢？

我们常用"太阳"来表现进步思想。歌词"东方红，太阳升，中国出了个毛泽东""毛泽东思想是我们心中不落的太阳"都是用太阳表现进步思想的。所以，舵手的作用，可以用太阳代替。因此，这幅图应该画一轮太阳。由上可知，这幅画里要包含大海、太阳、船只，也可以添加一些飞机、云彩、小鸟、鱼等元素。

这句歌词，从字面上讲是表现大海，其实是借大海表现舵手，即太阳。大海不过是

17

陪衬而已。因此，作画要以天空为主，要把太阳画得超常规的大。

太阳是一个发光体。它的周围要亮一些，随着与太阳距离的疏远，天空和大海的颜色越来越重。这与第二节天空和大海的渐变是不一样的。第二节天空的颜色是上边重下边淡，大海是下边重上边淡，这里的天空和大海是太阳周围淡远处重。所以，画法与第二节的画法是有区别的。

【任务分解】

任务 1：用"几何画板"里的"矩形"工具画一个黑色、细线的长方形作为画图的范围。用"直线"工具画出地平线。地平线与下黄金分割线重合。

任务 2：画天空和大海。

操作方法：用"区域倒色"工具把天空涂成蔚蓝色，大海涂成深蓝色。如图 1.27 所示。

单击"区域渐变倒色"工具→选择"白色"→在地平线上，距离地平线不远的地方单击，使天空出现渐变效果→在地平线下，与天空白色区域相对应的位置，距离地平线不远的地方单击，使大海出现渐变效果。如图 1.28 所示。

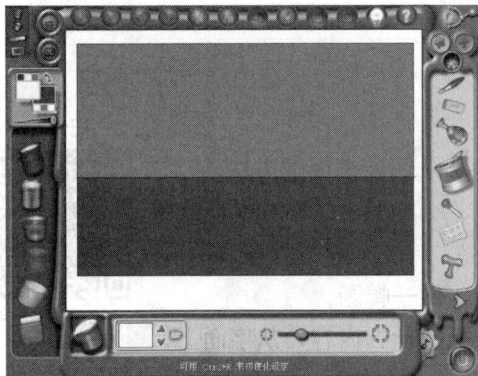

图 1.27

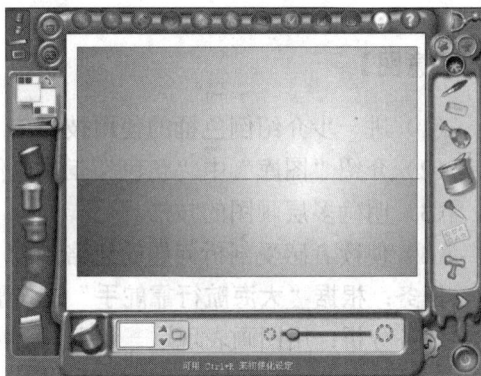

图 1.28

任务 3：画太阳和太阳的倒影。

操作方法：单击"区域渐变倒色"工具→选择"红色"→拖动"公差值"滑动按钮，使公差值为"60"→在天空和大海白色区域的中心单击。如图 1.29 所示。

太阳的颜色要选择艳红，太阳倒影的颜色要浅一些。这样效果要比太阳和倒影都用艳红的好。

太阳及其倒影的大小取决于渐变的公差值。公差值越大，倒色的范围越大，倒出的太阳和倒影越大；公差值越小，倒色的范围越小，倒出的太阳和倒影越小。如果初次倒出的太阳和倒影大小不合适，可以撤销，调整公差值后重新倒色。另外，要对准白色区域的中心倒色，否则，会出现倒色不均匀的现象。

任务 4：画云。

操作方法：见第二节。效果如图 1.30 所示。

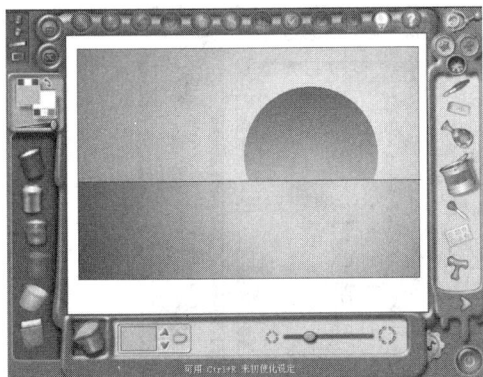
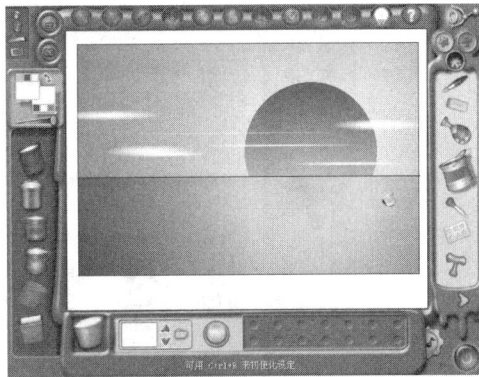

图 1.29　　　　　　　　　　　　　　　　图 1.30

任务 5：画船。

操作方法：单击右区"图库"按钮（右区上边蓝底色的圆形按钮）→单击右区"角色"按钮（右区中间那幅卷着的画）→单击左区下方的黄色三角形进行翻页→单击"其他"按钮（左区中间那个画有锥子的图标）→单击下区右端的黄色三角形，进行翻页→拖动下区的船至画纸中央松开鼠标。如图 1.31 所示。

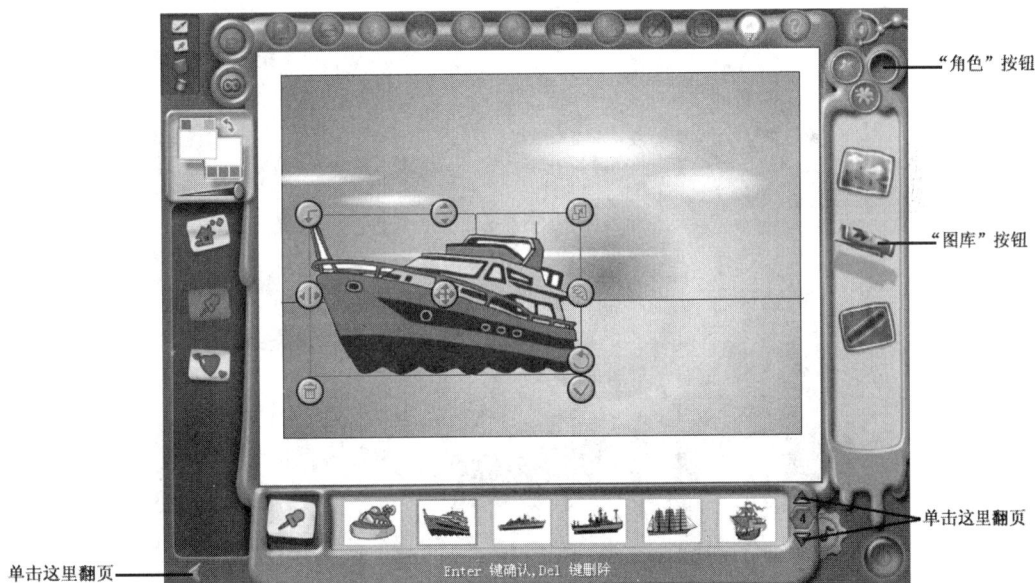

图 1.31

鼠标指针放到船右上角的圆（即控制点）上拖动，改变船的大小→鼠标指针放到船中间有十字架的圆上拖动，移动船的位置→单击船右下角的"✓"按钮，予以确认。

重复上面的操作，可以得到一个船队。如图 1.32 所示。

任务 6：添加飞机、鱼。

操作方法：仿照画船的方法，调出飞机和鱼，并改变它们的大小和位置。

在单击"✓"按钮之前，拖动飞机右下角有旋转标志的圆，可以改变飞机的角度。

图 1.32

任务 7：制作牛皮纸画框，输入题目和落款。

操作方法：见第二节。效果如图 1.33 所示。

图 1.33

【理论升华】

1."公差值"的使用

第二节介绍过，所谓的公差值其实是对同一颜色按照轻重程度做的分类，或者叫分级，或者叫色阶。指定公差值，就是确定色阶的范围。拖动"公差值"滑动按钮，其实是在指定公差值，确定色阶的范围。

第二节还介绍过,色彩的渐变其实是由同一颜色不同色阶的线条密密麻麻排列在一起组成的。放射状的天空,是由不同级别的蓝色一圈一圈排列而成的,从白色区域的中心向外,线圈的颜色逐渐加重。其色阶的值由 0 依次递增至 255。

我们使用"区域倒色"或者"区域渐变倒色"工具画太阳和它的倒影的时候,指定的公差值越小,倒色的范围越小,画出的太阳和太阳的倒影就越小;指定的公差值越大,倒色的范围越大,画出的太阳和太阳的倒影越大。所以,要想获得合适的太阳和太阳的倒影,只需要调整公差值就可以了。

2. 角色

金山画王的开发者把画画看作导演一出戏,画面上的每个对象都是一出戏的角色。软件的开发者事先把常见的物体、物品、动物、植物等对象画好,分门别类地放在计算机里,供用户调用。如图 1.34 所示。

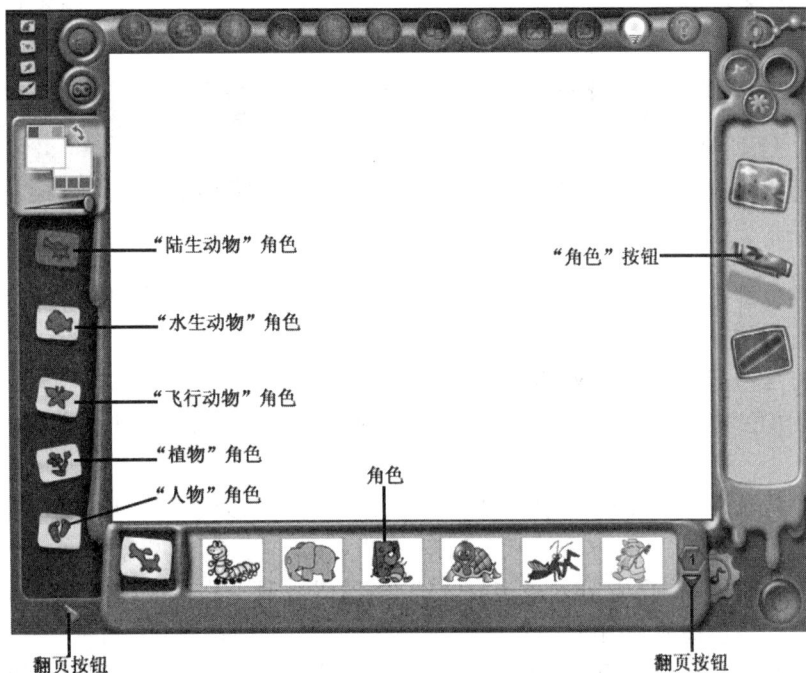

图 1.34

"陆生动物"角色,放置在 C:\Program Files\KingSoft\fly2006\glib\lib\role0 文件夹里。
"水生动物"角色,放置在 C:\Program Files\KingSoft\fly2006\glib\lib\role1 文件夹里。
"飞行动物"角色,放置在 C:\Program Files\KingSoft\fly2006\glib\lib\role2 文件夹里。
"植物"角色,放置在 C:\Program Files\KingSoft\fly2006\glib\lib\role3 文件夹里。
"人物"角色,放置在 C:\Program Files\KingSoft\fly2006\glib\lib\role4 文件夹里。
"日常用品"角色,放置在 C:\Program Files\KingSoft\fly2006\glib\lib\role5 文件夹里。
"其他"角色(交通工具,食品等),放置在 C:\Program Files\KingSoft\ fly2006\glib\lib\role6 文件夹里。

单击左区的"黄色三角形"翻页,可以显示剩下的角色类别。如图 1.35 所示。

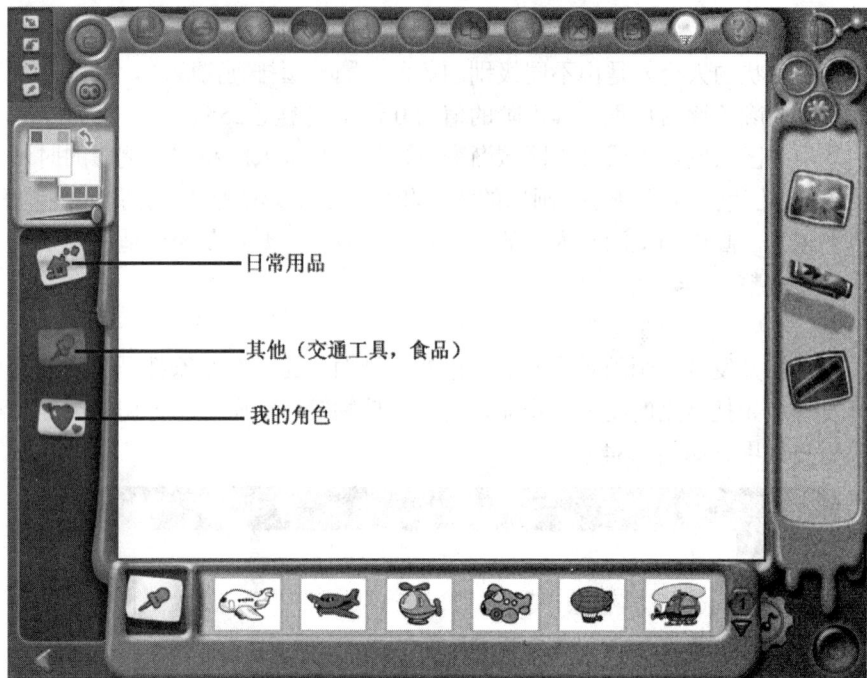

图 1.35

这些角色都是以 bmp 格式存在于计算机里，也可以把自己喜欢的、常用的角色放进金山画王管辖的计算机空间里，供自己画图使用。

操作方法：把图片转换成 gif 格式或者 png 格式，存放在计算机的一个地方→单击左区"我的角色"按钮→单击下区的文件夹→找到事先存放在计算机中的角色→单击"打开"按钮。

调用角色分两步：第一步把角色放到画纸上，第二步改变角色的属性。具体的操作步骤如下：

单击右区的"图库"按钮→单击右区的"角色"按钮→在左区选择角色的类别→把下区中需要的角色拖放到画纸上。

如果左区没有要找的类别，那么可以单击下面的"黄色三角形"翻页。如果在下区也没有需要的角色，那么可以单击右端的"黄色三角形"翻页，直到发现需要的角色为止。

拖放到画纸上的角色，在没有单击鼠标之前，周围有一些控制按钮，类似于 word 中图片的控制点，通过这些控制按钮可以改变角色的属性。如图 1.36 所示。

"旋转 90 度"按钮，单击一次，图片逆时针旋转 90 度。

"垂直翻转"按钮，单击一次，图片沿垂直方向翻转一次。

"缩放"按钮，往内拖放可以缩小图片，向外拖放可以拉大图片。

"水平翻转"按钮，单击一次，图片沿水平方向翻转一次。

"羽化"按钮，单击一次，其清晰度降低一个等级。常用这种方法表现远处的物体。

"旋转"按钮，拖动它可以改变图片的放置角度。

"删除"按钮，单击它删除这幅图片。

"确定"按钮，单击它退出对图片的编辑状态，表明确定使用这幅图片。

"移动"按钮，拖动它可以改变图片的位置。

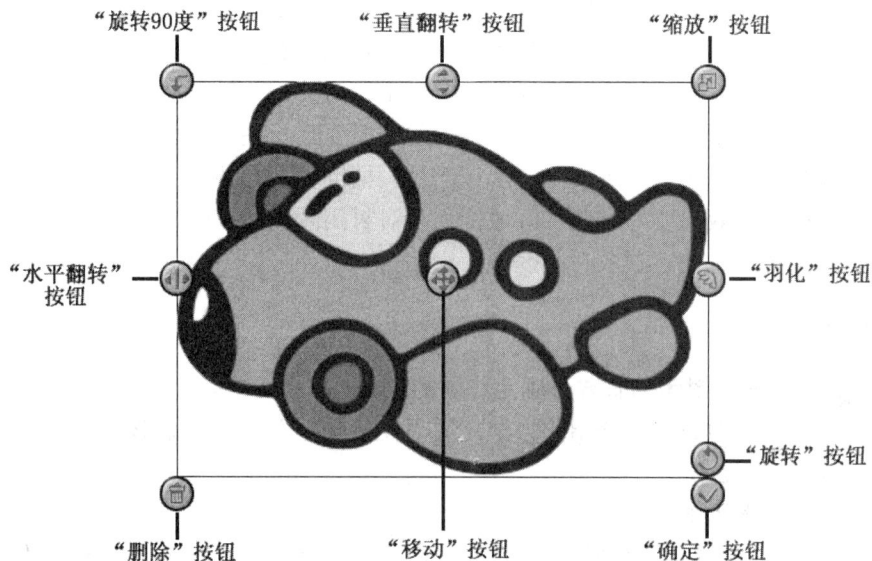

图 1.36

3. 画图小技巧

一幅图常常由许多对象组成。有近处的，有远处的，有深颜色的，有浅颜色的。一般要先画远处的，后画近处的；先画颜色浅一些的，后画颜色深一些的。这就是人们常说的"先远后近，先浅后深"的作画原则。

第四节　风吹草低见牛羊

【编写意图】

（1）介绍画笔的使用方法。

（2）介绍仙女袋的使用方法。

（3）介绍山和草地的画法技巧。

（4）介绍"图层管理"对话框。

（5）介绍"操纵器"的使用方法。

任务：以古诗句"风吹草低见牛羊"为题作一幅画。

任务分析：这是描绘草原景色的诗句，呈现出的是在广袤的草原上，近处风吹草动，牛羊成群，远处山峦重岩叠嶂，云丝漂浮的美丽景象。作这幅画，需要画草原、山峦、牛羊、白云和草原的其他生物。从诗句的字面意思看，它主要刻画的是草原的景色，天空是次要的，所以，我们作画应该以草原为主，把草地画得多一些，把天空画得少一些。

这样，就要把地平线放置在下黄金分割线上。

由于空气中有水蒸气，距离越远，空气中水蒸气的含量越多，远处的景色越浅，因此，要把近处的草画得清楚一些，把远处的草画得模糊一些、浅白一些。

山的轮廓是不规则的，可以用不规则的曲线表示，山有土山、石山和树山之分，不同的山，其颜色是不一样的，土山为土黄色或者褐色，石山为青色，树山为绿色。为了把山和草地区别开，我们把山画成褐色，即土山。另外，一般情况下，山的受光不是一样的，朝着太阳的一面要亮一些，背着太阳的一面要暗一些，突出的部分要亮一些，下陷的部分要暗一些。所以，不要用"区域倒色"桶倒色，而要用"区域渐变倒色"桶涂颜色，这样获得的效果要好一些。区域倒色是对封闭区域而言的，因此，在画山的轮廓的时候，一定要注意把它画成封闭区域。

【任务分解】

任务 1：画一个封闭的长方形确定作画的范围。

操作方法：按照第二节介绍的方法，用"几何画板"下的"矩形"工具，在画纸上画一个细线长方形。

任务 2：画地平线。

操作方法：单击右区"画板"下第一个图标"画笔"工具→单击左区的"铅笔"按钮→单击下区的"直线"按钮→把"粗细"滑动按钮拖动到左边，使线的粗度为 1→在上黄金分割线上拖动出一条直线，即地平线。如图 1.37 所示。

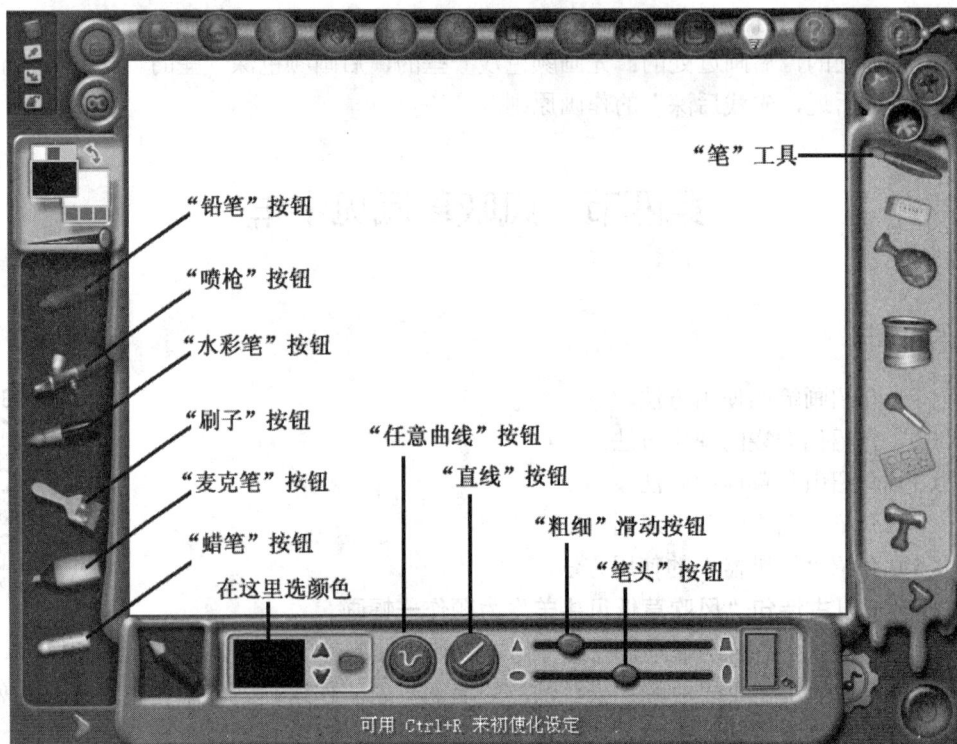

图 1.37

任务 3：画草原。

操作方法：在右区单击"倒色"桶工具→在左区选择"区域渐变倒色"桶→单击下区的"纹理"选择按钮，当出现草地图样时停止单击→拖动"公差值"滑动按钮，使其值为 126→在中区画草地的地方，从下向上拖动，得到草地→再在中区画草地的地方从下向上反复拖动，直到草地的颜色深度合适为止。见图1.38所示。

仍旧选择"区域渐变倒色"桶→单击下区的"颜色"选择区→选择"草绿色"→在下区拖动滑块使"公差值"为 120→在中区画草原的地方从上向下拖动→再在中区画草原的地方从上向下拖动一次。得到图 1.39 所示的效果。

任务 4：画山峦。

操作方法：单

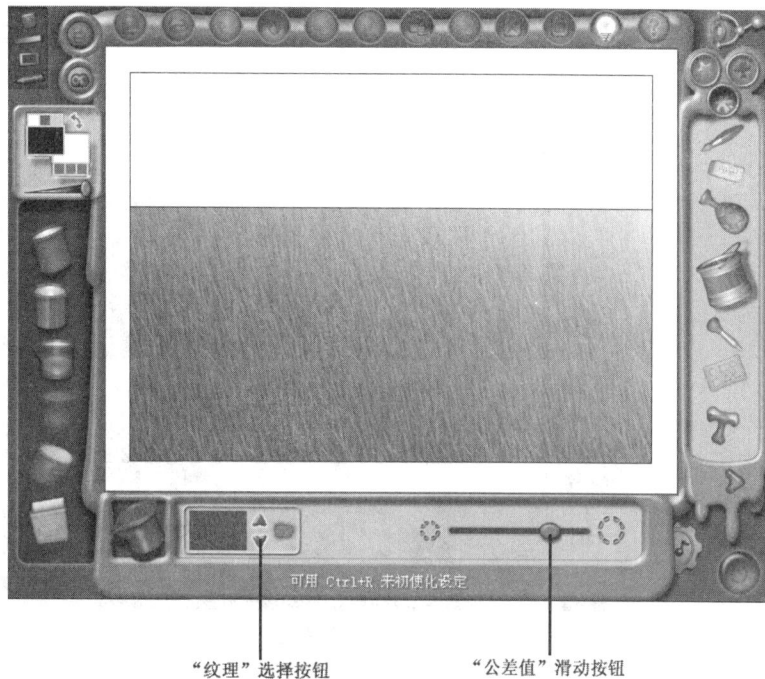

"纹理"选择按钮　　　　　　"公差值"滑动按钮

图 1.38

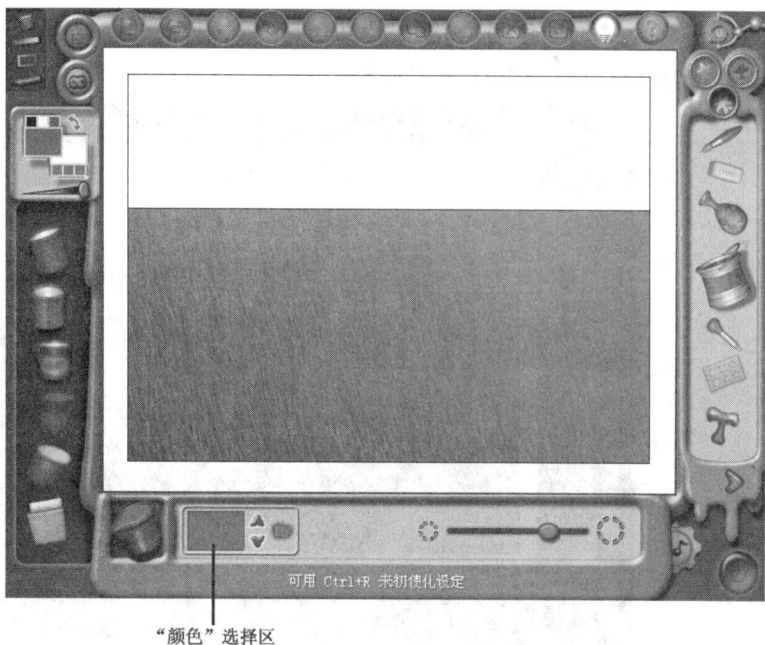

"颜色"选择区

图 1.39

击右区"画板"下第一个图标"画笔"工具→在左区选择"铅笔"工具→在下区选择"黑色"→在下区单击"任意曲线"按钮（也叫"涂鸦"按钮）→在下区拖动"粗细"滑动按钮把线的粗度值调整为 1→在画纸上，草原的边际画一些小幅度的随意曲线，代表山的轮廓。为了显示山的多，可以多画几层曲线。如图 1.40 所示。

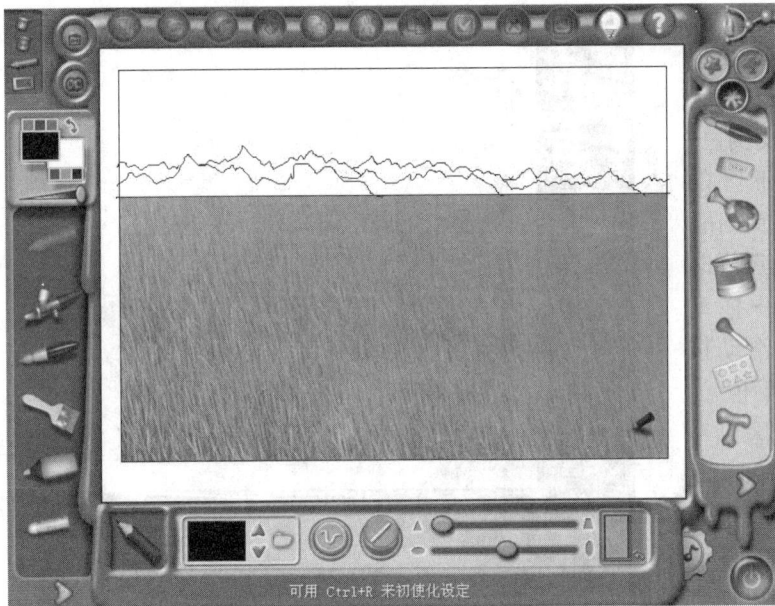

图 1.40

在右区单击"倒色桶"工具→单击左区的"区域渐变倒色"桶按钮→在下区选择"土黄色"→在下区拖动"公差值"滑动按钮，调整公差值为 120→在画纸中山的位置自右至左拖放。得到如图 1.41 所示效果。

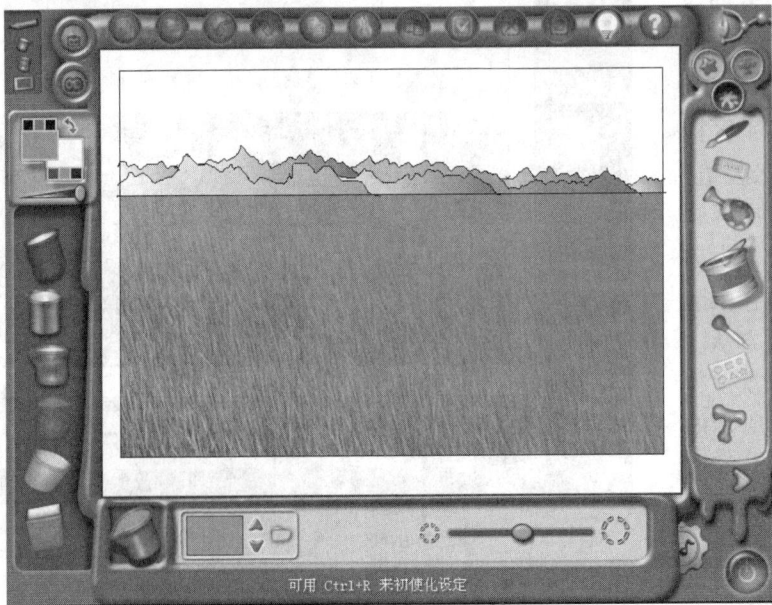

图 1.41

任务 5：画天空和云丝。
操作方法：按照前面介绍的方法给天空涂色，再画出云丝。得到效果如图 1.42 所示。

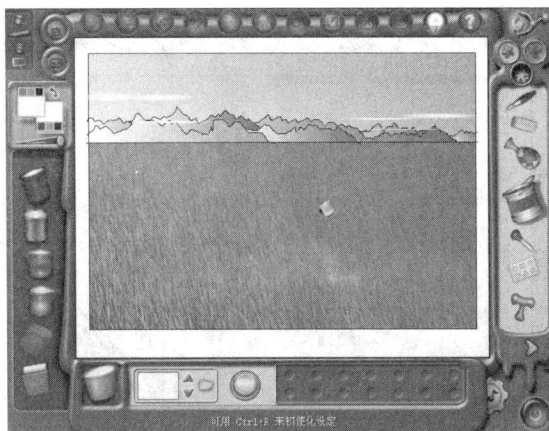

图 1.42

任务 6：画牛羊。

操作方法：单击左区上边的"图层管理"按钮（自上而下第二个蓝底圆形按钮）→单击"图层管理"对话框里的"+"（即"添加图层"按钮），如图 1.43 所示。

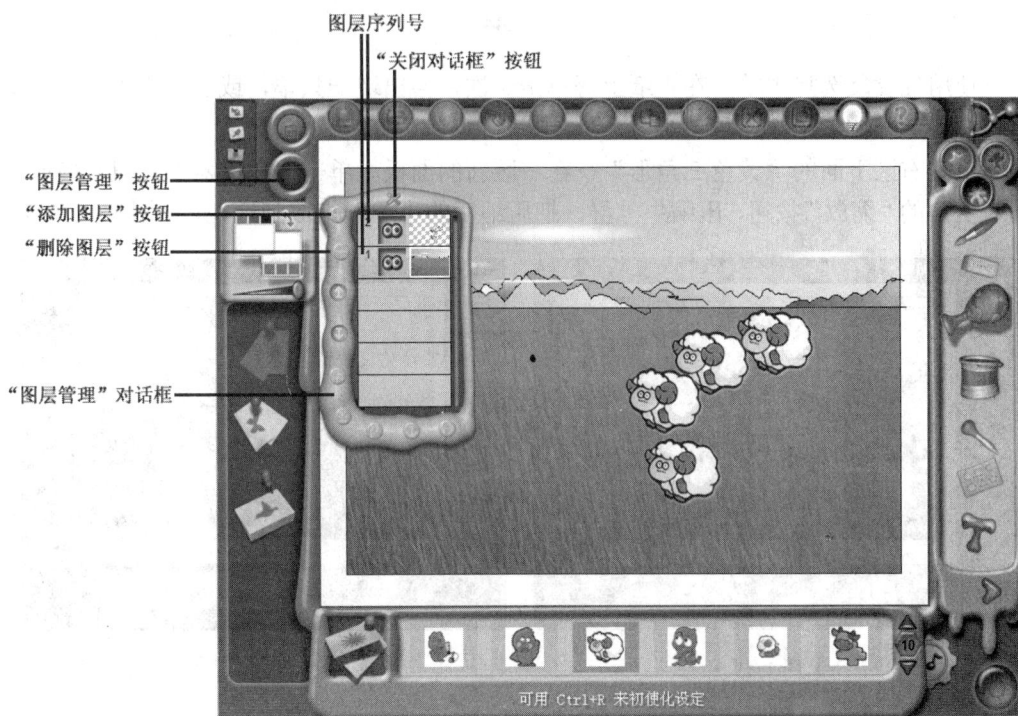

图 1.43

单击右区"画板"下的第三个花瓶状图标（叫"仙女袋"按钮）→单击左区的"单张仙女袋"按钮（颜色区下面的第一个按钮）→单击下区的"翻页"按钮，当下区出现牛羊时，停止单击→单击下区的牛羊→在画纸上单击。如图 1.44 所示。

"仙女袋" 按钮

"单张仙女袋" 按钮

仙女袋对象展示区域　　　　"翻页" 按钮

图 1.44

使用仙女袋选择牛羊，在画纸上每单击一次，会出现一只羊，或者一头牛。重复单击可以得到一群牛羊。如图 1.45 所示。

单击右区下面的"黄色三角形"→在右区新的面板里单击"操纵器"按钮→拖放牛羊右上角的"缩放"按钮，压缩牛羊群→把压缩后的牛羊群拖放到远处。如图 1.46 所示。

图 1.45

图 1.46

重复上面的操作，画出更多的牛羊。如图 1.47 所示。

任务 7：画小鸟。

操作方法：在右区单击"画笔"按钮→在左区单击"铅笔"工具→在下区选择"黑"颜色，把笔粗度设置为 2→在天空画"✓"，以此代表小鸟。

任务 8：画花草和蝴蝶。

操作方法：在左区单击"动态仙女袋"按钮→单击下区的"翻页"按钮→单击"花草"和"蝴蝶"图标→在画纸的左下角单击，画出花草和蝴蝶。如图 1.48 所示。

图 1.47

图 1.48

任务 9：装裱画。把画的边框涂上牛皮纸纹理，在画纸的底部输入题目和落款。

操作方法：按照前面介绍的方法操作。最后得到如图 1.49 所示的效果。

【理论升华】

1. 区域渐变

这一节中两次使用"区域渐变倒色"工具，一次是在画草地的地方自下而上填充草原纹理，一次是在草原纹理的上层自上而下填充绿颜色。使用绿色渐变填充后，上边呈现绿色，看不见草的纹理，下边仍旧可以看到草的纹理。由此看来，所谓的

图 1.49

绿色渐变，其实是绿色渐淡，上边的绿色像素点非常稠密，覆盖了下层草的纹理；越往下，像素点的密度逐渐减小，最终没有了像素点。由于像素点的减少，使得绿色渐变层出现了空隙，遮挡不住下层草的纹理。草原的下边，绿色渐变层没有了像素点，即没有像素点遮盖下层的草地纹理，因此，画草地的地方，下边草的纹理特别清晰。这是渐变倒色的一个实例。它揭示了渐变倒色的基本原理：选择某种颜色作为前景色进行渐变倒色，就是做这种颜色的密度逐渐减弱的一个图层。

2. 画笔

金山画王中的画笔有 9 种，分别为：铅笔、喷枪、水彩笔、刷子、麦克笔、粉笔、颜料管、特效笔和蜡笔。单击右区的"画笔"按钮，左区显示的是属于它的画笔，默认的是前 6 种画笔，单击左区下面的"黄色三角形"（也叫"翻页"按钮），翻到下一页，可以看到另外三种画笔。选择不同的画笔，能够画出不同的效果。如图 1.50 所示。

使用"画笔"工具画图之前，一般要分析所画对象的特点，并考虑各种画笔工具的特点，选择一种最能够表现画图对象特点的画笔。我们常用"喷枪"工具画草地，用"颜料管"工具画管道、山楂、大枣等水果，用"特效画笔"画毛毛虫、蓖麻、杨梅等。

使用"画笔"工具，不但能够画出各种效果的单色线条，还可以画出一些纹理线条。

单击一次下区的"纹理"选择按钮，可以调出一种纹理。"颜色"选择区出现什么纹理，画出的就是什么纹理。譬如，在"颜色"选择区出现的是木头的纹理，用画笔画出的就是木头的纹理。

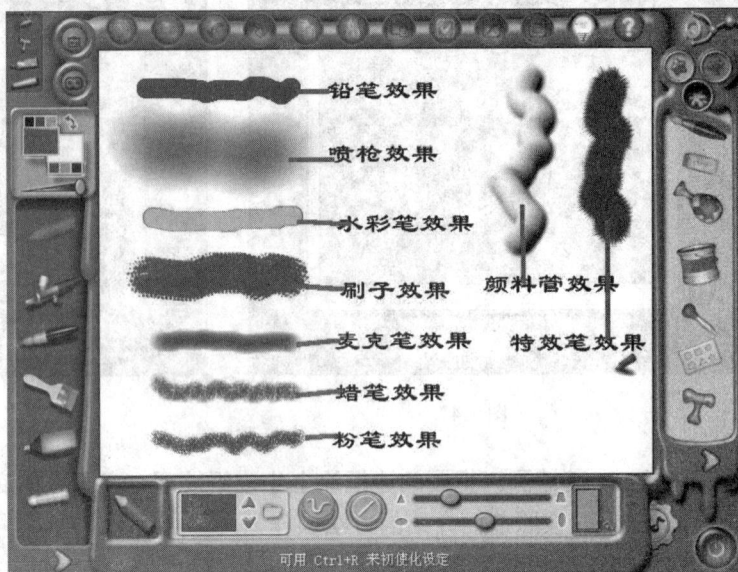

图 1.50

使用画笔可以画曲线，也可以画直线。计算机默认的是画直线。单击"涂鸦"按钮，画出的是任意曲线；单击"直线"按钮，画出的是直线。在下区，可以通过移动"线粗细"滑动按钮，调整要画线的粗细；移动"笔头宽窄"按钮，可以调整所要画的线的开笔和落笔的形状。"底纹"选择区下，一般有 42 种不同的灰色纹理。单击这个选择区，可以调出各种各样的灰色纹理。这个区域出现什么纹理，画出的线条就是什么纹理。它与"纹理"选择按钮不同的是，它选择的是

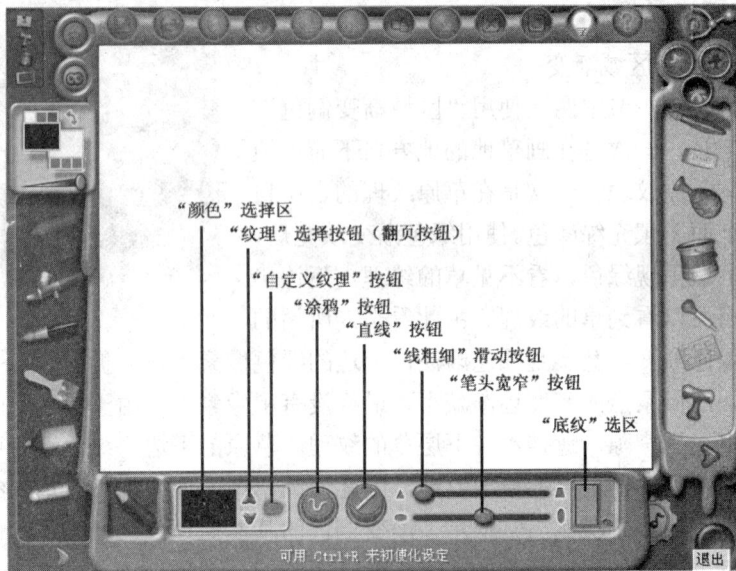

图 1.51

灰色纹理，"纹理"选择按钮选择的是彩色纹理。另外，它是和"颜色"选择区配合使用的。虽然在这个选择区显示的是灰色纹理，但是，如果我们选择了某种颜色，那么画出的就是该种颜色的纹理。而"纹理"选择按钮是单独使用的，不需要其他工具配合。

画笔应用举例：

例如：画冰糖葫芦。

画法：

①画竹签。单击右区"画板"下第一个图标"画笔"工具→单击左区的"蜡笔"工具→在下区选择"黄色"→单击下区的"直线"按钮→在下区拖动"笔粗细"滑动按钮，

使笔的粗度为 6→在中区（画纸）上拖动出三条直线。

②画冰糖葫芦。单击左区下边的"翻页"按钮→单击"颜料管"工具→在下区选择"红色"→拖动下区的"笔粗细"滑动按钮，使笔的粗度为 28→在中区的直线上单击，画出冰糖葫芦→然后再输入文字。效果如图 1.52 所示。

再如：画杨梅。

画法：

①像画山那样在中区画一些树叶。

②画杨梅。单击左区下边的"翻页"按钮→单击"特效笔"工具→在下区选择"红色"，拖动"笔粗细"滑动按钮把笔的粗度调整为 29，单击"直线"按钮→在树叶上单击画出杨梅→输入文字。如图 1.53 所示。

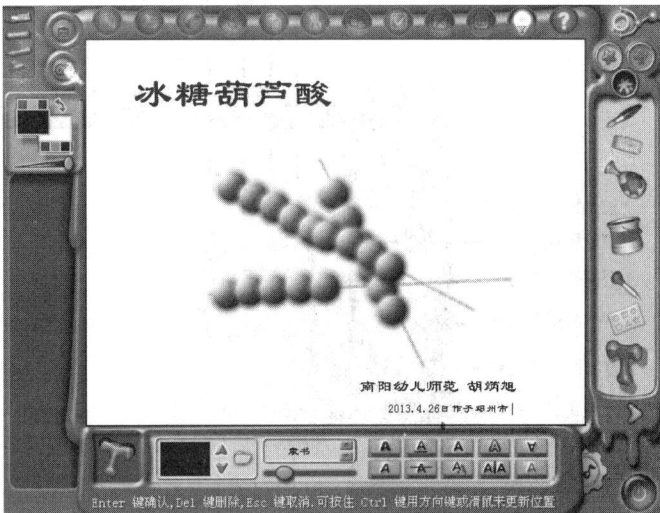

图 1.52

图 1.53

3．图层

取几块玻璃板，在一块玻璃板上画草地，一块玻璃板上画山，一块玻璃板上画云，一块玻璃板上画牛羊。把画有草地的玻璃板放在下面，在它上面放画有山的玻璃板，再在上面放画有云的玻璃板，在最上面放画有牛羊的玻璃板，将这些玻璃板重叠在一起，就是一幅草原的景色。用计算机作画的原理与之一样。每一块玻璃板都是一个放置图画的层面，人们称之为"图层"。图层，就是存放画的层面。

做"风吹草低见牛羊"这幅画时，使用了三个图层，一个是草原的自然风光画，一个是远处的一群牛羊，另一个是近处的一群牛羊。

4．"图层管理"对话框

单击左区上边的"图层管理"按钮，可以打开"图层管理"对话框。如图 1.54 所示。

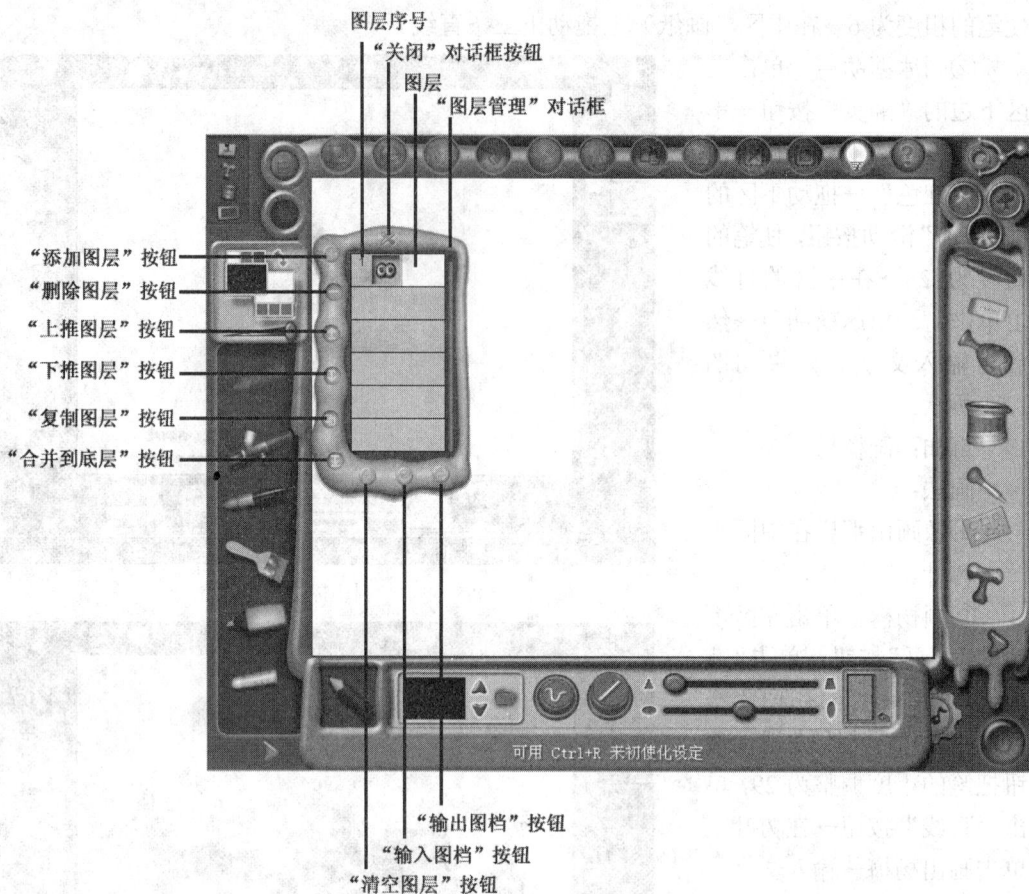

图层序号
"关闭"对话框按钮
图层
"图层管理"对话框

"添加图层"按钮
"删除图层"按钮
"上推图层"按钮
"下推图层"按钮
"复制图层"按钮
"合并到底层"按钮

可用 Ctrl+R 来初使化设定

"输出图档"按钮
"输入图档"按钮
"清空图层"按钮

图 1.54

单击"关闭"对话框按钮，关闭"图层管理"对话框。

单击"添加图层"按钮，添加一个新的图层，新加的图层在最上层。

单击一个图层（即选择一个图层），再单击"删除图层"按钮，删除这个图层。

选择一个图层，再单击"上推图层"按钮，把这个图层向上移动一层。

选择一个图层，再单击"下推图层"按钮，把这个图层向下移动一层。

选择一个图层，再单击"复制图层"按钮，复制并粘贴这个图层，并把粘贴出的图层放置于这个图层的上面。

选择一个图层，再单击"合并到底层"按钮，把这个图层与最底下的图层合并成一个图层，并放置于最下层。

选择一个图层，再单击"清空图层"按钮，把这个图层里的内容全部删除。

选择一个图层，单击"输入图档"按钮，可以把外部的图片导入到这个图层。只要在电脑上找到要输入的图片并打开，就可以了。不过这个操作对图片的格式是有要求的，不是所有的图片都能够输入到金山画王的图层里。可以输入图层的图片格式有 bmp、gif。

单击一个图层，再单击"输出图档"按钮，可以把这个图层以图片的形式存放在计算机的任何位置。输出的图片格式有 bmp、png、jpg。

5. 操纵器的使用

"操纵器"在"画板"的第二页。打开"画板"，计算机默认的是"画板"的第一页，单击右区下面的"黄色三角形"按钮，翻到下一页，单击那个像"舵"一样的按钮，便选择了操纵器，同时，操纵器发挥作用。如图 1.55 所示。

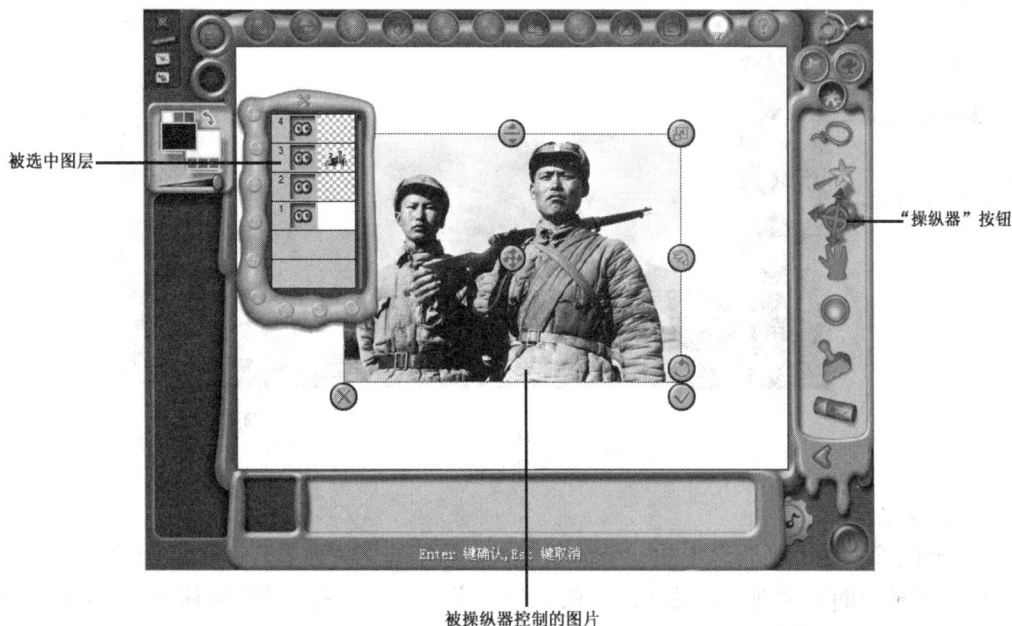

图 1.55

"操纵器"操纵的是被选中的图层。使用操纵器的第一步是选择要加工的图层，第二步是选择操纵器，第三步才是对被选中的图层进行加工。

本节使用操纵器压缩、移动了牛羊群。对牛羊群使用操纵器后，其界面同"大海航行靠舵手"中船只和飞机被选中的界面一样，操作的方法也一样。在选择了图层之后，再选中"操纵器"，其实是一种在画纸上选中图层的方法。我们可以仿照前面操作飞机和船只的方法，使用操纵器。

6. 仙女袋

"仙女袋"是"画板"下的一个画图工具。它包括三个类别的图片：单张仙女袋、静态仙女袋、动态仙女袋。单张仙女袋的图片放在计算机的 C:\Program Files\KingSoft\fly2006\glib\girl\0 文件夹下，静态仙女袋的图片放在计算机的 C:\Program Files\KingSoft\fly2006\glib\girl\1 文件夹下，动态仙女袋的图片放在计算机的 C:\Program Files\KingSoft\fly2006\glib\girl\2 文件夹下。动态仙女袋的图片在插入画纸的时候，有动画效果，视觉效果好，容易激发学生的学习兴趣。"仙女袋"按钮如图 1.56 所示。

使用仙女袋，一般先要了解各个仙女袋里放的是什么图片，然后，根据画图的需要，选择仙女袋的类型，在下区里找到理想的图片，最后，在画纸上要画图的位置处单击。

图 1.56

7. 吸色管

"吸色管"是"画板"下的一个选色工具。单击右区"画板"下的"吸色管"按钮，再单击画纸上的某个地方，这个地方的颜色就变成了前景色。我们常用这种方法选取和画纸上某个地方一样的颜色。

第五节　变脸男孩

制作课件，有时候需要往课件里插入图片。通常从网络上搜索图片，找那些符合课件制作要求，或者接近制作要求的图片使用。由于网络上的图片不是为制作课件定制的，找到的图片往往不能够准确地表现教学的内容。这就需要对图片做一些加工。加工图片的软件很多，金山画王不是最好的，但有时候需要利用金山画王处理图片，所以，还是要学习使用金山画王处理图片的方法。

【编写意图】

（1）介绍选择工具的使用方法。

（2）介绍"变形手"工具的使用方法。

任务： 改变一个外国小男孩的面部表情，使他由平静转为愤怒。

任务分析： 由平静转为愤怒。说明原来的图片是一个表情平静的外国小男孩。找到题目叫"外国男孩"的图片，把他复制到计算机上的某个位置备用。要加工这个小男孩的图片，首先得把该图片导入金山画王的窗口，然后才能够修改图片上小男孩的面部表情。前面已经介绍了如何向图层里导入

扫一扫

变脸男孩

图片的方法，依照此方法把"外国男孩"的图片放置到金山画王的窗口。本任务的关键是改变小男孩的表情。人愤怒的时候，咬牙切齿，面部特点是眼睛睁得特别大，鼻孔撑得大，嘴角拉长且向下弯曲。改变人的面部表情，主要是改变人眼睛、鼻孔、嘴巴的形状。这些是需要使用专用工具处理的。

【任务分解】

任务 1：把图片"外国男孩"导入到金山画王窗口。

操作方法：单击左区"图层管理"按钮→在弹出的"图层管理"对话框里单击图层 1→单击"输入图档"按钮→在"查找范围"里找到"外国男孩"图片→单击"打开"按钮。如图 1.57 所示。

图 1.57

单击"图层管理"对话框上边的"×"按钮，关闭这个对话框。

任务 2：删去小男孩左上角的黑色背景。

操作方法：单击右区"画板"下边的"黄色三角形"翻页→在右区新的面板里单击"魔术棒"按钮→拖动下区"公差值"滑动按钮，使其值为 11→单击"外国男孩"图片的右上角，（见有虚线线圈出现，即被选中的区域）→单击右区下边的"黄色三角形"切换"画板"版面→单击右区的"橡皮"按钮→在画纸上选区里拖动→擦除选区背景后，单击上区有"⊠"标记的按钮（也叫"取消选择"按钮）。如图 1.58 所示。

"魔术棒" 按钮

"公差值" 滑动按钮

图 1.58

任务 3：保留"外国男孩"的头，删除其他部分。

操作方法：在右区的"画板"面板里，单击上边第一个图标"选区"按钮→单击左区的"自由选区"按钮→单击下区的"区域并集"按钮→在画纸上，外国男孩头以外的区域拖动画圈→当虚线圈完全圈住"头以外的部分"后，切换到"画板"的第一张版面→选择"橡皮"工具→在图片上拖动。各按钮如图 1.59 所示，得到效果如图 1.60 所示。

三角形区域

矩形区域

五角星区域

六边形区域

圆形区域

圆角矩形区域

自由区域

Bezier曲线区域

"选区"按钮

"重设选区"按钮

"区域并集"按钮

"区域差集"按钮

"区域交集"按钮

区域并集

图 1.59

图 1.60

任务 4：把男孩的表情变成愤怒。

　　操作方法：单击右区"画板"下的"变形手"按钮→单击左区的"推拉变形"按钮→在下区拖动"半径"滑动按钮把推拉半径调整为 10，拖动"速度"滑动按钮把变形速度调整为 2.8→在男孩的嘴角处向下拖动。如图 1.61 所示。

图 1.61

　　单击左区的"缩放变形"按钮→在下区拖动"半径"滑动按钮把变形半径调整为 20，曲度设置为 0.6→在男孩的鼻孔上单击→在下区调整变形半径为 28，曲度为 0.8→单击男孩的眼睛。得到如图 1.62 所示效果。

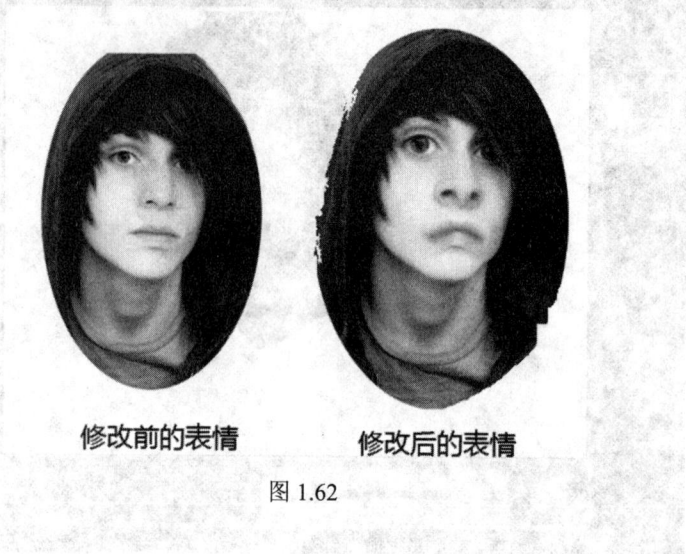

修改前的表情 　　　　修改后的表情

图 1.62

【理论升华】

1. 选择

对于加工对象，首先要告诉计算机要加工的对象是谁，然后才能够加工对象。告诉计算机要加工的对象是谁，这个操作就是选择。比如，要删除外国男孩的背景，那么首先要用一些工具圈住他的背景。圈住外国男孩背景的操作过程，就是一次选择。

选择的工具有三个：一个是"区域"选择按钮，一个是"魔术棒"按钮，还有一个是"全选"按钮。

"区域"选择按钮，位于右区"画板"下，它有 8 个选择工具："三角形"区域选择按钮、"矩形"区域选择按钮、"五角星"区域选择按钮、"六边形"区域选择按钮、"圆形"区域选择按钮、"圆角矩形"区域选择按钮、"自由"区域选择按钮的"Bezier 曲线"区域选择按钮。单击前六个按钮，在画纸上拖放，可以得到一个几何图形选区；单击"自由"区域选择按钮，在画纸上拖动鼠标画圈，可以得到一个不规则的图形区域；单击"Bezier 曲线"区域选择按钮，在画纸上单击，移动鼠标，再单击，再移动鼠标，如此重复多次，最后回到起点双击，可以得到一个任意多边形选区。

多次执行选择操作时，几次选择结果之间的关系有四种：重设选区、区域并集、区域差集、区域交叉。单击"重设选区"按钮，重新选择的时候，会消去原来的选区，保留新的选区。单击"区域并集"按钮，重新选择的时候，会保留原来的选区，并把新的选区与原来的选区合并成一个较大的选区。单击"区域差集"按钮，重新选择的时候，会从原来的选区里挖去新的选区，得到一个比原来小的选区。单击"区域交叉"按钮，重新选择的时候，保留新老选区交叉的部分，删去其他部分。

因为选择常常不是一次到位的，而是先大致选择一个区域，再做一些精细的选择，所以，多数情况下使用"区域并集"的方法进行连续选择。当选择过多的时候，使用"区域差集"的方法把多选择的区域去掉。

"魔术棒"按钮。它位于右区"画板"下。单击这个按钮，魔术棒的方向会发生改变。魔术棒方向的改变，说明它已经被选中，可以使用它的功能了。"魔术棒"按钮是根据颜色进行选择的，每次单击，都会选择一定色阶范围的区域。"公差值"是它选择颜色的范围，公差值越大，选择的范围越宽；公差值越小，选择的范围越窄。我们使用魔术棒进行选择，结果选择的区域超出预期的区域，说明公差值选得大了，应该撤销这次选择，调整公差值后重新选择。

"全选"按钮。它位于上区的中间位置，按钮上的标识是"☑"。它用来确定一个图层，单击它这个图层里的内容全部被选中。

选择之后，可以使用上区里的"复制""粘贴"按钮，制作同样的区域对象；可以使用右区"画板"下的"橡皮擦"擦除选区的内容。

2. 取消选中

单击上区中的"取消选择"按钮（按钮上的标识是"☒"），画纸上的选区全部消失。

3. 变形手

"变形手"是"画板"的一个小类。"变形手"按钮位于"画板"的第二页。当我们单击"画板"按钮的时候，计算机默认的是"画板"的第一页，要找到"变形手"按钮需要单击右区下边的"翻页"按钮（是一个黄色的三角形）。

"变形手"下有两个工具："推拉变形"按钮和"缩放变形"按钮。它们的功能都是改变对象的形状，"推拉变形"按钮的操作方法是拖动，"缩放变形"按钮的操作方法是单击。"推拉变形"按钮的功能是随意改变图像某个区域的样子。比如，让外国男孩的嘴角向下弯曲。"缩放变形"按钮的功能是就地扩张或者压缩某个区域。比如，撑大外国男孩的鼻孔和眼睛。

"推拉变形"工具有两个属性，一个是"变形半径"，一个是"变形速度"。这两个属性用滑动的按钮控制，放置在下区。"变形半径"指的是拖动鼠标的时候，鼠标作用的范围。半径值越大，鼠标作用的范围越宽；半径值越小，鼠标作用的范围越窄。"变形速度"指的是变形的力度。速度越大，作用的力度越大，拖动鼠标产生的变形效果越明显；速度越小，作用的力度越小，拖动鼠标产生的变形效果越小。所以，也可以说，速度值越大，变形得越快，速度值越小，变形得越慢。

"缩放变形"工具也有两个属性：一个是"变形半径"，一个是"变形曲度"。它们用滑动按钮控制，存放在下区里，拖动滑动按钮，改变滑动按钮的位置，可以获得变形半径和变形曲度的不同参数。变形半径与变形手作用的范围成正比例，变形半径越大，变形手作用的范围越大，反之越小。曲度值在 0 和 2 之间，曲度值 1 是变形效果的分界值，小于 1，单击鼠标，变形手作用区域的图像呈向外扩张状；等于 1，单击鼠标，变形手的作用区域基本没有反应；大于 1，单击鼠标，变形手作用区域的图像呈向内收缩状。前面，我们用 0.6 的曲度值单击外国男孩的鼻孔和眼睛，使得这个男孩的鼻孔和眼睛撑大；倘若，我们把曲度值调整为大于 1 的数，再去单击外国男孩的鼻孔和眼睛，那么他的鼻孔和眼睛会变得比原来小。

使用滤镜改变图像，其变化的幅度不能太大。变化太大，会使图像失真。滤镜是制作动画的好帮手。我们常用它做出一系列微小变化的图片，连续播放产生动画效果。

第六节　飞流直下三千尺

【编写意图】

（1）介绍"滤镜"工具的作用和使用方法。

（2）介绍"分形"工具的作用和使用方法。

任务：给李白的诗句"飞流直下三千尺"配画。

扫一扫

飞流直下三千尺

任务分析：李白的这句诗，描绘的是庐山瀑布的壮丽景色。看到、听到或者读到这句诗，眼前会出现一幅朦朦胧胧的山水画，群山耸立，高耸入云，山涧和山顶绿树成荫，近处绿叶苍翠欲滴，远处一座高山，一瀑布从山巅垂下，一直到谷底，如同千尺白布倒挂于山上。要表现这一诗句，需要画耸立的群山、绿色的树木和白色的瀑布。

我们可以用"渐变倒色"工具倒出天空；用画笔先勾勒出山的轮廓线，然后用"区域渐变倒色"工具倒出山体；用"圆形倒色"工具画出在山间飘逸的云丝和初升的太阳，也可以用"画笔"工具画一些飞鸟。画多座山，不能把这些山画在一个平面内，那样的画太直板了，要把它们前后错开。为了使画出的山有远近感，要把远处山的颜色画得浅些，近处山的颜色画得深一些。要用黄金分割法构图，不但使图片产生结构美，而且可以增强图片的立体效果。

下垂的瀑布，外观像树立的长方形，但是颜色不像通常画的长方形。通常画的长方形都是单色的，要么是白色的，要么是蓝色的，要么是其他颜色；由于水流的不均匀使得瀑布各个部分颜色的深浅程度不同，水层厚的地方、水珠突起的部分白一些，水层薄的地方、水珠的背面灰一些。白与灰的深浅变化没有规律可循。用常规的方法画水是比较困难的。

另外，粗略地画树木是简单的，画一些竖立的绿色椭圆就可以了。要精确画树木就不容易了。所以，做这幅画，关键是画瀑布和树木。

【任务分解】

任务 1：把图层 1 填充成牛皮纸效果。

操作方法：单击左区的"图层管理"按钮→连续单击"图层管理"对话框上的"添加图层"按钮，创建 6 个图层→单击序号是 1 的图层→在下区颜色区域，单击"翻页"按钮，找到"牛皮纸"→单击右区的"倒色"桶按钮→单击左区的"完全倒色"桶按钮→单击中区。得到如图 1.63 所示效果。

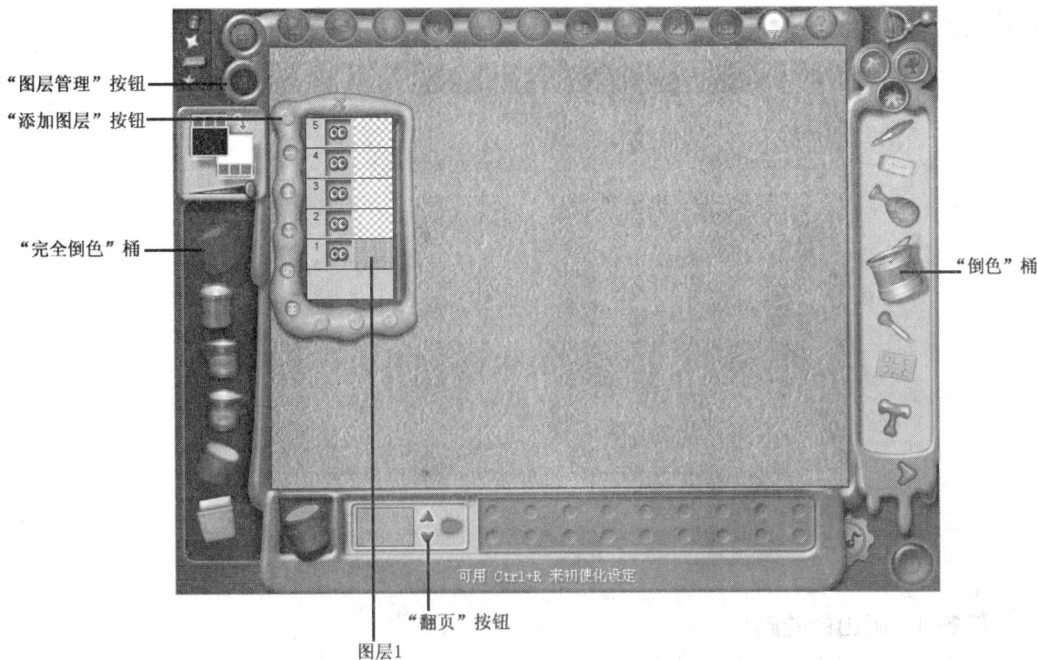

"图层管理"按钮

"添加图层"按钮

"完全倒色"桶

"倒色"桶

"翻页"按钮

图层1

图 1.63

任务 2：输入诗词《望庐山瀑布》。

操作方法：单击图层 2→关闭"图层管理"对话框→单击右区"画板"下的文本输入工具"T"→在光标处输入诗句。得到效果如图 1.64 所示。

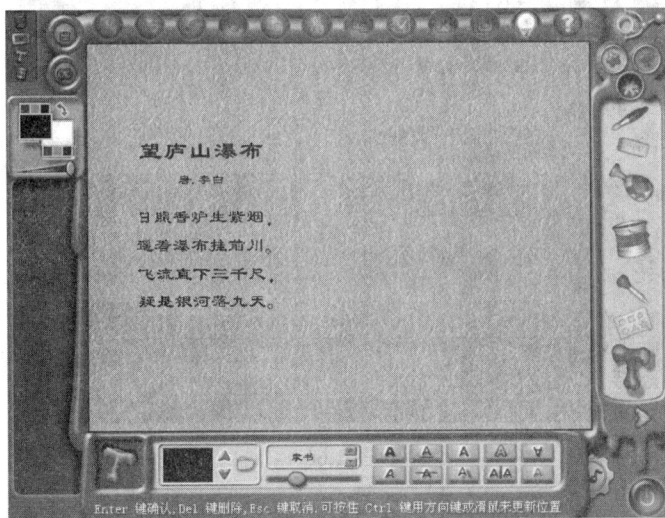

图 1.64

任务 3：指定画图的范围。

操作方法：打开"图层管理"对话框→单击图层 3（表明要在图层 3 画相框）→用"几何画板"下的"矩形"工具，画一个细黑线框，表示作画的范围→用"选区"工具画一个与黑色相框一样大小且重合的"矩形"选区→使用"区域渐变倒色"桶，给这个区域涂上天空的颜色。效果如图 1.65 所示。

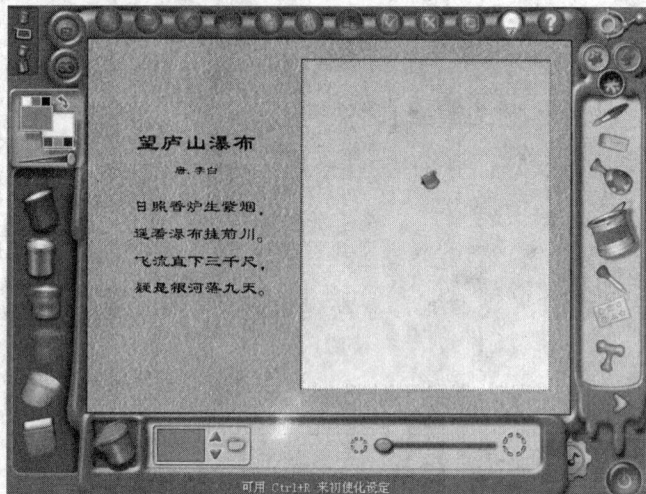

图 1.65

任务 4：画山的轮廓。

操作方法：选择"画板"下的"铅笔"工具→选择黑颜色→单击下区的"涂鸦"按钮→拖动"线粗细"滑动按钮，使线的粗度为 1→在画纸上拖放出山的轮廓。效果如图 1.66 所示。

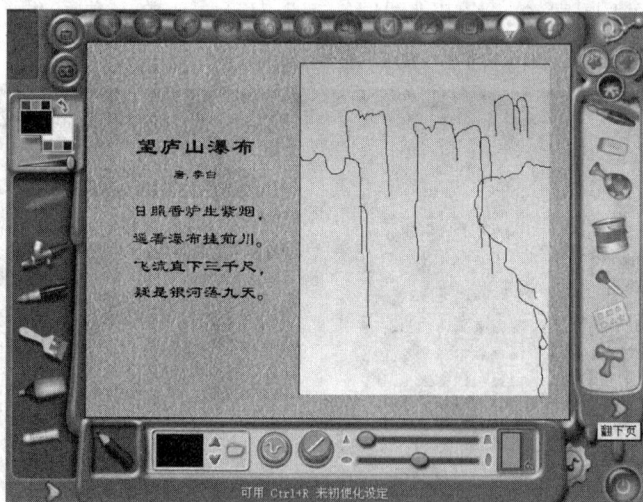

图 1.66

任务 5：给山涂颜色。近处的山颜色要深一些，远处的山颜色要浅一些。

操作方法：单击"区域渐变倒色"桶→选择前景色为深蓝色，近乎黑色→把倒色的公差值调整为 60→在近处的山上，从上向下拖动倒色→把倒色的公差值调整为 55→在稍微远一点的山上，从上向下拖动倒色→把公差值调整为 44→在更远一点的山上，从上向下拖动倒色→把公差值调整为 30→在更远一些的山上，从上向下拖动倒色→把公差值调整为 10→在最远处的山上，从上向下拖动倒色。效果如图 1.67 所示。

图 1.67

任务 6：添加白云、太阳、飞鸟。

操作方法：单击左区的"圆形倒色"桶按钮→在下区选择"白颜色"→在下区单击"渐变"按钮，选择羽化效果→在山间拖放出白云→选择"红颜色"→在天空拖放出太阳→用"铅笔"工具在天空点一些黑色曲线，代表小鸟。效果如图 1.68 所示。

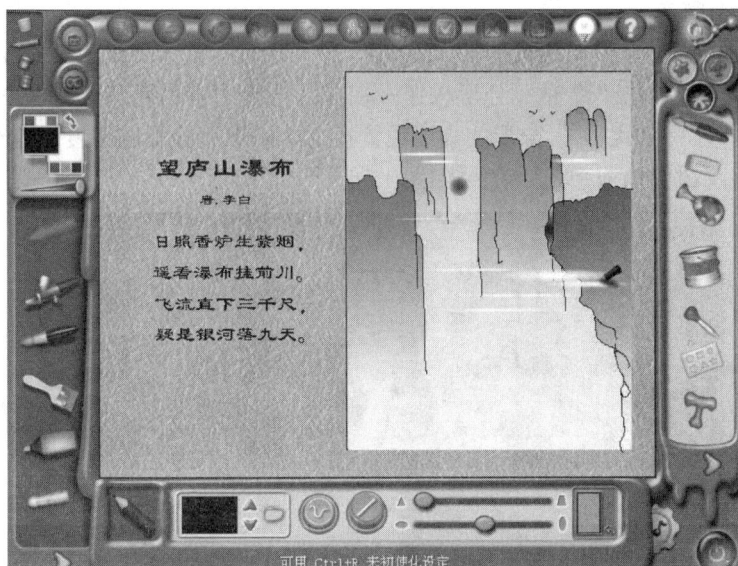

图 1.68

任务 7：画瀑布。

操作方法：单击右区"画板"面板下面的"黄色三角形"翻页按钮→在"画板"面板的第二页，单击"滤镜"按钮→单击左区的"前景色"，把前景色设置为"白色"（即瀑布的主色）→单击左区的"瀑布"滤镜按钮→在下区，拖动"扩展度"滑动按钮，将

扩展度设置为1.2→拖动"高度"滑动按钮，设置瀑布的高度为248→拖动"密度"滑动
按钮，设置瀑布的密度为6→单击下区的"方向"按钮，把瀑布的抛出方向更改为向右→
在左边第一座山顶上单击。得到如图1.69所示效果。

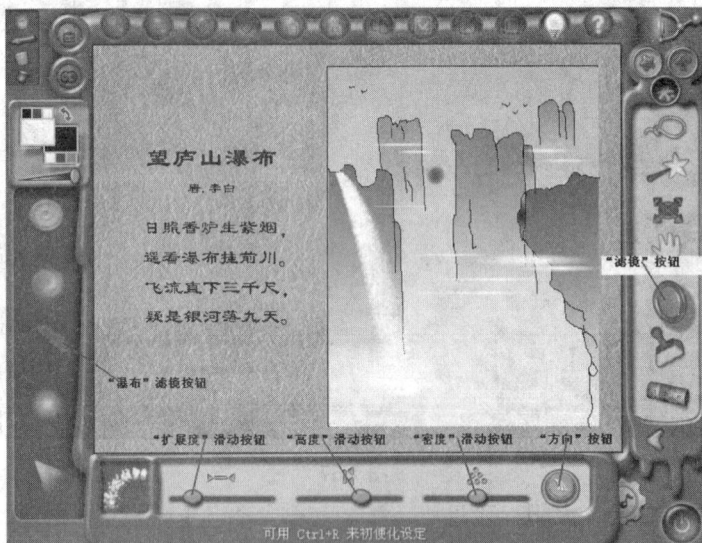

图 1.69

如果觉得水流有些小，那么可以再在瀑布上单击一下。

任务8：画树木。

操作方法：在"画板"面板的第二页，单击"分形"按钮（最下边那个像电池一样
的按钮）→在左区单击"瀑布"分形按钮→在左区选择"前景色"为绿色→在下区把分
形的扩展度设置在177以下，分形的高度设置在217以下，分形的密度设置在1.3以下→
在画纸上应该画树的地方单击。效果如图1.70所示。

图 1.70

注意：

①远处的树要画得矮一些、窄一些、颜色浅一些，近处的树要画得高一些、宽一些、颜色深一些。

②树不能都是一种颜色，要有一些颜色浅的树，也要有一些颜色深的树。

③大部分树长在山谷地势稍微平缓一些的地方，所以，要沿山谷画树。这样能够更好地表现山势。

最后，用"选择"工具选中不要的部分，用"橡皮"工具擦去，再画一个蓝色的相框进行修饰，便得到成品图，如图1.71所示。

图 1.71

【理论升华】

1. 滤镜

滤镜是一组制作特殊效果的工具，有制作水波纹的"水纹"滤镜，用来扭曲图像的"扭曲"滤镜，制作瀑布的"瀑布"滤镜，制作光源的"点光源"滤镜和"方向光"滤镜。单击右区"画板"第二页下的"滤镜"按钮，在左区显示全部滤镜，下区显示选中的滤镜的属性。如图1.72所示。

"水纹"滤镜。在图层中有对象的前提下，单击"水纹"滤镜按钮后，再单击图层中的对象，对象的上面会出现波纹。如果没有任何对象，是做不出来水纹的。可以拖动下区的"半径"滑动按钮，调整波纹的大小。

"扭曲"滤镜。"扭曲"滤镜不是对某个对象而言的，而是对整个图层而言的。它有两个属性，一个是"曲度"，另一个是"确定"，放置在下区。"曲度"指对象的弯曲程度，以滑动按钮的形式存在，拖动滑动按钮，可以设定不同的弯曲度。"确定"指是否使用"扭曲"滤镜的功能，以按钮的形式存在，单击它，使用"扭曲"滤镜的功能，不单击，则不使用此功能，连续单击可获得不同的扭曲效果。

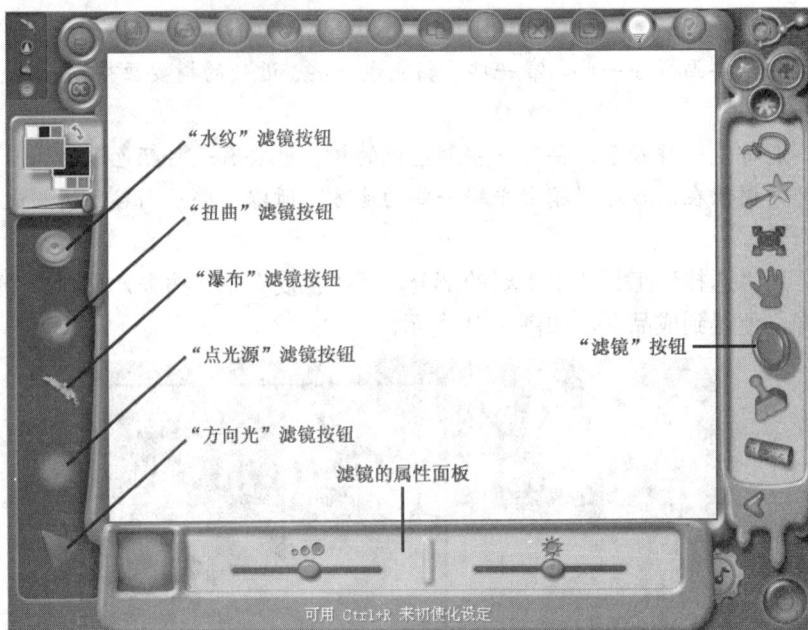

图 1.72

任务：制作香烟点燃的效果。

操作方法：用"完全倒色"桶刷出一张黑纸→用"喷枪"工具涂鸦出一个宽粗的、白色竖立线条→在左区单击"扭曲"滤镜按钮→在下区拖动滑动按钮把"曲度"值设置为 200→多次单击下区的"确定"按钮，当效果满意时停止单击→用"颜料管"画笔画一段白色的直线表示香烟→用"颜料管"画笔在烟的一端点一个"红点"→最后，再输入文字内容及落款，得到如图 1.73 所示效果。

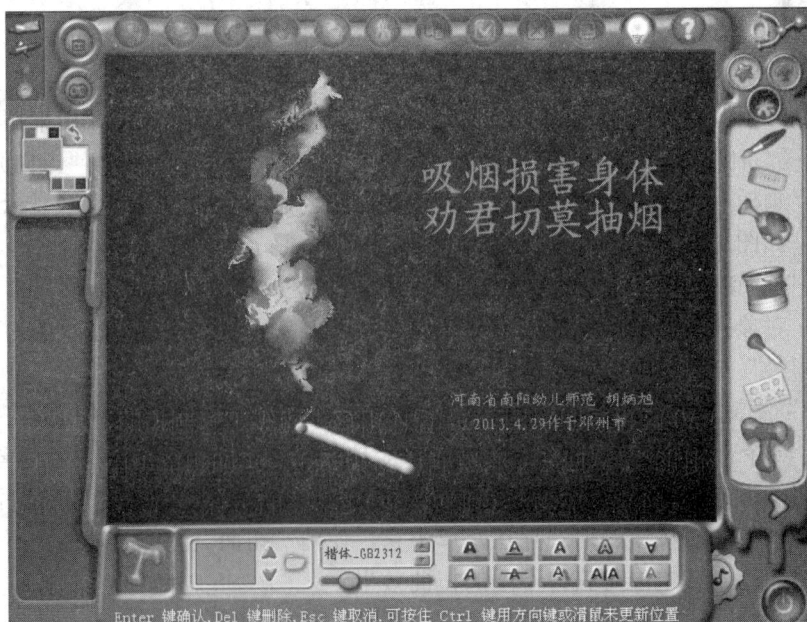

图 1.73

"点光源"和"方向光"滤镜。它们都是制作光线的工具，"点光源"滤镜制作的光线是向四面八方放射的，"方向光"滤镜制作的光线在一定的角度范围内。比如说，把光线控制在 0 度角与 70 度角之间。图 1.74 是使用这个两个工具制作的一幅效果图。

图 1.74

2. 分形

"分形"是一套直接画图的工具，共有 4 个：分形 1、分形 2、分形 3 和分形 4，以按钮的形式存放在金山画王的窗口。"分形"按钮放置在右区"画板"的第二页里，它所包含的 4 个分形工具放置在左区。下区是这些工具的属性，有图形的宽度、高度和密度，以滑动按钮的方式存在，拖动这些滑动按钮，可以设置不同的参数。图 1.75 是各个分形工具的制作效果。

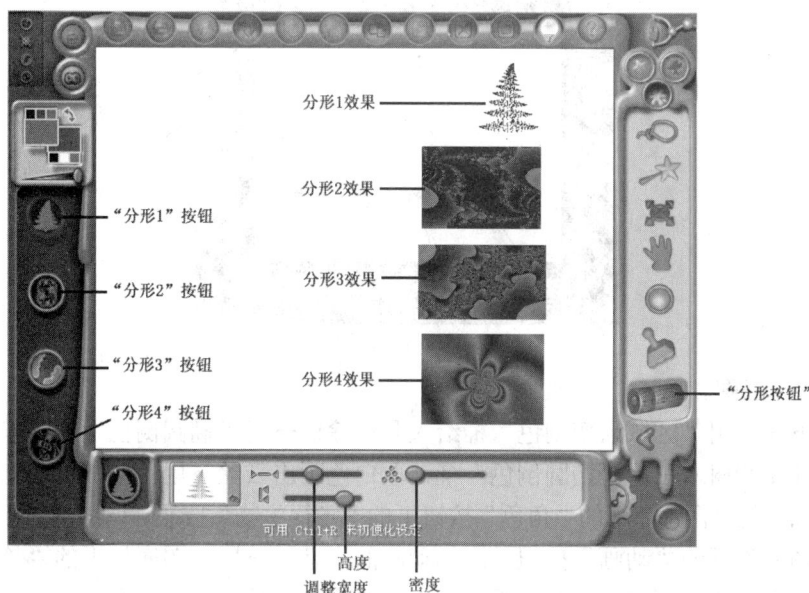

图 1.75

第七节　一江春水向东流

【编写意图】

介绍"档案管理"按钮下的一些功能按钮的功能和使用方法。

任务：给这句诗配一幅图，再给图片增加一个相框，保存到计算机的 D 盘下，并把它作为桌面。

扫一扫

一江春水向东流

任务分析：全诗的内容是："春花秋月何时了，往事知多少。小楼昨夜又东风，故国不堪回首月明中。雕阑玉砌应犹在，只是朱颜改。问君能有几多愁，恰似一江春水向东流。"这是亡国君主李煜在归顺宋朝后的第三年所作的《虞美人》，满篇是对自己做皇帝时往事的眷恋。诗词寓意深刻，初学作画的人，不可能将其深刻的含义跃然纸上，我们只能就其字面意思而论。

这一诗句展现给我们的是这样一幅美景：在辽阔的大地，一弯江水，自远而近蜿蜒而至，江水两岸春意盎然，碧绿的草地，青青的丛林，近处鲜花盛开，远处燕子冲天。主要描写的是江水，而江水在地上，故应该以地为主，以天为辅，用天衬地，借地托江。这就决定了地平线的位置在画幅的上三分之一位置，江在画幅的中央，将大地一分为四。

【任务分解】

任务 1：构图。
操作方法：构图方法如图 1.76 所示。

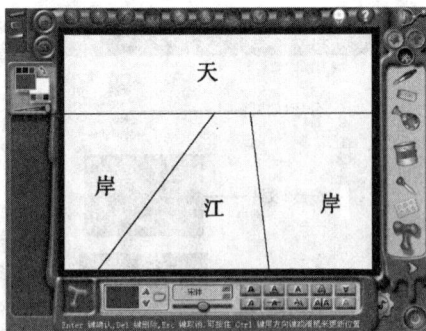

图 1.76

任务 2：画图。
操作方法：用"区域渐变倒色"桶给天和地涂色→用"椭圆倒色"桶，取深浅不同的绿色画江岸和树木→用"椭圆倒色"桶，取白色画出云丝→用"椭圆倒色"桶，取红色画出太阳→用"图库"下的"角色"按钮下的"飞行生物"按钮，调出两只小燕子（或者使用"图库"下的"动画"按钮，添加动画的小鸟）→用"图库"下的"角色"按钮下的"其他"按钮，调出两艘船→用"动态仙女袋"工具在画纸的右下角画出花草→用文本输入工具给画添加上题目和落款。效果如图 1.77 所示。

图 1.77

任务 3：给图片添加"海浪"样式的相框。

操作方法：单击上区的"档案管理"按钮→在打开的"档案管理"窗口，单击"一江春水向东流"的图标→单击窗口上边的"相框"按钮→单击窗口右边"子弹头"样式的翻页按钮→单击"海浪"样式图标→单击下边的"+"按钮。如图 1.78 所示。

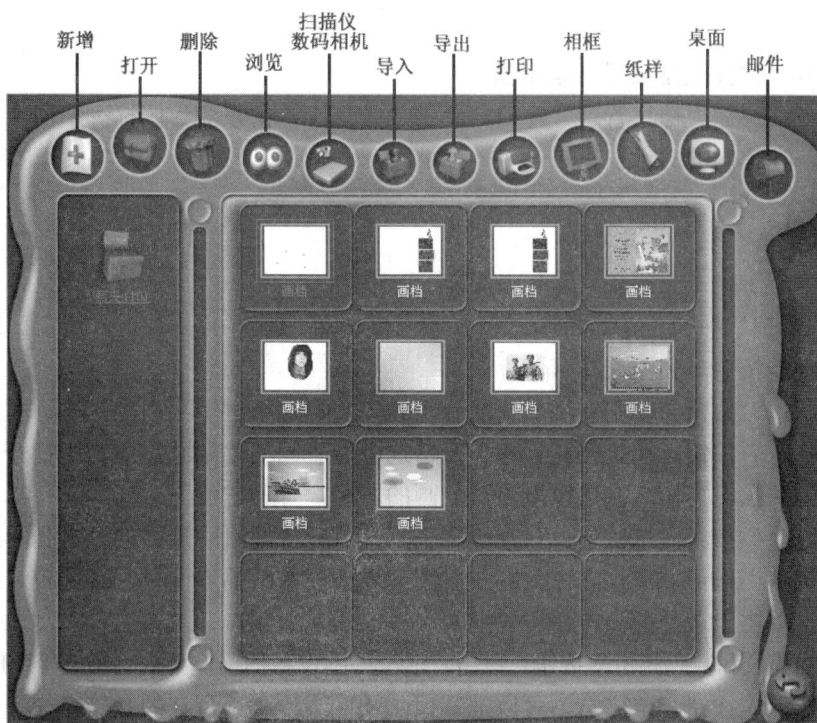

图 1.78

任务 4：把这幅图片导出到 D 盘。

操作方法：在"档案管理"窗口，单击"一江春水向东流"图标→单击上边的"导出"按钮→打开 D 盘，指定文件名、保存的文件类型→单击"保存"按钮→在弹出的对话框里输入要保存的图片的尺寸和大小→单击有"✓"标示的按钮。当在 D 盘打开这幅图时，就会看到它有了海浪样式的相框。如图 1.79 所示。

图 1.79

任务 5：把这幅图设置为桌面背景。

操作方法：在"档案管理"窗口，单击"一江春水向东流"图标→单击上边的"桌面"按钮→在弹出的对话框里单击"✓"即可。

【理论升华】

1. 文档管理

"文档管理"按钮位于金山画王窗口的上区，单击它打开其窗口，新窗口的上方放置着它的功能按钮，如图 1.78 所示。

①"新增"按钮。单击它添加新的金山画王文档。不过很少用到。

②"打开"按钮。在"档案管理"窗口选中过去画的某幅画，单击"打开"按钮，切换到图画的编辑窗口；也可以双击过去画的图标，打开它。

③"删除"按钮。单击它，从金山画王默认的存放地删除选中的过去画的画。

④"浏览"按钮。单击它进入翻页看图的界面。在新的界面里，画比较大，视觉效果好一些，单击上边的翻页按钮可以翻页。

⑤"扫描仪和数码相机"按钮。单击它，与外围设备扫描仪和数码相机相连接。

⑥"导入"按钮。单击它，可以把其他画放到金山画王默认的存储路径下。

⑦"导出"按钮。单击它，把选中的画移出金山画王默认的保存地址，另放到一个地方。常用这个按钮把画好的图保存到自己熟悉的地方。譬如桌面或者手机上。

⑧"打印"按钮。单击它，可以打印选中的图。

⑨"相框"按钮。单击它，可以选择理想的边框，添加到所作的画上。比如，给图片添加海浪样式的边框。

⑩"纸样"按钮。单击它，可以剪裁掉图的一部分，留下一部分。留下的部分可以选择不同的形状。比如椭圆形、蝴蝶形等。

⑪"桌面"按钮。单击它，可以把选中的画设置成桌面背景。把自己画的画设置成计算机桌面背景是一件很有意思的事情，读者不妨试一试。

⑫"邮件"按钮。发电子邮件时用的。

2. 图库

金山画王的图库中放置了大量的成品图，供用户调用。有三个类型，一类是背景图，一类是静态的图片（即"角色"），还有一类是动画对象（即"动画"）。

①背景图。背景图有五类：线条背景图、广告色背景图、水粉背景图、蜡笔背景图和矢量背景图。其图片分别放置在下列位置：

线条背景图放在 C:\Program Files\KingSoft\fly2006\glib\lib\color0 里；

广告色背景图放在 C:\Program Files\KingSoft\fly2006\glib\lib\color1 里；

水粉背景图放在 C:\Program Files\KingSoft\fly2006\glib\lib\color2 里；

蜡笔背景图放在 C:\Program Files\KingSoft\fly2006\glib\lib\color3 里；

矢量背景图放在 C:\Program Files\KingSoft\fly2006\glib\lib\color4 里。

有兴趣的读者，可以在这些文件夹里添加自己喜欢的或者是自己的图片作为备用的背景图。

因为图库里的背景图是软件创作人根据大多数人的需要绘制的，不是为某一节课绘制的，所以，这里的图片不一定完全符合教学的要求。要想得到具有个性化的、符合教学要求的、有着独立版权的背景图，还是需要自己动手画。另外，背景图的调用很简单，没有多少技术含量。鉴于此，这里不再另外介绍背景图的调用方法。

②动画。图库中的动画有五类：陆生生物动画、水生生物动画、空中生物动画、运动动画和日常用品动画。分别放置在下面的文件夹里：

陆生动物动画放在 C:\Program Files\KingSoft\fly2006\glib\lib\anim0 里；

水生动物动画放在 C:\Program Files\KingSoft\fly2006\glib\lib\anim1 里；

空中动物动画放在 C:\Program Files\KingSoft\fly2006\glib\lib\anim2 里；

运动动画放在 C:\Program Files\KingSoft\fly2006\glib\lib\anim3 里；

日常用品动画放在 C:\Program Files\KingSoft\fly2006\glib\lib\anim4 里。

在右区的图库里单击"动画"按钮，就会在左区显示各类动画，同时在下区找到需要的动画，拖放到画纸上，单击"✓"，便把这个动画插入到了绘画作品中。因为金山画王是一款绘画软件，并非动画软件。所以，在金山画王窗口插入的动画，离开了金山画王这个平台就不能动了。绝大多数情况是需要把金山画王绘制的图片导出到某个地方备用，或者插入到 Powerpoint、Flash 中，也可以插入到其他的软件产品中。也就是说，大多数金山画王作品是需要脱离原创作环境的。因此，金山画王中的动画，除了刺激用户的作画情绪之外，对制作课件，或者发布绘画作品都没有多大用处。因此，这部分内容也不多做介绍。

3. 暗房

使用"暗房"里的按钮，可以模仿出一些暗室里冲洗相片的效果。对制作课件插入的图片来说，没有太大的实际意义，这里也不再赘述。

4. 关于电脑绘画

行为具有目的性。不论是人类或者动物，只要发声或者动作，就有发声的目的和动作的目的。绘画是人的一种活动，也是有目的的，或者想通过绘画表现祖国的大好河山，或者想通过绘画赞美一种精神，也可能是有其他的目的。这个绘画的目的就是作品的主题。使用计算机绘画，首先要确定绘画的主题。

绘画总要画些对象，或者花，或者草，或者人，或者山，或者树木。这些都是用来表现主题的元素，即绘画的主体。画的主题蕴涵在主体之中。当我们拿到绘画的题目，明确了主题之后，就要考虑用来表现主题的主体是什么。

知道了用什么主体表现主题之后，要从美学的角度考虑怎样分配这些用来表现主题的元素，比如放在什么地方比较合适。这就是构图。

最后，才是考虑使用计算机软件的功能怎样来呈现主体的问题。比如，用软件上的什么工具画什么颜色的、什么样式的图形等。

第二章　美图秀秀

美图秀秀是一款图像处理软件。它与金山画王不同，金山画王是画图软件，主要功能是创作新图，美图秀秀没有画图的功能，主要是把已经有的图像做进一步的加工，改善原来图像的效果，使图片更好看。制作课件，总希望能够获得最佳的效果。课件的主要元素是图片。会使用美图秀秀处理图片，有助于提高课件的制作质量。当然，也能够给自己的生活带来一些乐趣。

美图秀秀是中文界面，主菜单、下拉菜单、对话框、工具箱、按钮标示都是中文的，即便是它的深层菜单也没有外文。而且，工具上的文字标示也与大多数外国软件不一样。国外软件汉化之后，软件上的文字标示与汉语语法和用词规则不一致，会出现一些怪词，或者词义与字面意思不符的情况，使用者不能够顾名思义地理解词义。美图秀秀标示的文字，符合中文的构词原则，符合中文语法，字词的意思明显，认识汉字的人都可以理解其意思。学习起来很省力。

美图秀秀有丰富的人像面部加工工具和海量的人物佩饰，使用者可以想获得各种想要的人像效果。譬如，模拟化妆，给人物头像戴假发、戴眼镜。能够产生超常思维的艺术效果，给使用者带来无穷的乐趣。它的这些功能，能够满足年轻人追求时尚的心理和强烈的好奇心。

美图秀秀虽然处理人像的功能非常强大，但是其他功能相对于有些国外图形处理软件而言，还是比较弱的。所以，在这一章，主要介绍它的人像处理功能。

第一节　美图秀秀 3.8.1 的安装

购买正版软件，找到美图秀秀的安装程序秀→双击这个图标→在打开的对话框里单击下边的"立即安装美图秀秀"按钮→点选⊙标准安装→单击"下一步"按钮→取消"☑安装百度搜霸"中的"√"→单击"下一步"按钮→勾选"☑运行美图秀秀"，根据个人爱好决定是否选择"将百度 hao222 设置为首页"→单击"完成"按钮→单击"立即升级"按钮→单击"解除阻止"按钮→单击"升级"按钮→单击"立即安装美图秀秀"→单击"安装"按钮→单击"完成"按钮。

美图秀秀软件在升级的过程中，有时会出现电脑中安装的系统保护软件不能确定升级程序的可靠性问题，这时计算机会弹出一个对话框，提示"保持阻止""解除阻止"选项按钮，让用户做出选择。在这种情况下，如果用户选择了"保持阻止"，那么计算机将阻止对这个程序的安装。所安装的软件中，缺少了一段程序，那么软件的运行可能会出现问题：有些功能不能够使用、软件反应迟钝、安装的软件不能够运行，或者干脆安装不上软件。所以，如果要正常使用此软件，必须选择"解除阻止"。

上述安装方法，安装了两个主要程序，一个是美图秀秀的单个图像处理软件，另一个是美图秀秀的看图软件，这并非美图秀秀加工图片的全部软件，要想大批量地处理图像，还需要安装美图秀秀的"批处理软件"。安装方法如下：在刚刚打开的美图秀秀窗口，单击"批量处理"按钮→在弹出的对话框中单击"确定"按钮→再单击"立即体验"按钮→最后，关闭"批量处理"窗口。

第二节　让青春放射光芒

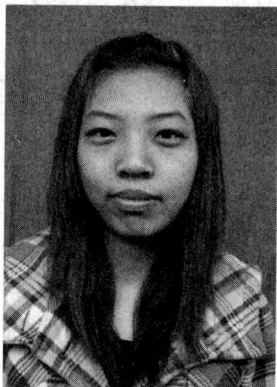

【编写意图】

（1）介绍美图秀秀的打开方式。
（2）介绍美图秀秀的窗口组成。
（3）介绍图片的打开方式和保存方法。
（4）介绍"美化""美容"选项卡。

扫一扫

让青春放射光芒

学习说明：本节的素材放在"信息技术"文件夹内，请读者先把此文件夹拷贝到计算机的 E 盘下。下面将按照将素材存放在计算机的"E:\信息技术"的设定下介绍美图秀秀软件的使用方法。

任务：美化 1 号女孩，如图 2.1 所示。

图片存放在"E:\信息技术"文件夹下。读者可以先把"信息技术"文件夹复制到 E 盘根目录下，然后，按照下面的步骤操作。

任务分析：这个女孩美中不足的是皮肤有点黑，嘴唇有点儿厚，嘴有些大。处理这幅图像，重要的是改变她的肤色和嘴形，使她的皮肤略显白一点，嘴唇小一些、薄一些。

要美化这个女孩的图像，就需要有修改女孩图像的工具。巧妇难为无米之炊，没有修改的工具，是无法达到预期目的的。所以，加工这幅图像的第一步就是打开美图秀秀，并了解其各项功能。

有了修改图像的工具，还需要把图像导入到美图秀秀的窗口中，不然，美图秀秀的工具是无法发挥作用的。因此，第二步就是在美图秀秀的窗口导入这幅图片。

图 2.1

然后就可以开始美化这个女孩的面部。最后，保存修改的效果即可。

【任务分解】

任务 1：打开美图秀秀窗口。

操作方法：

方法一：菜单法。单击"开始"→指向"程序"→指向"美图"→指向"美图秀秀"→单击"美图秀秀"下拉菜单里的"美图秀秀"。如图 2.2 所示。

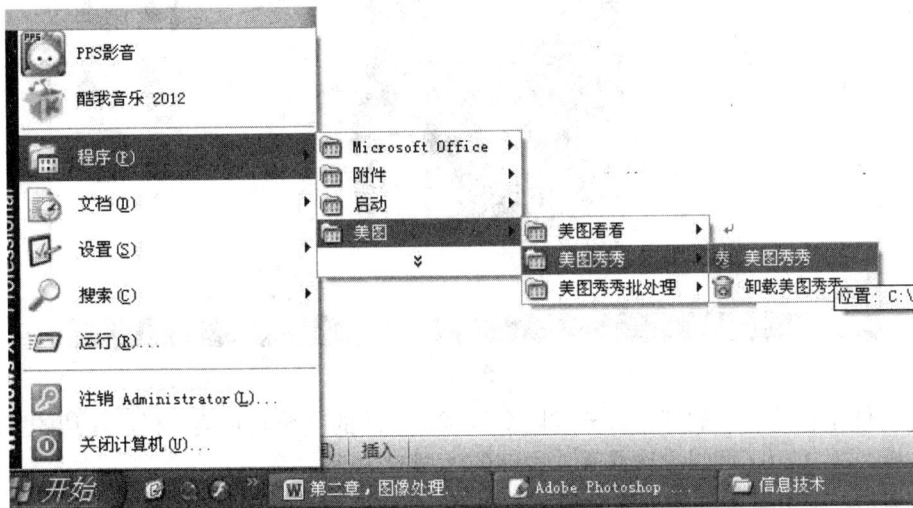

图 2.2

方法二：图标法。双击桌面上的美图秀秀快捷方式图标 。打开后的美图秀秀界面如图 2.3 所示。

图 2.3

任务 2：导入 1 号女孩，认识美图秀秀窗口功能。

操作方法：单击"人像美容"→单击"打开一张图片"按钮→打开"E:\信息技术"→双击"1 号女孩"的图像。这样就将图像导入到了美图秀秀窗口中，如图 2.4 所示。

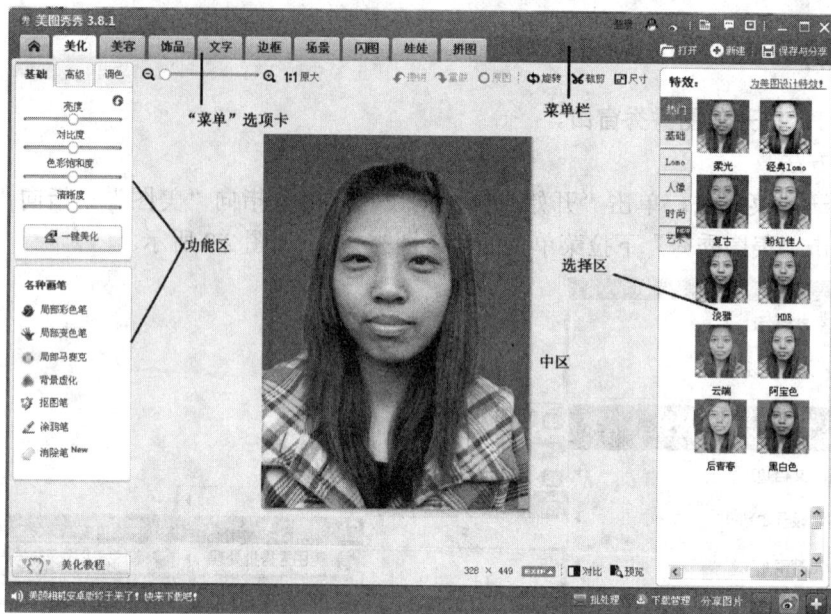

图 2.4

为了便于叙述，我们把窗口分成四个区域，上边的区域叫它菜单栏，左边的区域叫它功能区，右边的区域叫它选样区，中间的区域叫中区。

任务 3：把 1 号女孩的皮肤变得白一些。

操作方法：单击"美化"选项卡→在选样区单击"柔光"图标→在功能区向左微微拖动"色彩和饱和度"的滑动按钮，使肤色稍白一些。步骤如图 2.5 所示。

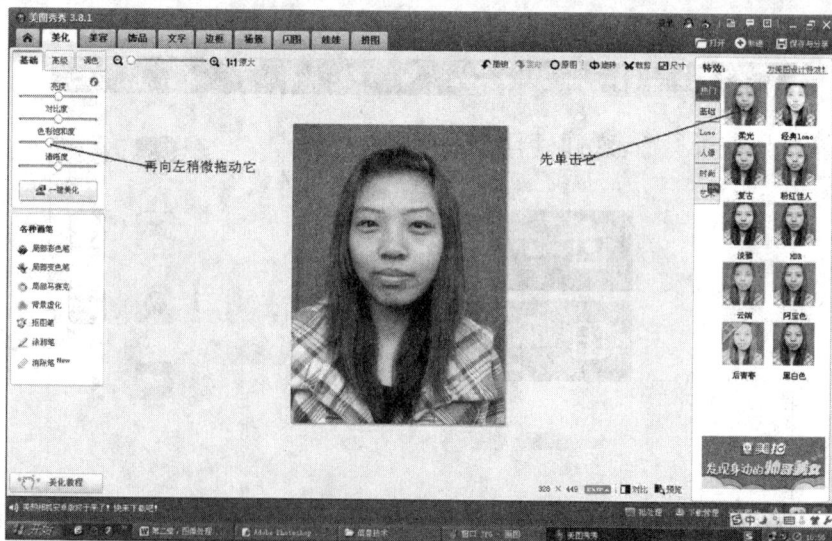

图 2.5

单击"美容"菜单选项卡→在功能区单击"皮肤美白"图标→在弹出的"皮肤美白"窗口的功能区，向右拖动"美白力度"滑动按钮，将美白力度的值设置为 4→单击"应用"按钮。如图 2.6 所示。

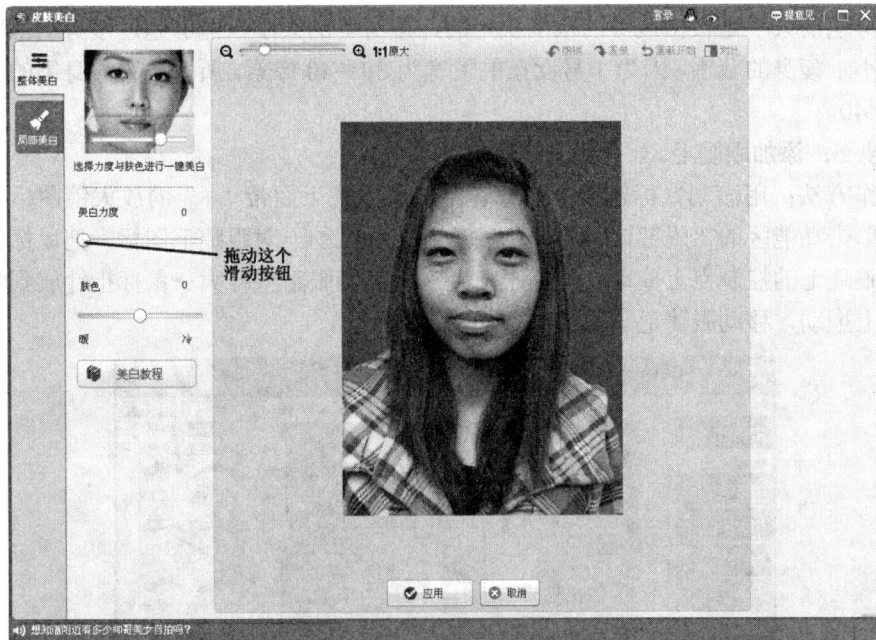

图 2.6

任务 4：修改嘴，使嘴唇薄一些，嘴小一些。

操作方法：单击"美容"菜单选项卡→单击功能区的"瘦脸瘦身"图标→在弹出的"瘦脸瘦身"窗口的功能区，拖动"瘦身笔大小"，使其值为 40 或者 39→鼠标指针从下嘴唇下边边缘反复向上拖动→鼠标指针从上嘴唇上边边缘反复向下拖动，改变嘴唇的厚度→鼠标指针放在嘴角处，反复向嘴的中间拖动。改变嘴的宽度。如图 2.7 所示。

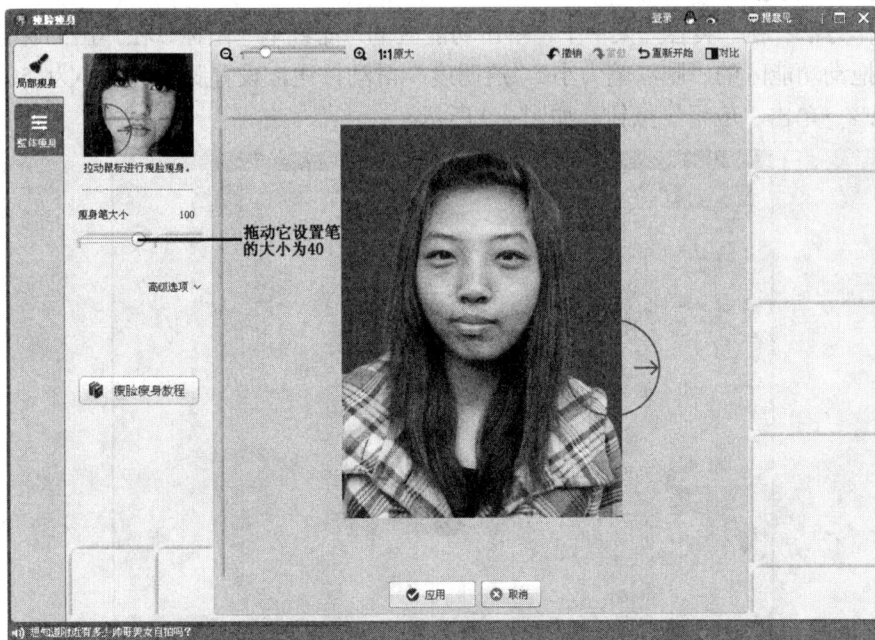

图 2.7

瘦身笔的大小是根据瘦身的范围决定的，瘦身笔的大小不能够超过瘦身的范围，也不能够小于瘦身的范围。因为 1 号女孩的嘴宽为 39～40 像素，所以设置瘦身笔的大小为 39 或者 40。

任务 5：添加眼睫毛。

操作方法：用滚动鼠标轮的方法或者单击菜单栏下面带"+"的放大镜图标，放大图片→单击功能区的"眼部饰品"图标→单击选样区的一对眼睫毛图标→把鼠标指针放到中区眼睫毛的控制点上拖动，压缩眼睫毛，使其和眼睛一样大→鼠标指针放到眼睫毛的边框上拖动，移动眼睫毛于眼睛上。如图 2.8 所示。

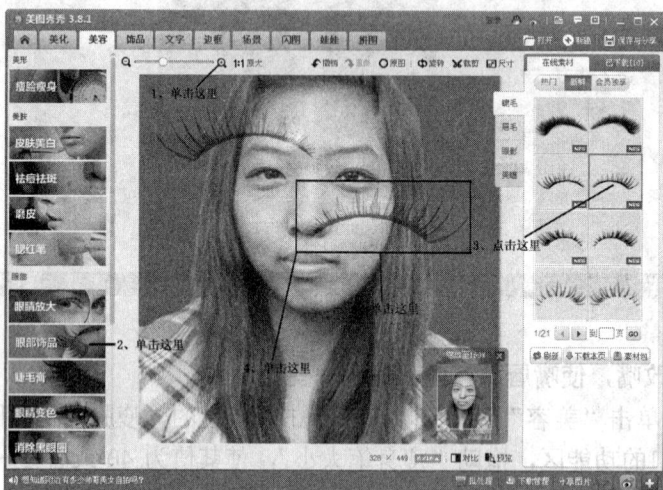

图 2.8

任务 6：打腮红。

操作方法：在"美容"菜单下，单击功能区的"腮红笔"图标→在弹出的"腮红笔"窗口，拖动功能区的"腮红笔大小""透明度"滑动按钮，设置腮红笔大小为 50，透明度为 22%→单击"应用"按钮。如图 2.9 所示。

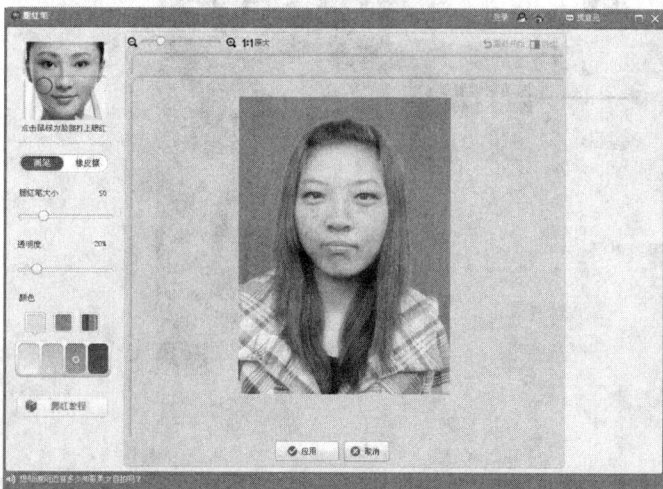

图 2.9

任务 7：产品图片的导出。 把修改好的 1 号女孩，以"修改好的 1 号女孩"为名存放到"E:\信息技术"文件夹下。

操作方法：单击美图秀秀窗口菜单栏右端的"保存与分享"按钮→单击"更改"按钮设定存放位置→输入修改后图片的名称→单击"保存"按钮。如图 2.10 所示。

图 2.10

原图与修改后的图片对比效果如图 2.11 所示。

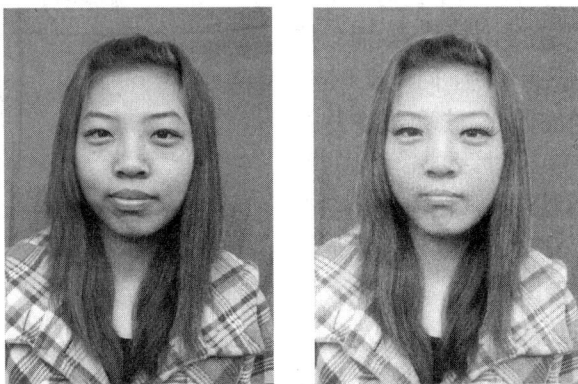

图 2.11

【理论升华】

1. 图片的导入

在美图秀秀窗口打开图片分四种情况：一种是在"美化图片"窗口打开，一种是在

"人像美容"窗口打开，一种是在"拼图"窗口打开，还有一种是在"批量处理"窗口打开。打开美图秀秀窗口后，首先出现的界面里有这四个窗口的文字标示，单击这些标示进入相应的窗口，按照提示打开图片。如图 2.12 所示。

图 2.12

在人像美容窗口，打开图片有五种方法：在弹出的对话框里，单击"打开一张图片"按钮，可以打开电脑中任何一个位置存放的图片；单击"用摄像头拍照"按钮，可以用摄像头拍摄照片，同时打开它；单击对话框右下角的图标，打开美图秀秀提供的示例图片；单击对话框左下角的图标，打开近期编辑过的图片；另外，单击菜单栏右端的"打开"按钮，也可以打开计算机上任意位置的图片。如图 2.13 所示。

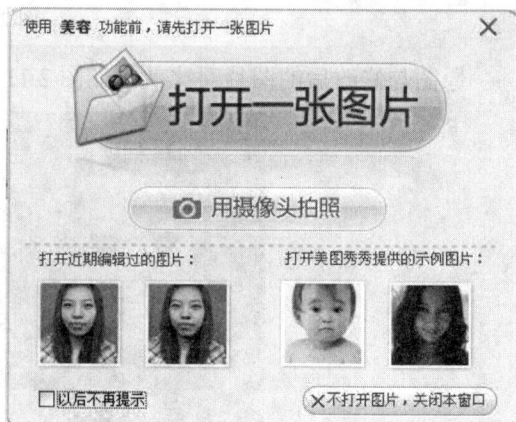

图 2.13

2. 成品图片的保存

加工图片的目的就是想珍藏好效果的图片。要珍藏加工好的图片，就需要把加工的结果保存下来。保存分两种情况：一种是在制作的过程中保存，一种是退出美图秀秀时保存。比如，我们在给 1 号女孩换了皮肤以后，还要继续加工她的嘴巴，在加工嘴巴之前要保存更换皮肤的结果，这就是制作过程中的保存。

美图秀秀是很多小软件的组合体。每个小软件都承担一项工作，有的负责换皮肤，有的负责修饰人的眼睛，有的负责给人的脸打腮红，大家各司其职，成就了美图秀秀强大的人像加工功能。有很多小的软件是以独立窗口存在的，当我们使用它们的时候，会因为单击了与它相链接的图标，而触发这些窗口。当我们在这些窗口对图片做了加工之后，就要关闭这些窗口，回到美图秀秀的主窗口。这些小软件下边，一般有标示着"应用"字样的按钮，单击它可以保存在这个窗口的操作结果。单击"应用"按钮的同时，计算机自动关闭小软件的窗口。前边，我们给 1 号女孩美白皮肤的时候，曾经单击过美图秀秀主窗口功能区的"皮肤美白"图标，打开了专一美白皮肤的软件，在这个窗口修改皮肤后，单击下面的"应用"按钮，即保存了皮肤修改后的结果。

　　退出美图秀秀前的保存是在美图秀秀的主窗口执行的。美图秀秀主窗口菜单栏的右端有一个像"软盘"一样的图标，单击它可以打开保存对话框，按照对话框的要求即可保存修改后的图片。

　　3. 美图秀秀的主窗口

　　主窗口如图 2.14 所示。

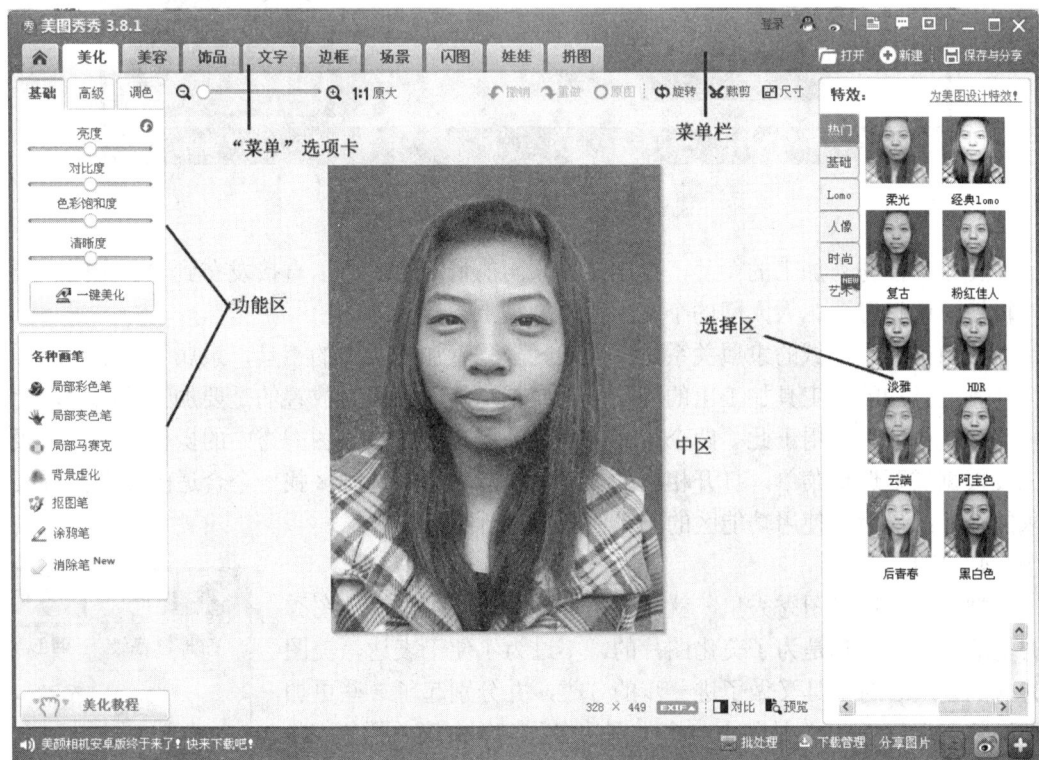

图 2.14

　　窗口被划分成四个区域：菜单栏、功能区、选样区和中区。菜单栏的左边文字标示的功能选项卡是美图秀秀功能的大类，单击这些选项卡，在功能区展开各个菜单的功能，在选样区展示由这些功能所制作的一些图片效果。右端有三个按钮，一个是"打开"，一个是"新建"，另一个是"保存与共享"。"打开"的作用是添加一张新的图片；"新建"的功能是重新建立一个美图秀秀文档；"保存与共享"的作用是保存图片，或者在网络上发布图片。如图 2.15 所示。

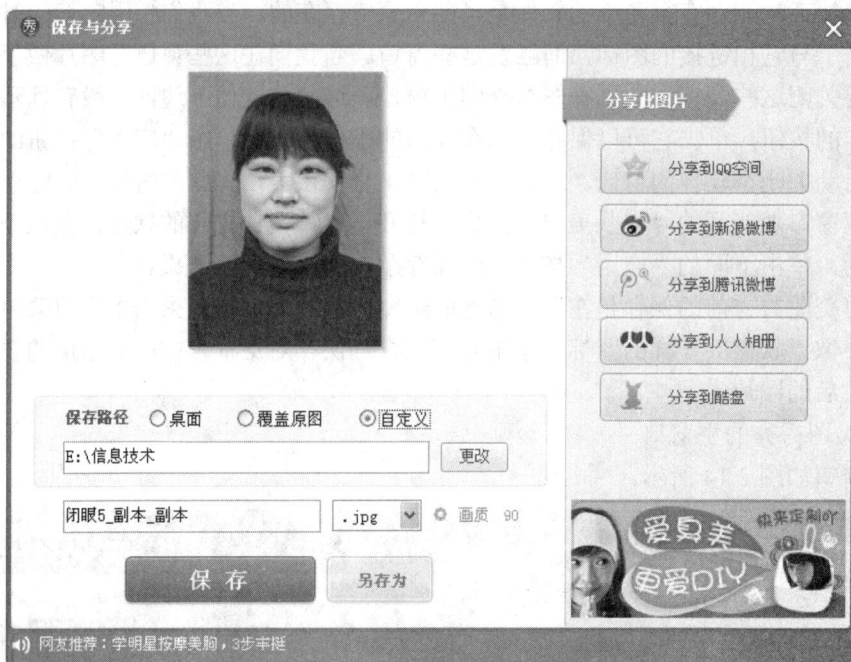

图 2.15

使用美图秀秀加工的图片，在连接互联网的情况下，可以直接发布到 QQ 空间、新浪微博、腾讯微博、人人网的个人相册、酷盘上。

窗口的四个区域的隶属关系是：功能区放置着加工图片的工具，隶属于菜单；选样区放置的是功能区工具加工出的样品，隶属于功能区；中区放置的是要加工的图片，功能区和选样区都作用于此。四个区域的隶属关系决定了在美图秀秀中的操作流程。一般先要根据需要选择菜单，打开相应的加工工具，然后到选样区找一个合适的或者接近要求的样品；最后，使用功能区的工具对图片进行微调。

4. 美化

把图片放进美图秀秀里，就是为了美化图片。可以说美图秀秀里的所有工具都是为了美化图片的。不过为了便于表达，美图秀秀的创造者对工具又做了进一步的分类，并分别起了一些更加贴切的名字。"美化"是其中一个类别的名称。单击菜单栏的"美化"选项卡，可以打开它的加工工具，有四类：基础、高级、调色、画笔。如图 2.16 所示。其中基础、高级、调色以选项卡形式存在，画笔以菜单形式存在。

"基础"选项卡里放置调整图片亮度、对比度、色彩饱和度、清晰度的工具。这些工具以滑动按钮的形式存在，拖动滑动按钮可以调整和设定它们的值。向左拖动减少参数值，向右拖动增大参数值。一般先要凭感官确定图片的亮度、对比度、色彩饱和度

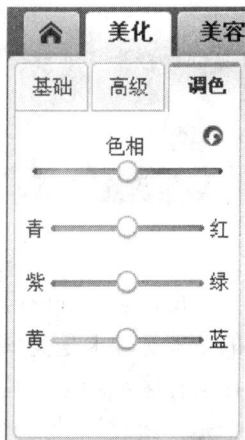

图 2.16

和清晰度，再决定是增加参数值还是减少参数值。在"基础"选项卡的下边还有一个"一键美化"按钮，它连接着计算机自动分析的结果。如果不能够准确地识别照片参数的话，可以单击它，获得计算机选择的加工结果。

"高级"选项卡里放置一个"智能补光"的滑动按钮。当照片的曝光量不足的时候，可以使用它给照片补光。曝光量不足的照片，通常表现为昏暗、反差小、层次感差。

"调色"选项卡里放着四个调色工具，使用这些工具可以矫正图片的颜色。比如照片过分的蓝，或者过分的红，都可以使用这里的工具减少照片的蓝色和红色，还原照片的色彩。"色相"滑动按钮可以调整多种颜色，下面的滑动按钮，每个可以调整两种颜色。滑动按钮的两端标注有颜色的名称，滑动按钮向哪种颜色名称移动，图片中对应的那种颜色就增加。比如原来的照片太红，那么我们可以滑动按钮向"青"的方向拖动，增加青色，相应地减少红色。

图 2.17 中左边的照片是调试前的，右边的照片是调试后的。

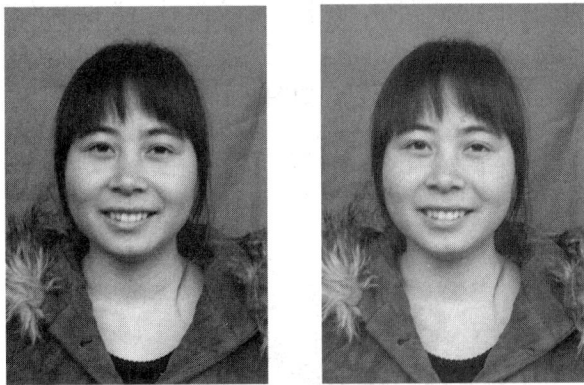

图 2.17

"画笔"菜单下放置有七种画笔：给图片的局部上彩的"局部彩色笔"，改变图片局部颜色的"局部变色笔"，在图片某个地方制造马赛克效果的"局部马赛克笔"，制造图片背景虚化效果的"背景虚化笔"，从图片中抠取一部分的"抠图笔"，可以随意图画的"涂鸦笔"，擦除图片内容的"消除笔"。如图 2.18 所示。这些画笔都是以独立窗口存在的，单击这些画笔菜单，将打开相应的窗口，使用过画笔后，要关闭这些窗口，返回到美图秀秀的主窗口。

例如，制作背景虚化的效果。将 4 号女孩照片制作成背景虚化。

操作方法：在打开了 4 号女孩的美图秀秀窗口，单击"背景虚化"菜单→在弹出的窗口，用鼠标在女孩的面部拖动→单击"应用"按钮。

当打开"背景虚化"窗口时，看到整张图片都是虚化的，鼠标拖动之处变得清晰起来。这说明，所谓的虚化背景，其实是在原来的照片上放置了一个朦朦胧胧的图层。鼠标在照片上拖动，其实是擦除了这个图层的一部分，使下面的

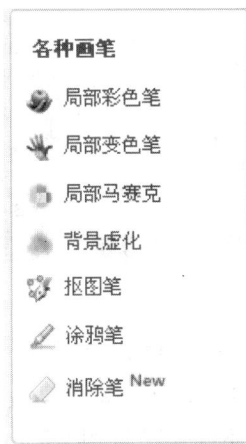

各种画笔

局部彩色笔

局部变色笔

局部马赛克

背景虚化

抠图笔

涂鸦笔

消除笔 New

图 2.18

照片完全露了出来。图 2.19 是图片虚化前后的效果。

再例如，把 4 号女孩从蓝色背景中抠出来。

操作方法：再次打开 4 号女孩的美图秀秀窗口，单击"抠图笔"菜单→在弹出的对话框中单击"自动画图"→在要抠图的区域拖动鼠标划线→当看到要抠的区域全部被选中后，单击"完成抠图"按钮。如图 2.20 所示。

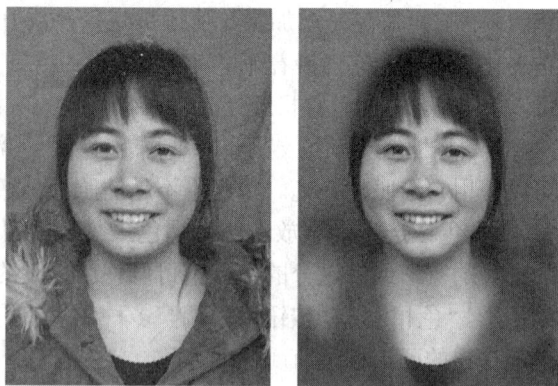

图 2.19

5. 美容

"美容"菜单选项卡下有四大类工具：美形、美肤、美眼和其他，每个大类里又有若干个小类。小类以图标的形式存在，图标上的文字是小类的名称和该工具的作用。这些工具都是以独立的窗口存在的，使用这些工具美化图片，即要打开与工具图标相对应的窗口，在使用完毕之后，还要关闭它。如图 2.21 所示。

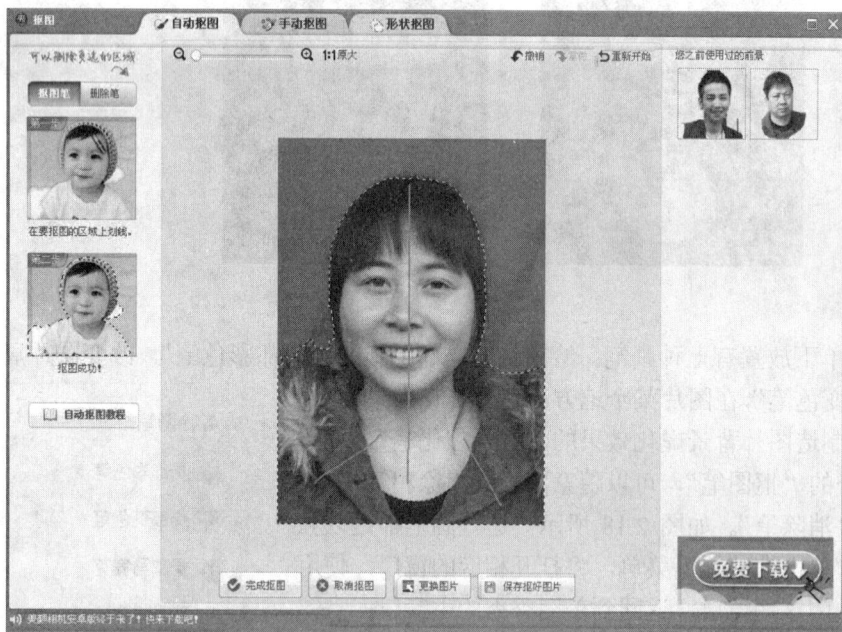

图 2.20

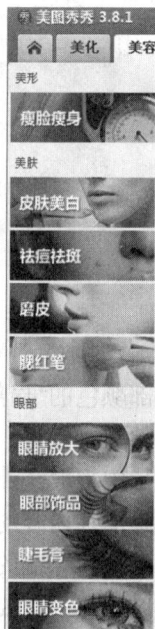

图 2.21

"美形"下放置一个"瘦脸瘦身"工具，它类似于金山画王里滤镜下的"推拉变形"工具，主要功能是改变图片局部的形状。比如把厚嘴唇变成薄嘴唇，把大嘴变成小嘴。还可以把大眼睛变成小眼睛，把半闭的眼睛掰开。使用美形工具改变人的形态要适度，要在人可能做出的范围内进行。人的嘴唇是可以控制的，人绷着嘴，嘴唇就会变得薄一些；噘着嘴，嘴就会小一些。这种口型的变化是有限的，改变一个人的口型，要在这个限度内进行，超出了自然状态下人口型变化的限度，不是美化人，而是丑化人。

"美肤"下放置有"皮肤美白""祛痘祛斑""磨皮""腮红笔"四个工具。"美肤美白"工具的功能是改变皮肤颜色,"祛痘祛斑"工具的功能是去掉脸上的青春痘和斑点,"腮红笔"的作用是给人的脸颊打腮红,"磨皮"是用磨石在皮肤上摩擦的意思,这个工具的作用是改变皮肤的质感。

例如,去掉 2 号女孩脸上的青春痘,并进行磨皮。

操作方法:在美图秀秀中打开图片"2 号女孩"→单击"美容"菜单选项卡→单击"祛痘祛斑"图标→拖动功能区的"祛痘笔大小"滑动按钮,设定其值,使笔头比要去掉的痘斑略微大一点→在中区"点击"女孩脸上的痘斑→清理痘斑完毕后,单击"应用"按钮。

在"美肤"下单击"磨皮"图标→在弹出窗口的功能区拖动"普通磨皮"下的滑动按钮→当效果理想后,单击"应用"按钮。

注意:祛痘笔的大小一定不能够超过斑痘太多。我们使用"祛痘祛斑笔"在女孩脸上点击的时候,计算机执行的是这样的命令:用笔边缘颜色涂抹斑痘。如果笔太大,那么涂在斑痘上的颜色就不是斑痘周围的颜色,而是其他颜色。在斑痘上涂抹其临近的颜色,可以遮盖住斑痘,使斑痘上的颜色和周围的颜色协调一致。如果用距离斑痘比较远的颜色涂抹斑痘,那么很可能造成斑痘上涂抹的颜色与周围的颜色不协调。

磨皮有四种方式:自然磨皮、智能磨皮、快速磨皮、普通磨皮,你可以分别试验它们的磨皮效果,保留最佳的磨皮效果。

"美眼"下有五种美眼工具:扩大眼睛的"眼睛放大"工具,安装眼睫毛的"眼部饰品"工具,处理睫毛的"睫毛膏"工具,改变瞳孔颜色的"眼睛变青"工具,去掉下眼皮黑影的"消除黑眼圈"工具。

"其他"下面有四种工具:画口红的"彩唇"工具,去掉红眼的"消除红眼"工具,染头发的"染发"工具,还有其他一些脸部使用的饰品。

【读者演练】

(1)找一张自己过去的照片进行美化。

(2)找一张表情平静的小白兔的图片,给它添加睫毛,把它的毛染成三种不同的颜色。

第三节 不花钱的服饰

【编写意图】

(1)介绍"涂鸦"菜单的功能和使用方法。

(2)介绍"饰品"菜单的使用方法。

任务:给图片"5 号女孩"更换衣服,戴上眼镜、耳坠、帽子、蝴蝶结,并将修饰好的图片保存到 D 盘根目录下。

学习说明:本节所需用的素材,包括图片"5 号女孩",都放在文件

扫一扫

不花钱的服饰

夹"信息技术"内，请读者先把素材拷贝到计算机的 E 盘下。本节将设定素材均放在"E:\ 信息技术"的文件夹内。

任务分析：要加工 5 号女孩，需先把图片"5 号女孩"导入到美图秀秀的窗口，然后，才能够对其进行加工，给她添加服饰。

为了获得好的制作效果，在添加服饰前，可以先对照片进行美容美化，而后，再添加服饰。

更换的衣服，可能与原来的衣服大小不一致，出现加上去的衣服覆盖不住原来的衣服的问题。从图 2.22 中可以看出原来的衣服没有被完全覆盖住。解决这个问题有两个方案，一个是用和背景一样的颜色涂抹没有覆盖住的衣服，另一个方案是把女孩从背景中抠出来，擦除多余的衣服，换上一个新的背景。

图 2.22

【任务分解】

任务 1：导入"5 号女孩"的图片。

操作方法：在打开美图秀秀窗口的时候，单击"人像美容"→单击"打开一张图片"按钮→打开文件夹"E:\信息技术"→双击"5 号女孩"文件。

任务 2：对图片进行美化、美容。

操作方法：单击"美化"菜单选项卡→调整图片的亮度、对比度、色彩饱和度、清晰度等，使照片亮丽、清晰、层次丰富→单击"美容"菜单选项卡→给 5 号女孩打腮红、添加睫毛、磨皮。

单击功能区的"唇膏"图标→滚动鼠标滑轮，放大照片，突出嘴唇→拖动"唇笔大小"滑动按钮，使其小于上嘴唇的厚度→设置透明度为 50%→设置亮度为 0→单击下面的一种唇膏颜色→在 5 号女孩的嘴唇上拖动→修饰完毕单击"应用"按钮。

任务 3：更换衣服。

操作方法：单击"饰品"菜单选项卡→单击功能区的"证件照"→在选择区单击"翻页"按钮，打开第二页→在选择区的第二页单击一种衣服样式→在美图秀秀窗口右下角的"素材编辑框"里，拖动"旋转角度"滑动按钮，改变衣服的角度，拖动"素材大小"滑动按钮改变衣服的大小→在中区拖动衣服，调整衣服的位置。如图 2.23 所示。

如果觉得添加的衣服不合适，那么可以按键盘上的 Del 键删除，然后重新添加。

任务 4：用涂鸦的方法覆盖露出来的原来衣服。

操作方法：单击"美化"菜单选项卡→单击功能区的"涂鸦笔"菜单→在弹出的"涂鸦"窗口中，单击功能区上边的"颜色"按钮，选择和背景一样的颜色→在原来的衣服上拖动，涂去多余的衣服→单击窗口下边的"应用"按钮。效果如图 2.24 所示。

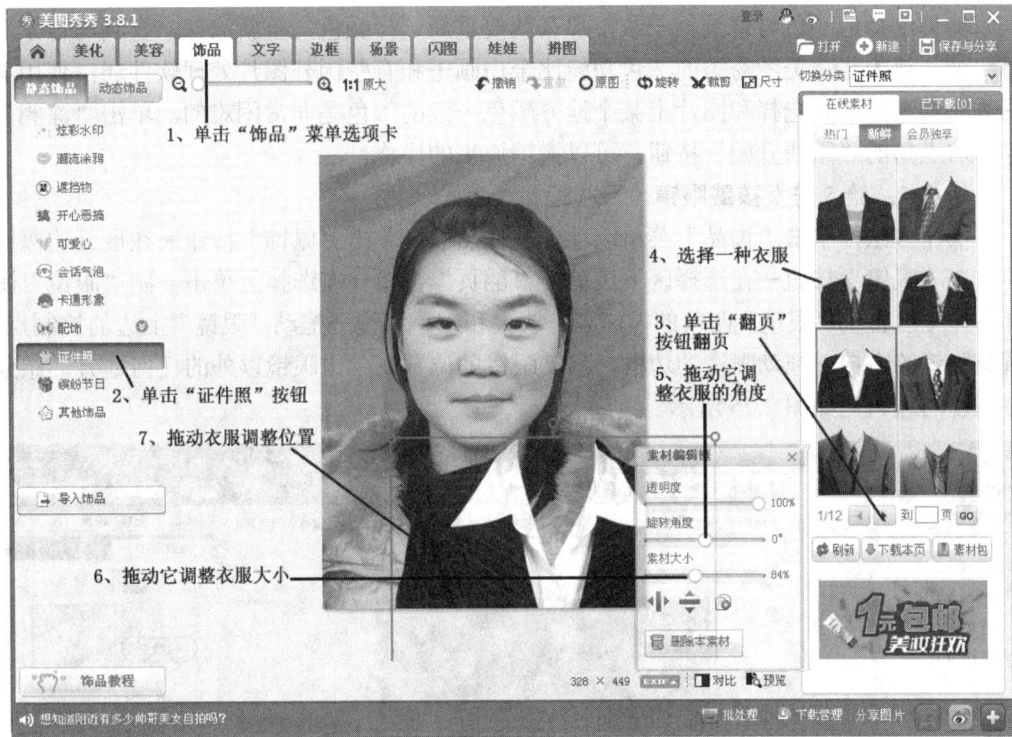

图 2.23

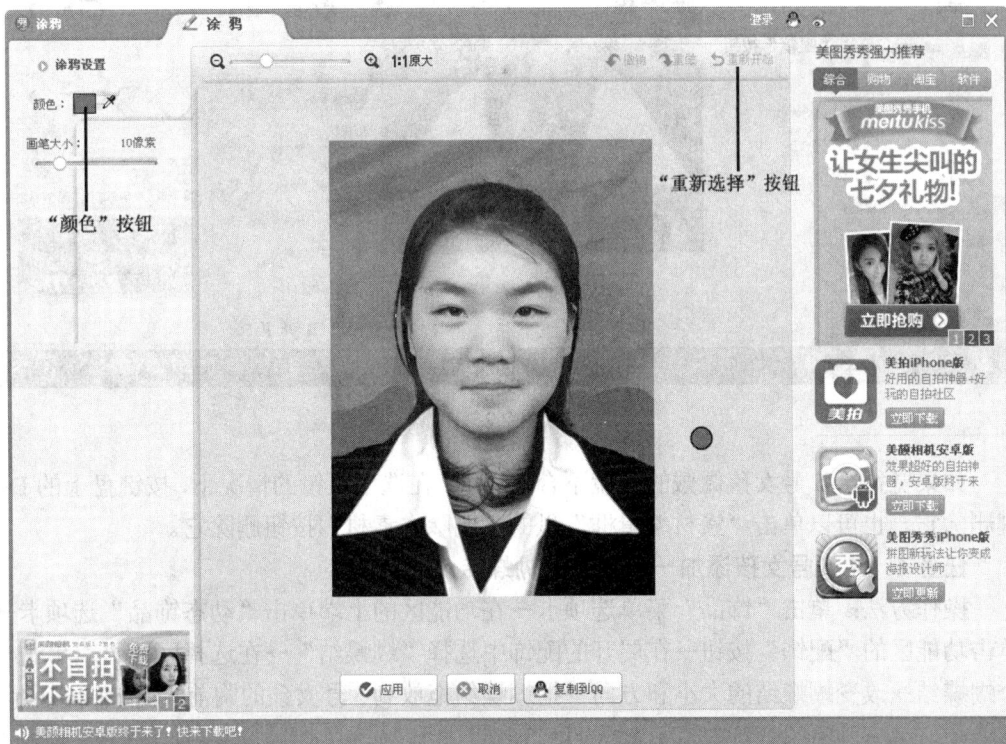

图 2.24

如果选择的颜色与背景不一致，那么就要重新选择颜色，重新涂抹，直到与背景颜色协调一致为止。美图秀秀的选色功能比金山画王和有些国外图片处理软件弱，使用美图秀秀的选色工具选择和图片上某个地方颜色一致的颜色是非常困难的。单击"涂鸦"窗口右上角的"重新开始"按钮，可以撤销原来的操作。

任务 5：给 5 号女孩戴眼镜。

操作方法：单击"饰品"菜单选项卡→在功能区单击"佩饰"按钮→在展开的佩饰中单击"眼镜"按钮→在选择区下边单击"翻页"按钮→在选择区单击一副"眼镜"图标→在中区拖动"眼镜"四角的控制点，放大和缩小眼镜→拖动"眼镜"上边的控制点，调整眼镜的方向→拖动眼镜的边框，移动眼镜的位置→单击眼镜以外的任何地方，结束对眼镜的编辑。如图 2.25 所示。

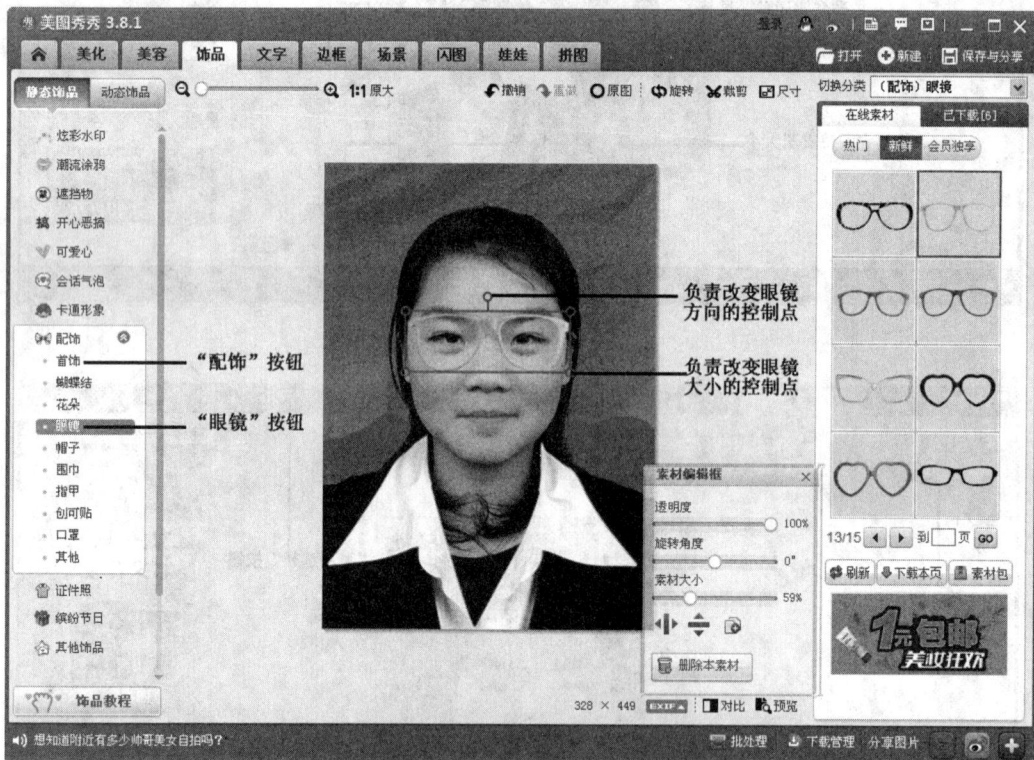

图 2.25

如果觉得给 5 号女孩佩戴的眼镜不合适，可以在选中眼镜的情况下，按键盘上的 Del 键删除它。也可以单击"素材编辑框"里的"删除本素材"按钮删除它。

任务 6：给 5 号女孩添加一个动态的蝴蝶结。

操作方法：单击"饰品"菜单选项卡→在功能区的上端单击"动态饰品"选项卡→单击功能区的"配饰"按钮→在展开的配饰中选择"蝴蝶结"→在选择区翻页，单击一个蝴蝶结→改变蝴蝶结的大小和方向→把蝴蝶结拖放到 5 号女孩的胸前。如图 2.26 所示。

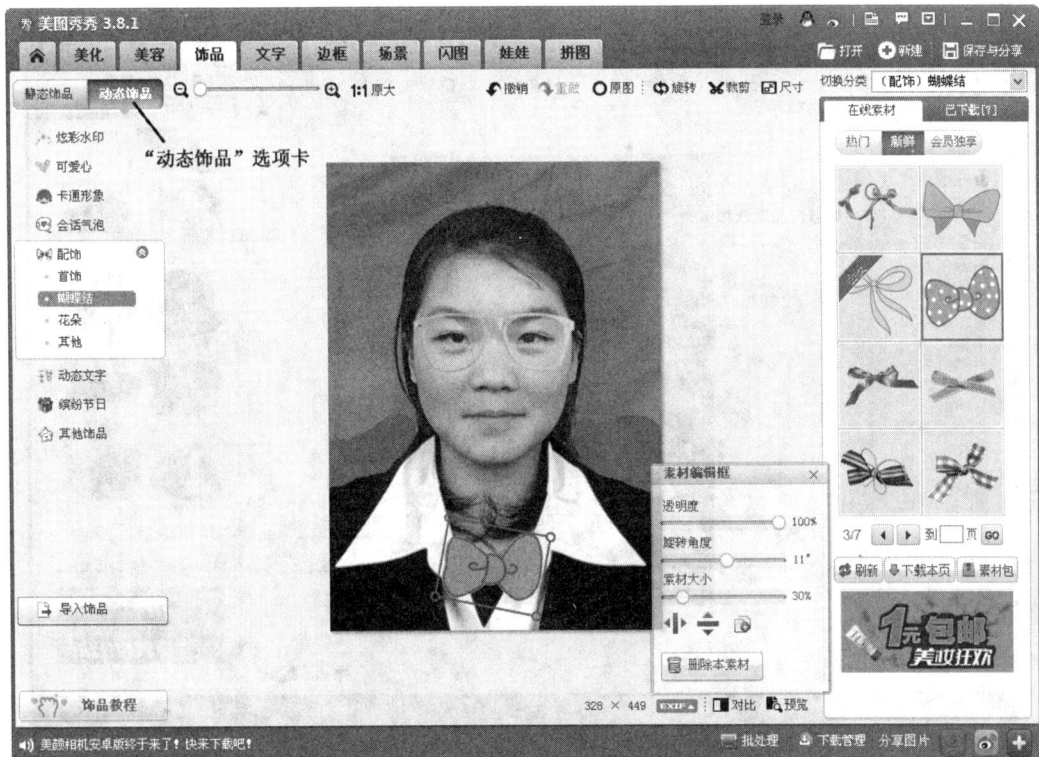

图 2.26

在这里看不到蝴蝶结的动画效果，但是在保存后的图片里它是会动的。也就是说，在脱离了美图秀秀的环境之后是动态的 gif 动画。

任务 7：给 5 号女孩戴一顶帽子。

操作方法：单击"饰品"菜单选项卡→在功能区上端单击"静态饰品"选项卡→在功能区单击"配饰"按钮→在展开的配饰中单击"帽子"按钮→单击选择区下边的"翻页"按钮翻页→在选择区单击一顶帽子→在中区改变帽子的大小、角度和位置。如图 2.27 所示。

任务 8：给 5 号女孩戴上耳环。

操作方法：单击"饰品"菜单选项卡→单击功能区的"配饰"按钮→单击"配饰"下的"首饰"按钮→单击选择区上端的"在线素材"选项卡→单击"在线素材"下边的"新鲜"选项卡→单击"新鲜"下边的"耳环"选项卡→单击选择区下边的"翻页"按钮→选取两种耳环饰品→在中区改变耳环大小和位置，使它们戴在女孩的耳朵上。效果如图 2.28 所示。

图 2.27

图 2.28

图 2.29 为加工前后照片的比较，左边为原照，右边为加工后的照片。

图 2.29

任务 9：把制作好的图片保存到 D 盘根目录盘下。

操作方法：单击菜单栏右端的"保存与共享"按钮→在弹出的对话框里单击"更改"按钮→选择 D 盘→单击"保存"按钮。

【理论升华】

1. 饰品

饰品，即装饰品的意思。在美图秀秀里，饰品指装饰人物画的一些用品，分动态和静态两大类，分别用"静态饰品"选项卡和"动态饰品"选项卡承载，这两个选项卡放置在功能区的上端，单击这些选项卡可以展开该类饰品。当单击"饰品"菜单选项卡时，计算机自动打开的是"静态饰品"。如图 2.30 所示。

静态饰品。静态饰品有 11 个大类，包括"炫彩水印"饰品、"潮流涂鸦"饰品、"遮挡物"饰品、"开心恶搞"饰品、"可爱心"饰品、"会话气泡"饰品、"卡通形象"饰品、"配饰"饰品、"证件照"饰品、"缤纷节日"饰品、"其他饰品"。其中，"配饰"饰品下有 9 个小类：首饰、蝴蝶结、花朵、眼镜、帽子、围巾、指甲、创可贴、口罩和其他。就幼儿师范学生的生活、幼儿园教师的工作和生活来说，用处比较大的是"配饰"饰品和"证件照"饰品。

2. 饰品的导入

如果美图秀秀素材库的饰品不符合我们的要求，那么该怎么办呢？这就需要从外部导入理想的饰品。打开"饰品"菜单后，在功能区的下边有一个"导入饰品"按钮，通过它可以把外部的饰品导入到美图秀秀的素材库中。具体操作方法如下：

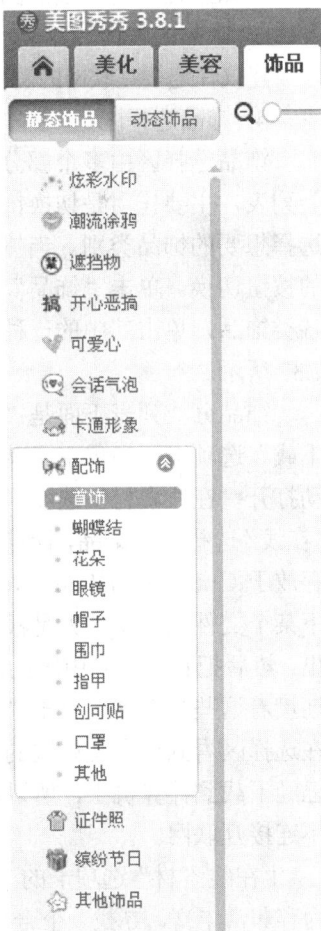

图 2.30

在因特网上搜索一个饰品，或者自己画一个饰品→使用立友公司生产的"Ulead GIF Animator 5"软件去掉饰品的背景，另存为gif格式的图片→单击美图秀秀窗口的"导入饰品"按钮→点选饰品的类别→单击"导入"按钮→找到要导入的饰品→单击"打开"按钮。如图 2.31 所示。

注意：必须去掉要导入饰品的背景，否则，导入美图秀秀素材库的饰品是不能使用的。如果不去掉饰品的背景，那么导入美图秀秀素材库的饰品也有背景，导致添加到图片上的饰品也有背景，这是很难看的。

使用"Ulead GIF Animator 5"制作的无背景饰品，在另存的时候，不能存为普通的图片。如果保存为普通的图片格式，计算机会自动给图片加上背景。

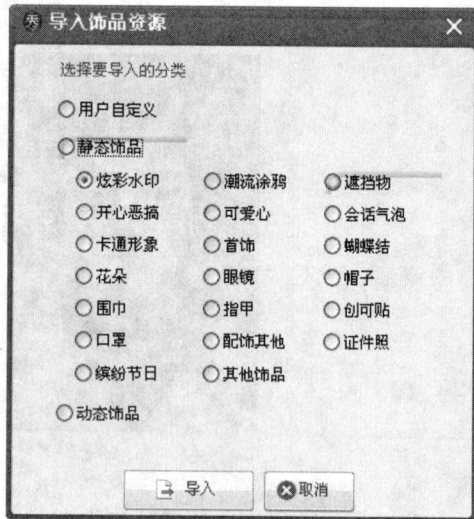

图 2.31

3. 饰品的使用

建议在连接互联网的情况下使用"饰品"菜单。

4. 饰品选择区

饰品选择区由多个部分组成，最上边是饰品的分类列表，主要作用是切换饰品的类别，在这里，可以选择想要的饰品类别。当然，也可以通过单击功能区的按钮切换。单击"饰品"分类列表按钮，可以展开各类饰品，单击其中的一种，即打开该种饰品。如图 2.32 所示。

饰品分类列表下面是"在线素材"选项卡和"已下载"选项卡。当单击了某类饰品按钮后，计算机自动打开"在线素材"选项卡，并连接网络上的素材。"在线"选择一种饰品，计算机会首先把这个饰品下载存放于 C:\Program Files\Meitu\Sucai\Shipin\Zhuangshi 下某个文件夹（文件夹是根据饰品的类别自动生成）里，然后把它粘贴到中区的图片上。"已下载"选项卡连接着这些文件夹，单击"已下载"选项卡，就可以在选择区看到过去使用过的素材。因为使用过的素材已经下载到计算机上，所以，再次使用这些素材可以不连接互联网。

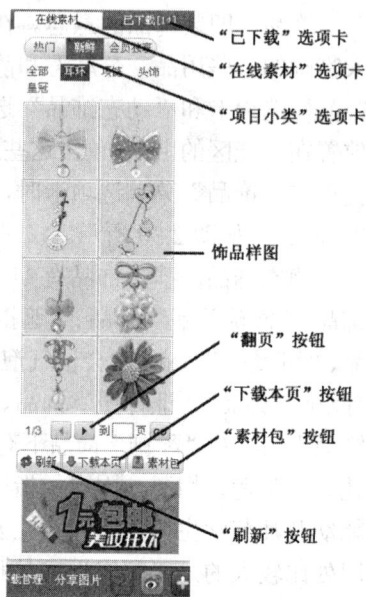

图 2.32

"在线素材"选项卡的下边是"项目小类"选项卡。即便是分了类的饰品，有些类的内容非常丰富，寻找一个合适的饰品如同大海捞针，为了便于用户检索，美图秀秀的设计者们对饰品又做了进一步的分类，分别用选项卡连接。我们可以在这里轻松地找到自己所需要的饰品。比如，在线首饰被分为热门首饰、新鲜首饰（新开发的）和会员独享首饰三类，每类又被分为：耳环、项链、头饰和皇冠四类。

　　刷新，即更新的意思。网络上的内容更新非常快，为了使用户能够及时获得最新的素材，美图秀秀的设计者们在选择区下边设计了一个"刷新"按钮，单击它可以随时更新素材库的内容。

　　"素材包"按钮与美图秀秀的门户网站相连接。单击它，可以链接到美图秀秀的门户网站的"素材下载"网页，获得海量的素材。如图 2.33 所示。

图 2.33

　　这里有数不清的素材，可以在这里查看素材的示例图，也可以成包地下载饰品素材。

　　5. 饰品的添加方法

　　通常采用步步逼近的方法添加饰品。先打开饰品的大类，再打开饰品的小类，再打开饰品更小的类，直至某个具体的饰品。比如在前边介绍的选择耳环。第一步：单击"饰品"选项卡，即打开一个大类；第二步：单击"配饰"选项卡，即打开一个小类；第三步：单击"在线素材"选项卡，即打开一个更小的类；第四步：单击"新鲜"选项卡，即打开一个再小一点的类；第五步：单击"耳环"选项卡，即打开一个更为小的类，最后一步：单击某个耳环，即具体到了某个饰品。

　　6. 饰品的加工

　　单击某个饰品，这个饰品就出现在中区。但是它往往不符合要求，需要放大、缩小、转动方向、移动位置、调整透明度等。

　　饰品的加工有三种方法：

　　方法一：用键盘加工。选中饰品后，单击方向键，可以移动饰品的位置。

方法二：拖动法。选中饰品，饰品上会出现控制点，拖动四角的控制点可以放大或者缩小饰品，拖动上边的控制点可以转动饰品的方向，在饰品上任何一个位置拖动可以移动饰品的位置。拖动饰品的边线，可以改变饰品的长宽比。

方法三：用"素材编辑框"加工选用饰品的同时，计算机自动弹出如图 2.34 所示的对话框，拖动上边的滑动按钮可以改变饰品的透明度、角度和大小。单击下边的两个含箭头按钮，可以改变饰品的方向，左边的箭头按钮可以使饰品水平翻转，右边的箭头按钮可以使饰品垂直翻转。

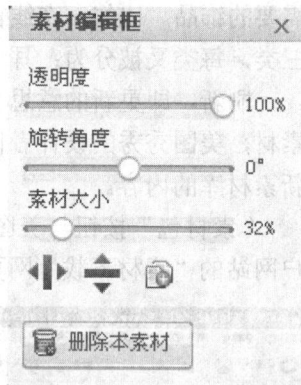

7. 饰品的删除

方法一：键盘法。选择饰品→按键盘上的"Del"键。

方法二：右键法。右键单击饰品→在弹出的快捷菜单中选择"删除"命令。

方法三：对话框法。选择饰品→在"素材编辑"对话框里单击"删除本素材"按钮。

8. 涂鸦

涂鸦，即随便画画的意思。

涂鸦的操作难点是颜色的选择，需要反复试验才能够得到和中区某个地方一致的颜色。这需要绘画者要有眼力，能够看准颜色，而且还要有耐性，能够沉下心来选择颜色。

在大区域涂鸦时，可以把涂鸦笔设置得大一些，在小区域涂鸦时要把涂鸦笔设置得小一些。为了能够精确涂鸦，一般要放大图片后再涂鸦。

图 2.34

图 2.35

【读者演练】

制作一个动物的卡通形象。比如给小猫咪戴上首饰、眼镜等。示例如图 2.35 所示。

第四节 喂，我是你的朋友

【编写意图】

（1）简单介绍"文字"菜单选项卡的用途与使用方法。

（2）简单介绍"边框"菜单选项卡的用途与使用方法。

（3）简单介绍"场景"菜单选项卡的用途与使用方法。

扫一扫

喂，我是你朋友

（4）简单介绍"拼图"菜单选项卡的用途与使用方法。

学习说明：本节所需用的素材，包括图片"6 号女孩"至"12 号女孩"，都放在文件夹"信息技术"内，请读者先把素材拷贝到计算机的 E 盘下。本节将设定素材均放在"E:\信息技术"的文件夹内。

任务 1：在图片"6 号女孩"的下边添加动态文字"喂，我是你的朋友。"并把制作的结果以"加文字，6 号女孩"为名，保存到"E:\信息技术"文件夹中。

任务分析：要给"6 号女孩"图片添加文字，那么首先要把这幅图片导入到美图秀秀之中；然后需要用到输入文字的工具。

操作方法：在美图秀秀窗口，单击菜单栏右端的"新建"按钮→在弹出的对话框里单击"应用"→单击"不保存"按钮→单击菜单栏右端的"打开"按钮→在"E:\信息技术"里双击"6 号女孩"。

单击"文字"菜单选项卡→在功能区单击"动画闪动"按钮→在选择区单击一种动画样式→在弹出的对话框里输入"喂，我是你的朋友"，选择字体、字号、颜色→在对话框外单击，即可退出文字编辑→拖动中区文字，把文字移动到一个合适的位置。如图 2.38 所示。

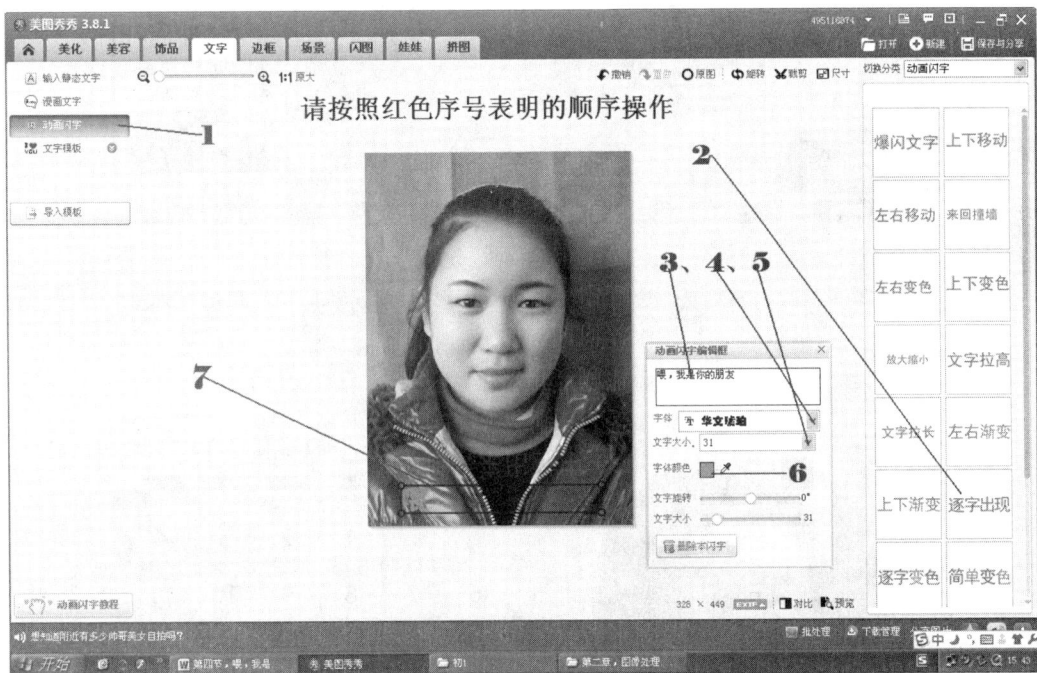

图 2.38

单击菜单栏右端的"保存与分享"按钮→单击"更改"按钮→打开 E 盘下名为"信息技术"的文件夹→输入名称"加文字，6 号女孩"→单击"保存"按钮。

说明：在美图秀秀的窗口看不出动画效果，但是脱离这个环境，是可以播放出动画效果的。

任务 2：用图片"7 号女孩"制作 2013 年 5 月的日历。

操作方法：在美图秀秀的窗口，从"E:\信息技术"里打开"7 号女孩"→单击"场景"菜单选项卡→单击功能区的"日历场景"按钮→在选择区单击"一个日历"图标→在弹出窗口的选择区，单击 2013 年，单击它下边的"5"字→在选择区单击一种日历图标→单击"日历场景"窗口下边的"确定"按钮。如图 2.39 所示。制作成的日历如图 2.40 所示。

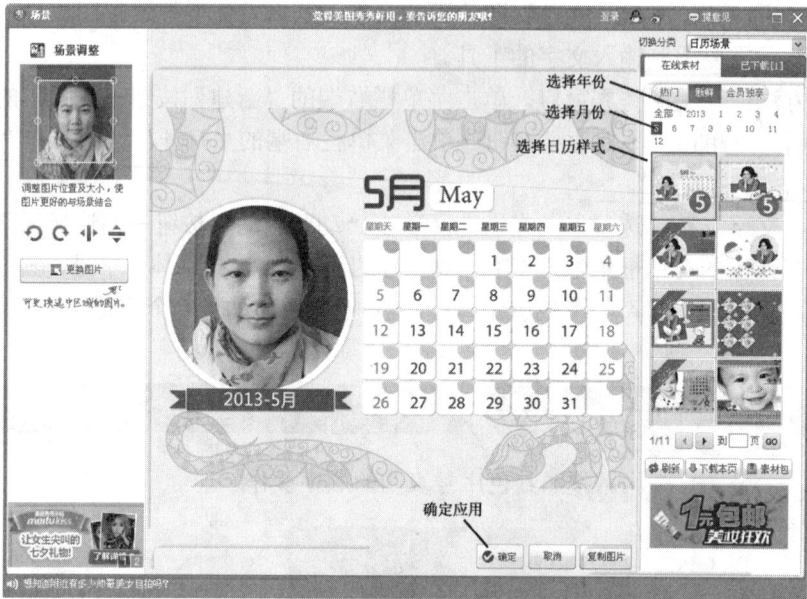

图 2.39

图 2.40

任务 3：给图片"8 号女孩"添加一个边框。

操作方法：单击"边框"菜单选项卡→在功能区单击"撕边边框"按钮→在弹出的对话框中，单击功能区的"黄颜色"→单击"确定"按钮。如图 2.41 所示。

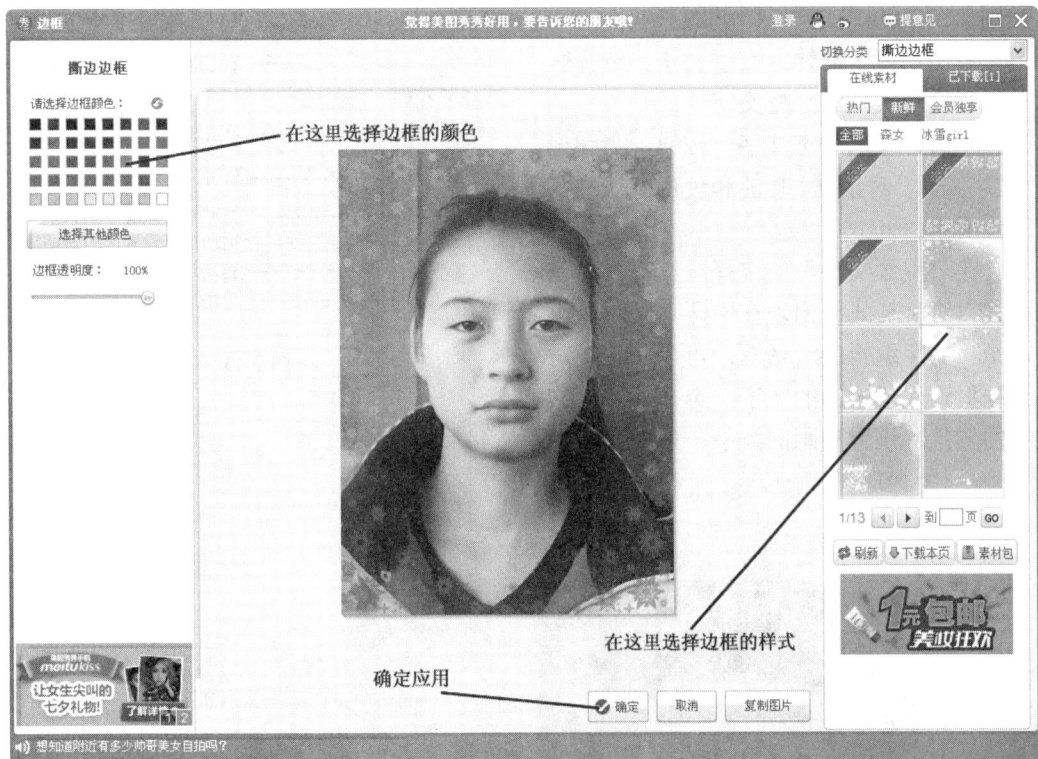

图 2.41

任务 4：用图片"8 号女孩""10 号女孩""11 号女孩""12 号女孩"做一个随机拼图。

操作方法：双击桌面上的"美图秀秀"图标→在美图秀秀的窗口单击"拼图"按钮→单击中区的"添加图片"按钮→打开文件夹"E:\信息技术"→按下 Ctrl 键，选择"8 号女孩""10 号女孩""11 号女孩""12 号女孩"→单击"打开"按钮。

在选样区单击一种背景样式→反复单击窗口上边的"随机排版"按钮，获得好的效果后停止单击→单击窗口下边的"确定"按钮。如图 2.42 所示。

【理论升华】

1. 文字

文字，即在图片上输入文字的意思。

美图秀秀"文字"菜单下有四类文字：静态文字、动态文字、漫画文字和模板文字。分别加载于文字标示为"输入静态文字""动画闪字""漫画文字"和"文字模板"的按钮上。其

图 2.42

中，"文字模板"包含有"心情""网络流行语""外文""节日""日历""其他"六个小类。计算机默认的是输入静态文字，如果想输入其他文字，可以单击功能区的文字类别按钮。

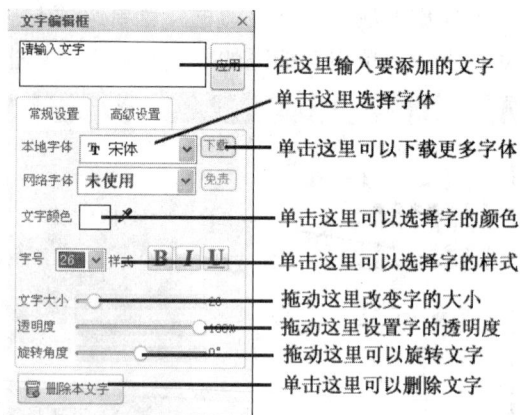

图 2.43

单击功能区的输入文字类别，选择区会显示这个类别的一些文字样式。

单击"输入静态文字"按钮，会弹出"文字编辑"对话框。功能和使用方法如图 2.43 所示。

在"漫画文字"的选择区，单击一种样式，这种样式便出现在中区，同时弹出一个"文字编辑"对话框，可以在这个对话框里输入要添加的文字，选择字体、文字的颜色，设置漫画的大小、角度等。如图 2.44 所示。

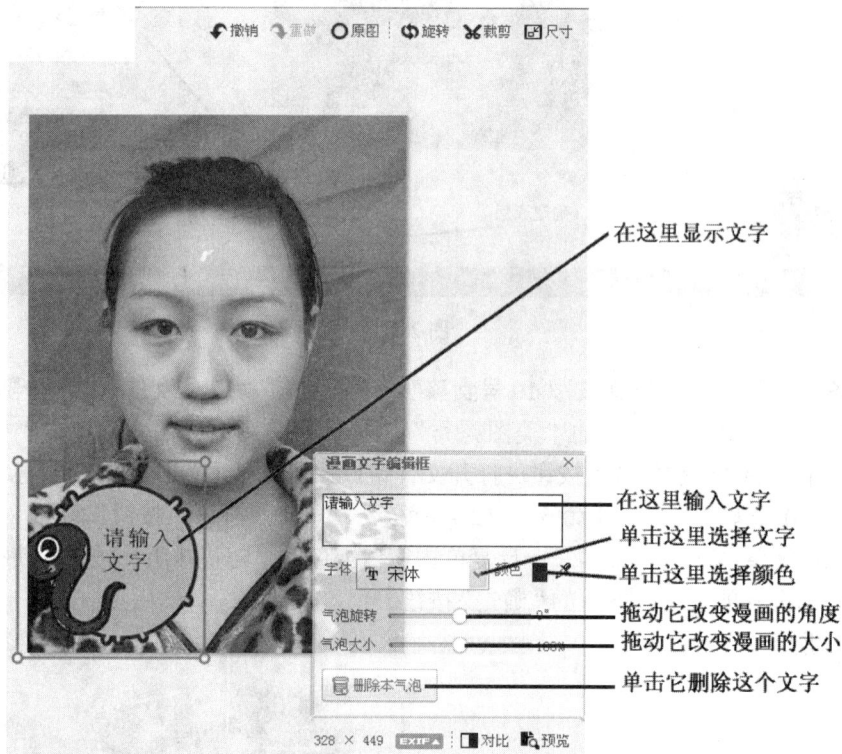

图 2.44

动画文字的添加方法，同漫画文字的添加方法一样。

"文字模板"里放置的是一些现成的文字，单击选样区里的文字样式，被选中的文字会自动粘贴到中区，同时弹出"素材编辑"对话框。如图 2.45 所示。可以在素材编辑对话框里设置文字的透明度、大小、旋转的角度，还可以水平和垂直翻转文字。

2. 边框

边框，即给打开的图片添加边框。

边框有七个小类：简单边框、轻松边框、文字边框、撕边边框、炫彩边框、纹理边框、动画边框。其中动画边框，同时隶属于"场景"菜单。单击"动画边框"按钮，会自动跳转到"场景"的窗口。

在功能区单击边框的小类按钮，在选择区显示该类边框的一些样子。单击选择区的样式，会打开一个编辑窗口。可以在这个窗口做一些设置，设置完毕后单击"确定"按钮，关闭窗口，同时把设置的结果固定下来。

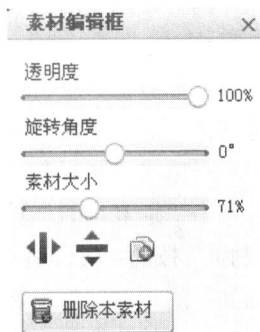

图 2.45

例如，给"9 号女孩"制作一张学籍相片。假定她是"南阳幼儿师范春季一班"的学生，学号为 2007-2-45。

操作方法：在功能区单击"文字边框"按钮→在选样区单击"红色边框"图标→在功能区的"个性签名"下输入"南阳幼儿师范春季一班"→在功能区的"日期"下输入"2007-2-45"→单击"确定"按钮。如图 2.46 所示。

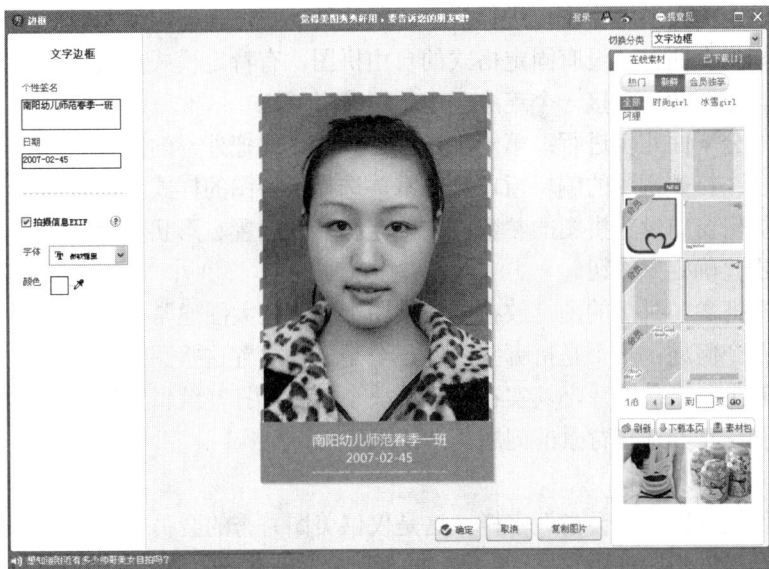

图 2.46

3. 场景

场景，烘托图片主体的情景图，类似于背景。

"场景"有三个大类：静态场景、动态场景和抠图换背景。静态场景又分为逼真场景、拼图场景、非主流场景、可爱场景、桌面场景、宝宝场景、明星场景、节日场景、日历场景和其他场景。抠图换背景分为杂志背景、风景背景、可爱背景、桌面背景和明星背景。

在功能区选择某个场景大类，在选择区会显示该场景的一些示例图。单击这些示例图，会打开编辑窗口，在这个窗口编辑完场景后，单击"确定"按钮，结束对场景的编辑。

例如，把"10号女孩"图片作成墙体广告。

操作方法：在美图秀秀窗口中打开"10号女孩"图片→对"10号女孩"进行美化、美容→单击"场景"菜单选项卡→在功能区单击"逼真场景"按钮→在选择区单击"翻页"按钮，找合适的场景→单击"墙体场景"的示例图标→在打开窗口的功能区调整女孩的位置、大小、角度等，使画面看上去美观→单击"确定"按钮。如图 2.47所示。

图 2.47

4. 拼图

拼图，就是把几幅图拼在一起，组成一幅内容更加丰富的大图。

拼图有两种方法，一种是在美化图片或者美化人像的过程中，再添加一些图片，使美化的图片和人像与新添加进去的图片混合在一起，组合出一幅新图。另一种方法是直接进入拼图的窗口，在这个窗口进行拼图。前边做的拼图，使用的是后一种方法。

拼图的模式有四种：没有固定格式的自由拼图、有特定模式的模板拼图、海报样式的海报拼图、把图片一个接一个连成一串的拼接拼图。

拼图一般分下面几步进行：第一步：添加图片。即把外部的图片导入到美图秀秀的窗口。第二步：打开拼图的编辑窗口。通常，选择了拼图的样式，随即打开编辑窗口。第三步：在编辑窗口设置拼图的参数。如确定图片的位置、形状、背景灯等。第四步：确定。即单击"确定"按钮。

拼图，要把参与拼接的图片放在一张大图上，这张大图通常是背景。所以，拼图主要解决如下几个问题：一个是拼哪些图？一个是怎样放置这些图？还有一个是把图放在什么样的背景上？添加图片，其实在回答第一个问题。打开编辑窗口，设置参数，解决的是怎样放置图片和选择背景的问题。

5. 会员图标

有些示例图标上有"会员"字样。这是仅供美图秀秀的会员使用的意思。不是美图秀秀网站的会员，不能使用它。

【读者演练】

（1）《狼和小羊》的故事里，狼说："听说，你去年说我的坏话。"在网络上找到一匹狼的图片，使用美图秀秀制作一个狼说话的动画。狼说的内容是"听说，你去年说我的坏话。"文字动画为放大方式。

提示：用抠图笔把狼从背景中抠出来，然后，添加上文字动画。

（2）雷锋纪念日快要到了，幼儿园开展学雷锋活动，教师要在教室给小朋友讲雷锋的故事。请你根据雷锋的头像做一个动画边框，作为教学课件的背景。

第三章 图像处理软件 Photoshop cs 8.0.1 绿色版

Photoshop cs 8.0.1 是一款功能非常强大的图像处理软件，使用它可以把白天的照片处理成夜晚的照片，把夜晚拍摄的照片处理成白天拍摄的效果，把不清晰的照片处理得比较清晰，把清晰的照片处理得模糊一些，把阴天的照片处理成晴天的效果，把晴天的照片处理成雨天的效果。它也可以随意地把一幅照片分成多个部分，把多幅照片或者照片的不同部分任意地组合在一起，可以制作出千百种物品的质感，可以任意改变对象的形象和质地，可以随心所欲地在对象上添加火苗、水痕等新的对象，创造出各种各样的场景。世界上的万事万物，你见到的，可以使用它制作出来，你没有见到的，但你想到了，使用它也能够制作出来。Photoshop 是一款非常好的图像处理软件，也是当前世界上比较流行的图像处理软件，是我们制作课件的好帮手。

不足的是，它是外国的软件，汉化之后，有些菜单和标示的意义与汉语构词的原则以及汉语语法不符，初次使用会感到难于理解；深层的工具有些是英文，对于幼儿师范的学生来说学习起来会有一定的难度。不过好在，不规范的词语和英文词汇并不多，而且英文工具使用的几率比较低，对学生学习这个软件影响不大。

它和美图秀秀相比较，美图秀秀侧重于人像的处理，处理景物的图像功能比较弱一些；Photoshop cs 8.0.1，不但有强大的人像处理功能，而且处理景物图像的功能也非常强大，特别是处理景物图像的功能，是当今任何一款软件都不可与之相比的。它有几百种滤镜，能够对景物和人物图像做任意的处理。

在这一章，主要介绍 Photoshop 软件处理图像的基本功能和一些特有的、有趣的、制作课件图片用到的功能。

第一节 三头六臂

【编写意图】

（1）介绍选择工具的使用。
（2）介绍图片编辑中的拷贝与粘贴。
（3）介绍图层的概念与使用。
（4）介绍图像的旋转。
（5）介绍图片窗口的切换。
（6）介绍图片的旋转与缩放。

扫一扫

Photoshop基本用法——三头六臂

【故事梗概】

相传哪吒是托塔天王李靖的第三子，也是太乙真人的弟子之一，在天宫任三坛海会大神。哪吒出生时，左手掌有个"哪"字，右手掌有个"吒"字，所以起名哪吒。

三岁那年，他下海玩耍，踏倒水晶宫，闯下大祸。海龙王下令捉拿他，派虾兵蟹将将哪吒团团围住，意欲取他性命。哪吒越战越勇，生出三头六臂，眼观六路，耳听八方，每只手各持兵器，打得虾兵蟹将纷纷倒地。但终因海龙王兵将太多，寡不敌众，被海龙王擒拿。

任务：把哪吒，从图 3.1（哪吒 3）中抠出来，制作成三头六臂，再把他放到大海上。

任务分析：哪吒在正常情况下是一个脑袋两只手臂。要把他改造成三个头和六只手臂，那就要再添加两个脑袋和四只手臂。这添加的脑袋和手臂从何而来呢？可以把他自身的头和手臂选取下来，复制粘贴出一些头和手臂，也可以从别的图片或者别人的身上选取手臂，复制粘贴而来。要复制和粘贴头和手臂，首先要选择头和手臂；然后要复制头和手臂；接下来要粘贴头手臂，最后要拼装头和手臂。

哪吒的手上是持有兵器的，这些兵器最好不一样。而提供的哪吒图片上，他的双手持一根长矛，其他兵器只能从其他图片中选取。

图 3.1

说明：本节所需用的素材，都放在文件夹"信息技术3"内，请读者先把素材拷贝到计算机的 E 盘下。本节将设定素材均放在"E:\信息技术3"的文件夹内。

【任务分解】

任务 1：打开 Photoshop cs 8.0.1。

操作方法：打开存放 Photoshop cs 8.0.1 的文件夹→双击标示为"请先运行"的图标→单击弹出对话框中标示为"是"的按钮→再单击弹出对话框中标示为"确定"的按钮→双击标示为"Photoshop.exe"的鸡毛图标→再单击"欢迎屏幕"对话框中的"关闭"按钮。

任务 2：认识 Photoshop cs 8.0.1 的窗口。

图 3.2 是 Photoshop cs 8.0.1 的基本窗口。

自上而下，依次是标题栏、菜单栏和参数栏。所有的工具和命令都放在菜单栏里。

右边的竖立长方形叫工具箱，放的是常用的加工图片的工具，处理图片的大部分操作都要在这里选择工具。参数栏隶属于工具栏，当在工具栏选择了某种工具的同时，参数栏将列出这个工具可以设置的参数。比如，在工具栏选择了裁剪图片的工具，那么把图片剪裁成多宽、多高、什么品质的图片呢？这就需要在剪裁前在参数栏中进行设定。

中间的空白区域，习惯叫它中区，也叫工作区，是放置图片的地方，也是进行操作的地方。被打开的图片将出现在这里。

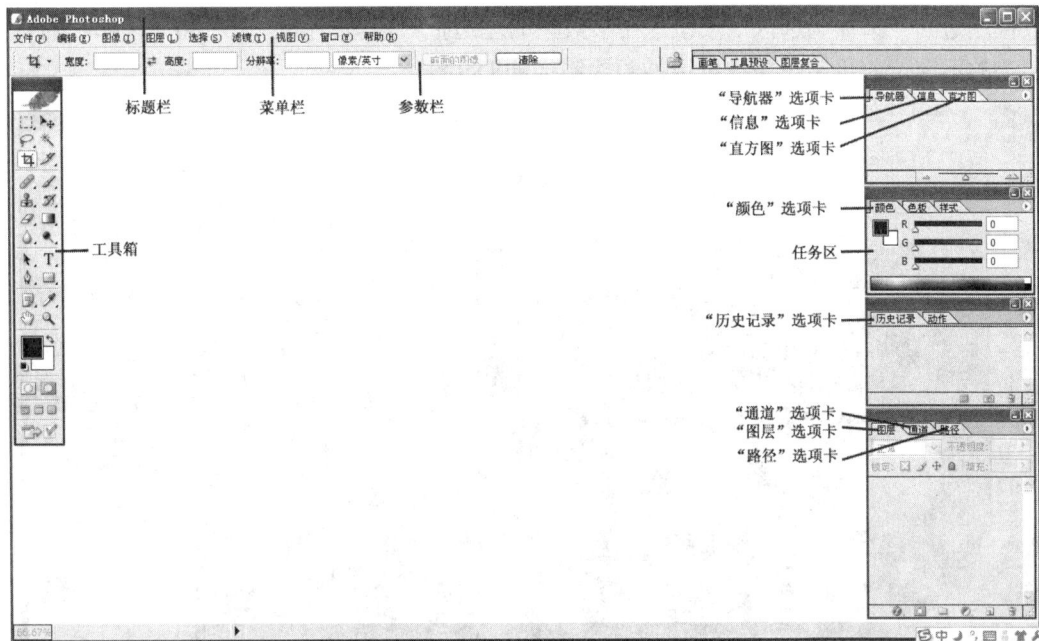

图 3.2

右边的选项卡所占据的竖立长方形是任务区。大部分选项卡记录着已经进行的操作，有些选项卡是为即将进行的操作准备的。比如在第几步使用了什么工具、做了什么事情，都会在"历史记录"选项卡里显示；画的图形用的是什么颜色，会在"颜色"选项卡里显示。任务区的选项卡隶属于"窗口"菜单，可以通过对"窗口"菜单的操作，关闭和打开一些对话框。

任务 3：打开图片"哪吒 3"。

操作方法：单击"文件"菜单→选择"打开"命令→在弹出的"打开"对话框里打开 E:\信息技术 3"→双击 E:\信息技术 3"里的文件"哪吒 3"。如图 3.3 所示。

在中区，图片"哪吒 3"是以窗口的形式存在的。它说明在 Photoshop cs 8.0.1 的窗口，可以把图片最小化、最大化，或者随意设置其大小。既然可以把图片的窗口最小化，那就可以再打开一些图片。这就是说，可以在 Photoshop cs 8.0.1 的窗口，同时处理几幅图片。

任务 4：打开"大海 2"图片。

操作方法：同上。打开的图片如图 3.4 所示。

任务 5：把哪吒从背景中抠出来，放到大海图片之上。

操作方法：粗略抠图。在哪吒图片窗口的任意位置单击→鼠标指针放到工具箱上边的"矩形选择框"工具上，按下鼠标左键→在弹出下拉列表中单击"椭圆选择框"命令→鼠标在哪吒上拖动出一个椭圆圈，圈住哪吒→单击"编辑"菜单下的"拷贝"命令。单击大海图片所在窗口的任意位置→单击"编辑"菜单下的"粘贴"命令。如图 3.5 所示。

单击"哪吒 3"图片所在的窗口→单击"哪吒 3"图片的"关闭"按钮。关闭"哪吒 3"图片窗口。

用"魔术棒"选择并删除哪吒的背景：单击工具箱上边的"魔术棒"工具→单击参

数栏左边的"添加到选区"按钮→在参数栏的左边把"容差"值修改为 30→在哪吒的背景上的不同位置单击→按键盘上的删除键（即 Del 键）。

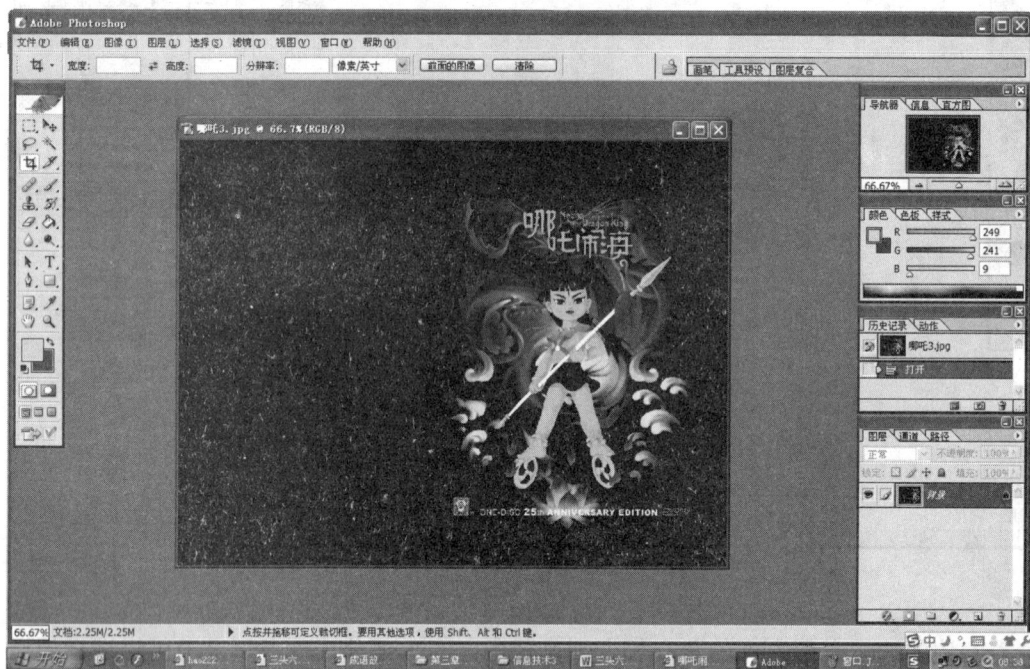

图 3.3

图 3.4

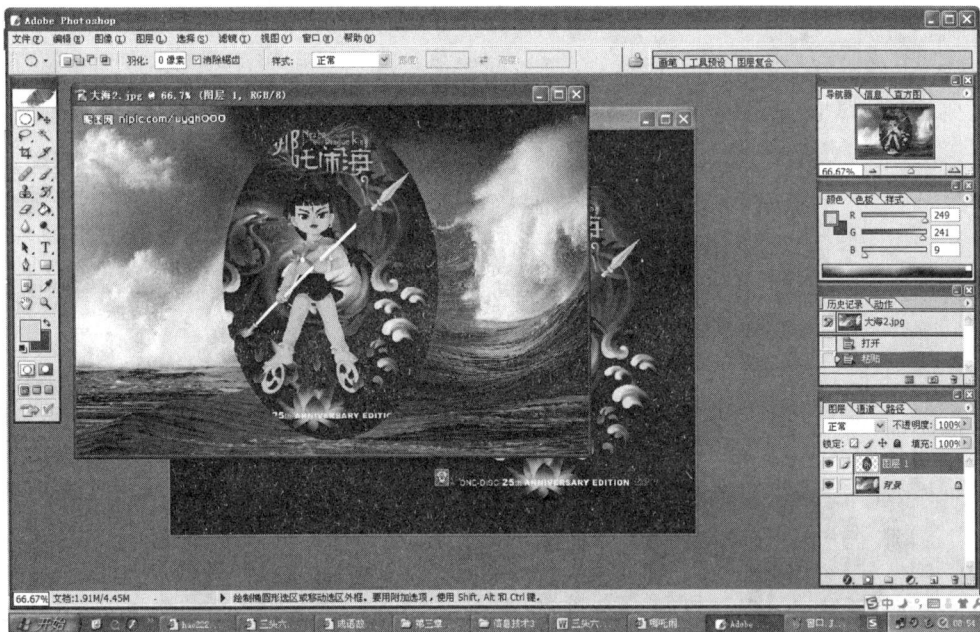

图 3.5

放大图片。单击大海图片窗口的最大化按钮→单击工具箱下边标示为放大镜的"缩放"工具，再单击参数栏左边有"+"标示的放大镜按钮→在大海图片上单击。（想一想：怎样缩小图片？）

或者用"套索"工具选择并删除哪吒的背景：鼠标指针放到工具箱上边的"套索"工具上，按下左键略停片刻→单击下拉列表中的"磁性套索"工具→鼠标指针在哪吒身体的边缘移动，一边移动，一边单击。再向哪吒的身体处移动单击，生产封闭的选区，最后，鼠标指针回到起点单击→按键盘上的 Del 键。

如此操作，直到删除哪吒的全部背景。如图 3.6 所示。

这样抠图并不是简单的方法，最简单的方法是使用"磁性套索"工具选中哪吒的全身，拷贝后粘贴到大海的上面就可以了。为了使读者能够多学习一些选择的方法，我们才把抠图的过程做得如此复杂。

任务 6：制作两个哪吒的头。

操作方法：鼠标按住工具箱的"套索"工具稍停片刻→单击下拉列表中的"套索"工具→用拖动鼠标的方法选中哪吒的头→单击"编辑"菜单→选择"拷贝"命令→单击"编辑"菜单下的"粘贴"命令→再单击"编辑"菜单下的"粘贴"命令。

任务 7：旋转和移动哪吒的头。

操作方法：在 Photoshop cs 8.0.1 窗口的右下角，单击"图层"选项卡下的"图层 3"→按住键盘上的 Ctrl 键不松手，再按"T"键→把鼠标指针放到选区顶端的控制点上，当鼠标呈圆弧状箭头时，拖动鼠标改变哪吒头的方向→鼠标指针放到哪吒的头上拖动，移动头的位置→单击工具箱上边的"实箭头"（即移动工具）→在弹出的对话框中选择"应用"。

单击"图层"选项卡下的"图层 2"，重复这一操作。如图 3.7 所示。

图 3.6

图 3.7

任务 8：调整图层。使哪吒的全身像位于上层。

操作方法：在"图层"选项卡下，向上拖动放置着哪吒全身像的图层 2，到图层 3 上边后松开鼠标。如图 3.8 所示。

图 3.8

任务 9：给哪吒添加手臂。

操作方法：用"套索"工具选中哪吒的右手，不要长矛杆→拷贝粘贴出四只手臂（这些手臂分别存放在图层 4、5、6、7 里）→分别选中这些图层，用"Ctrl+T"键旋转和移动手臂至哪吒的肩膀上→调整图层，使哪吒的全身像位于上层。

任务 10：给哪吒加刀。

操作方法：从"E:\信息技术 3"的文件夹里打开名称为"刀"的图片→用"魔术棒"

工具单击刀的背景→单击"选择"菜单下的"反选"命令→单击"编辑"菜单下的"拷贝"命令→关闭"刀"图片窗口→在大海图片窗口，单击"编辑"菜单下的"粘贴"命令→用"Ctrl+T"键旋转和缩小刀的图片→移动刀的位置于哪吒的手上→单击"实箭头"工具，退出刀的变换状态→再拷贝出三把刀，放于哪吒的手上→把这些刀所在的图层调整到下边的背景层与图层 2 之间。如图 3.9 所示。

图 3.9

任务 11：把加工好的哪吒图片以"三头六臂哪吒"为名保存到 E:\信息技术 3 的文件夹里。

操作方法：单击"文件"菜单→单击"另存为"命令→找到"E:\信息技术 3"的文件夹，并打开→输入文件名"三头六臂的哪吒"，选择文件的格式为"jpeg"→单击"保存"按钮→单击弹出的对话框中的"好"。如图 3.10、图 3.11 所示。

【理论升华】

1. 选择

选择，就是选中图片中的一部分或者全部。被选中部分的标志是周围有虚线闪动。

选中整幅图片常用两种方法。

方法一：用菜单选择。在打开图片所在窗口的前提下，单击"选择"菜单下的"全选"命令。

方法二：用键盘选择。用组合键 Ctrl+A 进行选择。

选择图片的局部的方法有多种。

方法一：用"图形"选择工具。鼠标指针放在工具箱上边的有"矩形"标示的按钮上，按下鼠标左键稍停片刻，单击下拉列表中的矩形、椭圆、单行、单列选择工具。把鼠标指针移动到图形上拖动。

方法二：用"套索"选择工具。鼠标指针放在工具箱上边有"套索"标示的按钮上，按下鼠标左键稍停片刻，单击下拉列表中的套索、多边形套索、磁性套索工具。如果使用的是套索工具，在图片上拖动，可以确定选择的区域。如果使用的是多边形套索和磁性套索工具，要一边单击一边移动鼠标指针，画一些不规则的封闭选区，最后鼠标指针回到起点单击。

用套索工具选择的区域是任

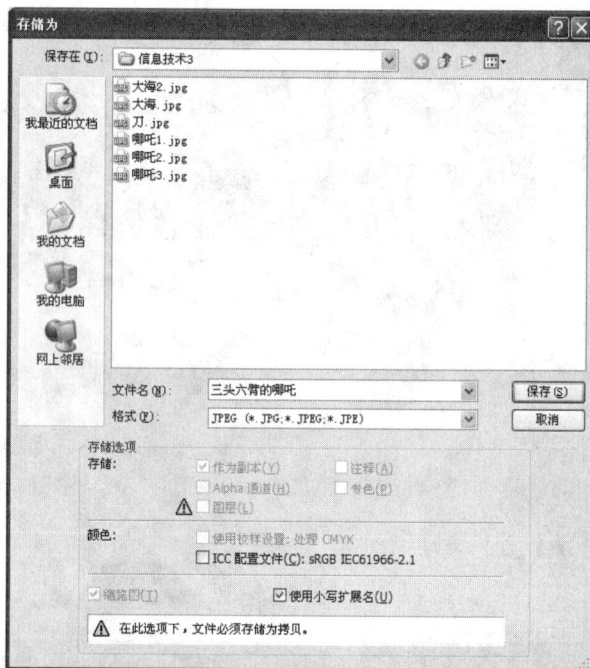

图 3.10

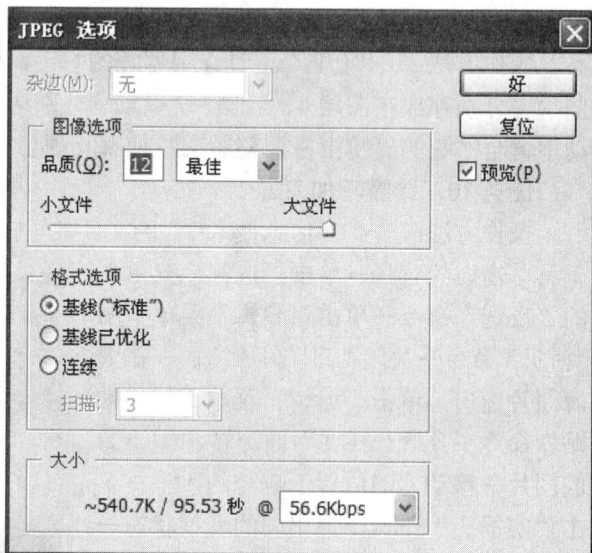

图 3.11

意区域，用多边形套索工具选择的区域是多边形区域，用磁性套索工具选择，鼠标指针会根据上一次单击处的颜色，结合当前鼠标指针的位置，自动确定单击的位置。

方法三：用"魔术棒"工具。这是一个根据颜色选择的工具。单击工具箱里的"魔术棒"工具，在参数栏设置"容差"值，单击图片上的一个位置，计算机会按照设定的容差值，按照色阶选中周围的颜色，形成选区。容差值越大，选择颜色的范围越宽，获得的选区越大。

一旦选择，就必须在选区内操作。如果要在选区外操作，就要取消选区。取消选区的方法很简单：按下组合键 "Ctrl+D" 即可。也可以单击 "选择" 菜单下的 "取消选择" 命令。

2. 移动

移动，即把选中的对象挪动位置。

正在加工的图片，肯定是被选中的。一般情况下，直接拖动选区，就可以移动被选中的对象。比如，前面讲到的，粘贴出哪吒的头后，在旋转哪吒头的过程中，把鼠标指针放到哪吒的头上拖动，就可以改变其位置。

没有加工的图片，要移动它，就要移动这个图层。移动图层的方法是单击工具箱里的 "实箭头" 按钮后，在工作区拖动。例如，前面讲到的，把刀粘贴到大海图片上后，刀没有被选中，要移动它，就要单击工具箱里的实箭头。实箭头是一个移动图层的工具。

3. 图形的变换

图形变换，即改变图形的大小、角度等形状。

图形变换的操作方法有两种。

方法一：使用组合键 "Ctrl+T"。单击要变换的图形所在的图层，或者选中图片，或者选中图片的一部分→按住 Ctrl 键不松手，再按 T 键，当选区出现控制点后松开键盘→鼠标指针放到控制点上，或者选区的边线上，当鼠标指针呈 "双向箭头" 时拖放，改变被选图片的大小、宽窄→鼠标指针放到控制点上，或者接近选区呈 "弧形箭头" 时，拖动鼠标，改变被选图片的角度。图片以 "旋转中心" 为中心转动。如图 3.12 所示。

控制点

旋转中心

选区边缘

图 3.12

变换结果满意后，要单击工具箱里的 "实箭头"，再在弹出的对话框里单击 "应用" 按钮，结束变换。否则，不能够进行其他工作。

方法二：菜单法。单击 "编辑" 菜单下的 "自由变换" 命令，或者 "变换" 命令下的任何一个命令。

"变换" 命令下有多项命令："再次"，即重复上一次的变换；"缩放"，即放大和缩小变换，可放大或者缩小图片；"旋转"，即转动图片角度的变换；"斜切"，即使图片倾斜变形的变换；"扭曲"，沿选区的对角线拖动控制点的变换；"透视"，两个控制点同时相对移动的变换。如图 3.13 所示。

图 3.14 是使用斜切、扭曲和透视变换的样例。

4. 图层

图层，即放置图片对象的层面。在 Photoshop cs 8.0.1 的窗口，每添加一个对象，计算机都会自动建立一个图层，依次命名为图层 1、图层 2、图层 3、……，存放于 "图层" 选项卡下。最初打开的图片位于 "背景" 层。打开名为 "大海 2" 的图片，把哪吒的全身像放在大海上，根据图层的命名规则，大海所在的图层叫 "背景"，哪吒全身像所在图层叫图层 1，后来复制出的三个哪吒头，所在的图层依次叫图层 2、图层 3、图层 4。

有些图片，在处理的过程中会生成许多图层，每个图层都有被加工的对象。那么我们在中区的操作是对谁进行的呢？是对被选中的图层操作的，没有被选中的图层，不会受到影响。所以，在 Photoshop cs 8.0.1 的窗口操作，一般要先在"图层"选项卡下单击那个要加工的图层，然后，才能够在工作区对其进行操作。有些人在操作的过程中，发现被操作的对象总不是自己想要加工的对象。比如，想修改刀的长短，刀没有变短，反而，哪吒的头变短了。其原因就是在加工前没有选中要加工的图层。

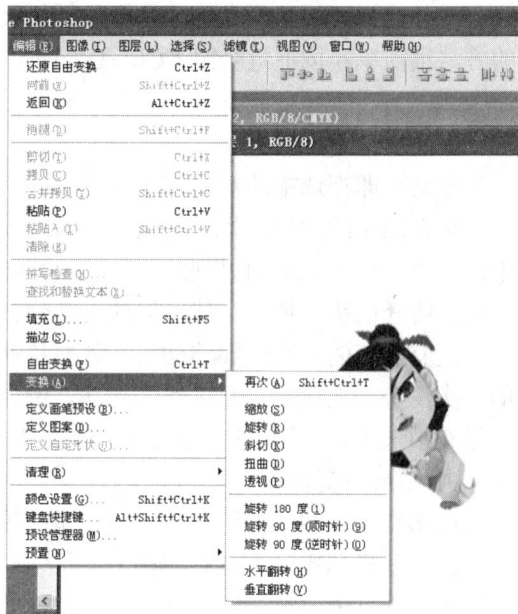

图 3.13

添加对象，计算机总是选中最后一个对象。比如，我们拷贝出了四只哪吒的手臂，其中第四只手臂处于默认的选中状态，其他三只手臂没有被选中。如果要加工第二只手臂，那么就要先在"图层"选项卡下单击第二只手臂。

图层是自下而上依次叠加在一起的，上边的图层压在下边的图层上。如果上边图层里的图片比下边图层里的图片大，那么上层图片就有可能覆盖住下层的图片，使我们看不到下层的图片或者只能够看到下层图片的一部分。这时，通常需要改变两个图层的层次关系，才能够看到下层的全部内容。改变图层层次的方法比较简单，

图 3.14

在"图层"选项卡里，上下拖动图层就可以了。

5. 图片窗口的切换

在 Photoshop cs 8.0.1 窗口打开多幅图片，这些图片窗口将叠放在一起，只有一个处于激活状态，其他的处于休眠状态。被激活的图片窗口在上层，而且颜色醒目。操作只能在激活的图片窗口进行。要加工某张图片，首先要激活它所在的窗口，然后，才能进一步操作。激活图片窗口的方法是单击这个窗口的任何一个位置。

为了避免操作错窗口，可以把暂时不用的窗口最小化，把不用的窗口关闭，只在工作区保留那个需要加工的图片窗口。

6. 保存

保存，就是把图片加工的结果存储起来。保存有多种格式：psd 格式、bmp 格式、gif 格式、jpg 格式等。保存成 psd 格式的文件，能够保留加工图片的全过程，重新打开

后，显示制作的历史记录及各个图层的内容。保存成其他格式的文件，在保存前，计算机自动将所有图层合并成一个图层，重新打开文件，没有了制作的历史记录，也没有添加的各个图层。因此，如果没有完成对图片的加工，通常保存成 psd 格式。如果不需要再加工图片了，通常保存成 psd 以外的格式，最常用的是 jpg 格式。

【读者演练】

用牛的图片、弹琴的图片，制作一幅表现成语"对牛弹琴"的画。

第二节　凿壁偷光

【编写意图】

（1）介绍"色平衡"命令的作用与用法。
（2）介绍"亮度\对比度"命令的作用与用法。
（3）介绍"色相\饱和度"命令的作用与用法。
（4）介绍图层的添加方法。
（5）介绍区域的填充方法。

【故事梗概】

西汉时候，有个农民的孩子，叫匡衡。他小时候很想读书，可是因为家里穷，没钱上学。后来，他跟一个亲戚学认字，才有了看书的能力。

匡衡买不起书，只好借书来读。那个时候，书是非常贵重的，有书的人不肯轻易把书借给别人。匡衡就在农忙时节，给有钱的人家打短工，不要工钱，只求人家借书给他看。

有一天晚上，匡衡躺在床上背白天读过的书。背着背着，突然看到东边的墙壁上透过来一线亮光。他嚯地站起来，走到墙壁边一看，啊！原来从壁缝里透过来的是邻居的灯光。于是，匡衡想了一个办法：他拿了一把小刀，把墙缝挖大了一些。这样，透过来的光亮也大了，他就凑着透进来的灯光，读起书来。

任务：把如图 3.15 所示名为"黑白老房子"照片变成夜晚的照片，作出一缕灯光从墙缝中射出。设计出这个儿童成语故事所描绘的场景。

任务分析：这是一幅黑白老照片。现在的照片多是彩色的，我们想把它变成一幅彩色照片。照片的阴影与阳光比较明显，显然是在中午的日光下拍摄的。夜晚是没有阳光的，因此，要把阳光消除掉。

图 3.15

学习说明：本节所需用的素材，都放在文件夹"信息技术 3"内，请读者先把素材拷贝到计算机的 E 盘下。本节将设定素材均放在"E:\信息技术 3"文件夹内。

【任务分解】

任务 1：给照片上彩，制作出农村土墙的彩色效果。

任务分析：这座房子大部分是土胚墙，有少量的火砖墙。土胚墙和火砖墙的颜色是不一样的，因此，要分开制作。土壤分粘土、壤土和沙土，建造土房子最好的土是粘土。粘土为淡黄微微带点儿红的颜色。火砖，俗称红砖，由粘土烧制而成，既有粘土的颜色，也有火的颜色，由红黄两种颜色组成，以红色为主，略微有点黄。因此，可以把土墙部分变成黄中带点红的颜色，把砖墙制作成红中带点黄的颜色。

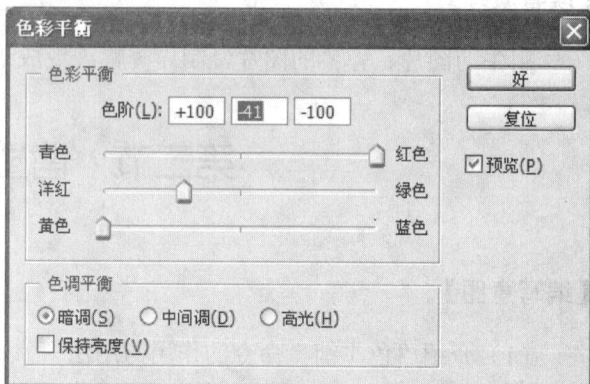

图 3.16

操作方法：打开 Photoshop cs 8.0.1 的窗口→从"E:\信息技术 3"的文件夹下打开图片"黑白老房子"→单击"图像"菜单→指向"模式"→单击"RGB 颜色"→再单击"图像"菜单→指向"调整"→选择"色彩平衡"命令→在"色阶"后面的三个文本框里自左至右依次输入+100、-41、-100→单击标示为"好"的按钮。如图 3.16 所示。

获得如图 3.17 所示效果。

用"多边形套索"工具选择图片左边的砖墙→向右拖动上边的滑动按钮至最右端，使"色阶"后面第一个文本框显示"+100"→向左拖动中间的滑动按钮，使"色阶"后面第二个文本框显示"-21"→单击"好"按钮。如图 3.18 所示。

图 3.17

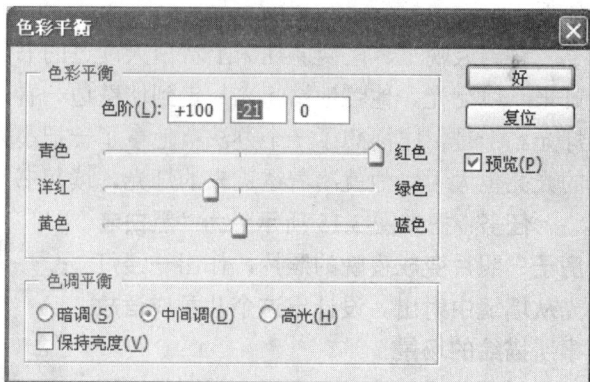

图 3.18

想一想：怎样给黑白的人物照片上彩？怎样把中午拍摄的照片制作成早晨的效果或者黄昏的效果？

任务 2：降低图片的反差，使照片达到或者接近夜间照片的反差。

任务分析：反差，指图片上的亮处和暗处的差异，用反差值刻画明暗的差异程度。在光的作用下，物体朝着光的部分比较亮，背着光的部分和被物体遮挡的部分比较暗；房檐遮挡的墙比较暗（阴影），没有遮挡的部分比较亮。夜晚可能有月光，可能有人造光，可能有星光，可能没有光。如果没有光的话，那么墙上就没有阴影；如果有光的话，那么墙上有阴影。但是夜晚的光都没有太阳光强，不论是月光、星光，还是人造光。因此，夜晚暗处和亮处的差异不大。所以，要把白天拍摄的照片变成夜晚拍摄的照片，就要降低照片的反差。

操作方法：按"Ctrl+D"键，取消对砖墙的选择→单击"图像"菜单→指向"调整"→单击"亮度\对比度"→在弹出的对话框中的对比度文本框里输入"-90"，亮度文本框里输入"0"→单击"好"按钮。如图 3.19 所示。得到效果如图 3.20 所示。

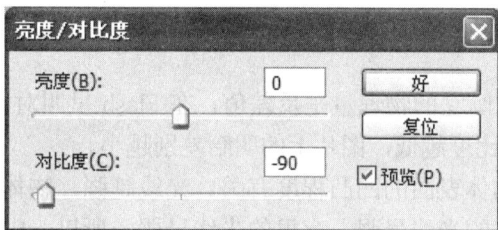 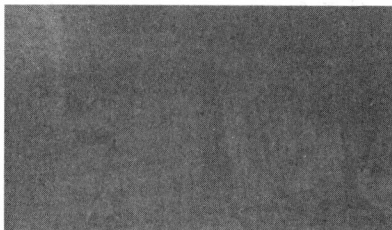

图 3.19   图 3.20

想一想：怎样把晴天的照片制作成阴天的照片？怎样把阴天的照片制作成晴天的照片？怎样把拍摄不清的人像照片修改成清晰的人像照片？

任务 3：降低照片的亮度，使之有夜色感。

任务分析：亮度，即照片的明亮程度。夜晚比白天暗，所以，夜晚的照片都比较暗。因此，要降低照片的亮度。

操作方法：单击"图像"菜单→指向"调整"→单击"亮度\对比度"命令→在弹出的对话框里拖动上边的滑动按钮至最左端，在上边的文本框里显示"-100"→单击"好"按钮。

任务 4：提高光照区域的亮度和反差，使这一区域清晰一些。

操作方法：使用"多边形套索"工具，以墙缝为边做一扇形选区→单击"图像"菜单→指向"调整"→单击"亮度\对比度"→在弹出的对话框里，把"亮度"文本框的值修改成 30，"对比度"文本框的值修改为"50"→单击"好"按钮。

任务 5：在新图层做渐变填充，使得距离光源近的地方图像清晰一些，远的地方图像昏暗一些。

操作方法：单击"图层"菜单→指向"新建"菜单→单击新建菜单下的"图层"命令→单击"好"按钮。

单击工具箱下边"设置前景色"按钮→选择"黑色"→单击"好"按钮→鼠标放到工具箱中间的"渐变"工具上，按下左键片刻，单击"渐变"工具按钮→单击"参数栏"左起第二个黑三角→双击上边第一排左起第二个图标"前景到透明"→在选区从右至左拖放。

任务 6：添加灯光。

任务分析：灯光是黄色的，自光源向外，黄的程度逐渐减弱。因此，要把光照的区域自墙缝向外，涂上渐变的黄色。另外，添加上去的黄色会遮挡它下层的图像，因而，要设法使黄色透光，像黄色玻璃一样。

操作方法：与任务 5 类似，先添加一个图层，再涂颜色。

单击"图层"选项卡下边的"添加图层"按钮，即可添加一个新的图层——图层 2。

使用"渐变"填充工具在选区从左向右拖动，得到不透明的黄色光→在"图层"选项卡上边，把"填充"后面的参数修改成 50%→最后敲击键盘上的"Ctrl+D"键，退出选择。

如果读者有兴趣，可以从别的地方拷贝一个读书的小孩子，放到灯光图层的下边。

【理论升华】

1. 反差

反差，指的是图片上明暗的差别。刻画它的物理量是反差值，在 Flash 里叫对比度。对比度越高，图片上的明暗差别越大；对比度越低，图片上的明暗差别越小。

反差与照射在物体上的光线强度和物体表面的凹凸程度有关。光线越强，物体表面凹凸程度越高，反差越大。一天中，中午的光线最强，夜里的光线最弱，所以，中午拍摄的照片反差最大，中午到夜里，拍摄照片的反差依次降低。

2. 亮度

亮度，指的是图片的明亮程度。一般说来，光线强拍摄的照片亮度高，光线弱拍摄的照片亮度低。白天比夜里的光线强，距离光源近的地方受到的光线强，距离光源远的地方受到的光线弱。所以，反映白天的图片亮度要高一些，反映夜晚的图片亮度要低一些；距离光源近的地方要亮一些，距离光源远的地方要暗一些。

3. 亮度和对比度的调整

选择图片上要调整的区域，若不选择，计算机默认是对整幅图片进行操作。单击"图像"菜单，在"图像"的下拉菜单里指向"调整"菜单，单击"调整"菜单下的"亮度\对比度"命令，会弹出"亮度\对比度"对话框，如图 3.21 所示。可以在这里设定亮度和对比度。

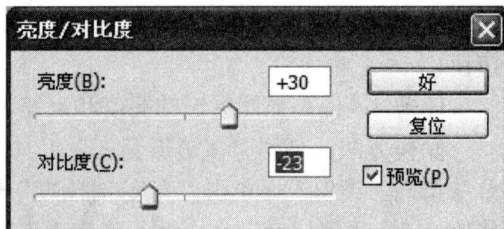

图 3.21

对话框上边是亮度设置工具，下边是对比度设置工具。可以直接在文本框里输入亮度和对比度的值，也可以通过拖动滑动按钮选择亮度和对比度。

另外，还可以使用"调整"菜单下的"曲线"命令或使用"Ctrl+M"键，在弹出的"曲线"对话框里设置各项参数。如图 3.22 所示。

拖动正方形的对角线，或者在"输入""输出"对话框里输入参数，都可以改变图片的亮度和对比度。

4. 色彩

色彩，即颜色。我们能够用肉眼看到的颜色都是由红、绿、蓝三种颜色组合而成，三种颜色的混合比例不同，调制出的颜色也不同。这三种颜色被称为三原色。与红色对立的颜色是青色，与绿色对立的颜色是品色（洋红），与蓝色对立的颜色是黄色，这三种颜色被称为原色的三补色。原色与补色构成一对既对立又统一的颜色体。增加一种颜色，即相对地减少它的补色。反过来，也一样。因此，人们总把互为补充的颜色放在一起研究。

调整颜色的主要工具是"色彩平衡"对话框。单击"图像"菜单，再指向"调整"下拉菜单，而后单击"色彩平衡"命令，可以打开"色彩平衡"对话框。如图 3.23 所示。

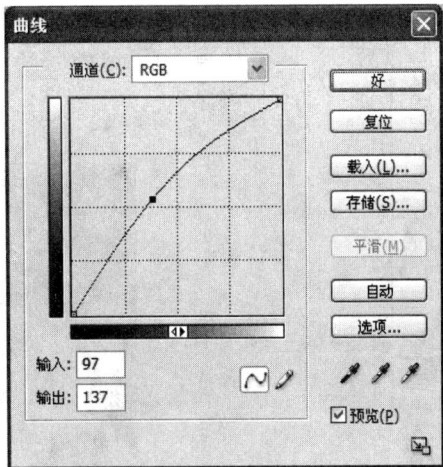

图 3.22

"色阶"后面的三个文本框，从左向右依次是红青、绿品和黄蓝的色阶，原色为正数，补色为负数。

滑动按钮两端的颜色是互补的，滑动按钮向哪种颜色靠近，即增加这种颜色。比如，滑动按钮向红色方向移动，在图片的选区将增加红色。

色调平衡指颜色的亮度。分暗调、中间调和高光三个级别。

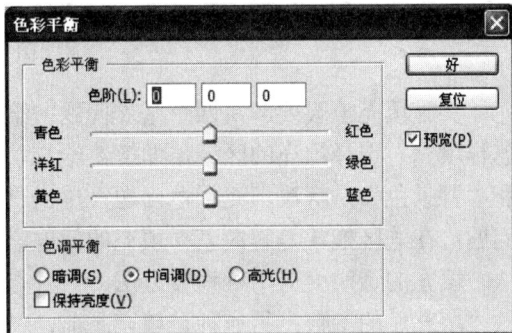

图 3.23

另外，也可以通过调整图片的色相与饱和度，改变图片的颜色。调整图片色相与饱和度的工具放在"图像"菜单中"调整"下拉菜单下，名为"色相\饱和度"。

5. RGB 颜色

R 指红色、G 指绿色、B 指蓝色。RGB 颜色，即由三原色组成的颜色。

6. 图层的添加

添加图层的方法有两种：

方法一：菜单法：单击"图层"菜单→指向"新建"下拉菜单→单击"图层"。

方法二：按钮法：单击"图层"选项卡下边的"添加图层"按钮。

7. 填充

填充是针对一定的区域而言的，一般要先使用选择工具确定填充的区域，而后，才能够实施填充。

填充工具放在工具箱的中间，有两个：一个是"渐变"工具，一个是"油漆桶"工具。把鼠标指针放到工具按钮上，按下鼠标左键片刻，会弹出一个下拉列表，在这里可以选择填充的工具类型，实现工具之间的切换。如图 3.24 所示。

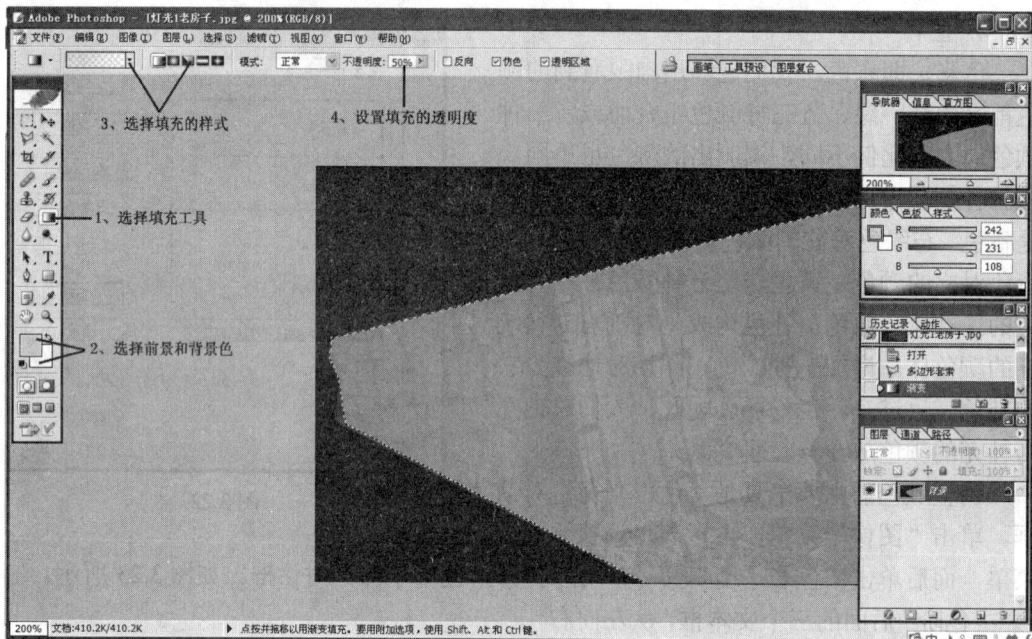

图 3.24

实施填充一般要解决四个基本问题：给谁填充？填充什么颜色？填充成什么样式？怎样填充？选择填充的区域，即解决给谁填充的问题；在工具箱的下边单击"前景色"和"背景色"是解决填充颜色问题；单击"参数栏"的黑三角是解决填充成什么样式的问题；在选区拖放是解决怎样填充的问题。

填充的透明度有两种设置方法，一种是填充之后，在"图层"选项卡的右上角，修改"填充"的参数；另一种是填充之前，在"参数栏"的中间位置，设置填充的"不透明度"。

【读者演练】

（1）图 3.25 是《红岩》中江姐的原型江竹筠的黑白照片，请把她修改成一幅彩色照片。

提示：要分区域上彩。可以分为头发、脸、脖子、外衣、内衣、发卡几个部分。

（2）请把下面天安门的照片（如图 3.26 所示）修改成早晨的景象。

提示：除了使用"颜色平衡"对话框给图片添加红色外，还要使用"色相\饱和度"对话框，把色相设置为 30，饱和度设置为 98，亮度设置为 95～100，亮度设置为-50～-30。

图 3.25

图 3.26

第三节 城门失火，殃及池鱼

【编写意图】

介绍部分滤镜的使用方法。

【故事梗概】

有一天，宋国城门突然起了大火。人们
纷纷到旁边的一个池塘里取水救火，有用盆
子端的，有用桶提的，有用担子挑的，很快
就把池塘里的水舀干了。池塘里的鱼都干渴
而死。

**任务：制作这个成语故事课件需要多个
场景。城门失火的场景，人们取水的场景，
池塘中鱼儿干死的场景。在这里只制作第一
个场景。**

素材是一幅名为"城门"的照片（如图
3.27 所示），要求在城门楼上添加火焰，把主
道换成红砖，把主道两边的辅助道路换成大
理石。

图 3.27

任务分析：可以把火焰放在城门楼的上
边，把制好的大理石地面和红砖地面放在路上。制作的路面可能与原照片上的路面颜色

不一致，如果不一致的话，还要调整路面的颜色。制作火光时还要注意把周围的天空也渲染成红色。

学习说明：本节所需用的素材，都放在文件夹"信息技术 4"内，请读者先把素材拷贝到计算机的 E 盘下。本节将设定素材均放在"E:\信息技术 4"的文件夹内。

【任务分解】

任务 1：制作火。

操作方法：在 Photoshop cs 8.0.1 中打开图片"城门"→添加一个图层（即图层 1）→在工具箱里选择"套索"工具→在参数栏里单击"添加选区"按钮→用拖动鼠标的方法把城门楼上的木质部分选中→单击"滤镜"菜单→指向"Eye Candy 4000"→单击"火焰"。如图 3.28 所示。

在打开的"火苗"窗口中"方向"下面的文本框里输入 69，或者拖动圆圈上的小黑点使方向参数为 69→拖动"火苗长度"下面的黑三角，使其右边文本框里的参数变为 179072→拖动"运动"下边的黑三角，使它后面文本框里的参数为 76→取消"密集火苗"前边的"✓"→在"从另一侧开始"前面打上"✓"→单击"确定"按钮。如图 3.29 所示。

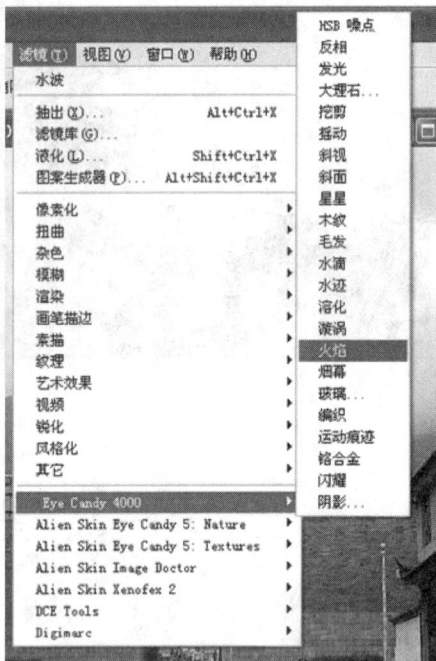

图 3.28

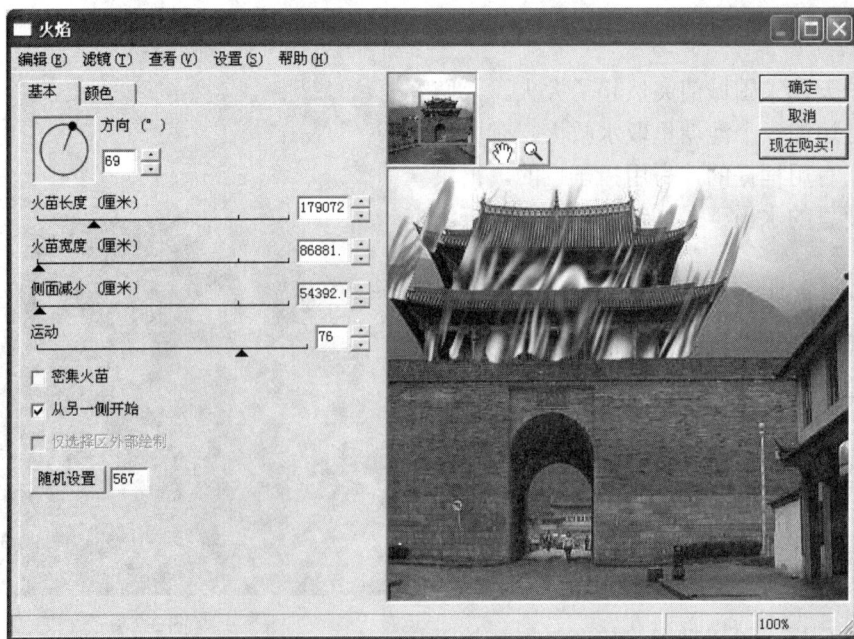

图 3.29

取消选中后，再次在城门楼上添加火焰。此时火苗的位置、长度、运动方式都要有所变化。如图 3.30 所示。

图 3.30

任务 2：制作红砖地面。

操作方法：添加一个图层（即图层 2）→用"矩形"选择工具，在图片下边拖放出一个和图片等宽的长方形→单击"滤镜"菜单→指向"Alien Skin Eye Candy 5:Textures"→单击"砖墙"命令。如图 3.31 所示。

在弹出的对话框中，使用默认设置，单击"确定"按钮→单击"编辑"菜单→鼠标指向"变换"→单击"透视"命令→拖放砖地上边的控制点，使其宽度与远处的路一致→单击"编辑"菜单→鼠标指向"变换"→单击"斜切"命令→拖动砖地下边的控制点，使其宽度与道路下边一致→单击工具箱的"实箭头"→单击"应用"按钮。得到如图 3.32 所示效果。

设置主道红砖的亮度为-100，对比度为-50，把色相调整为 3，饱和度调整为-57，亮度调整为-30。

请读者添加一个图层 3，试着在辅路铺上大理石。

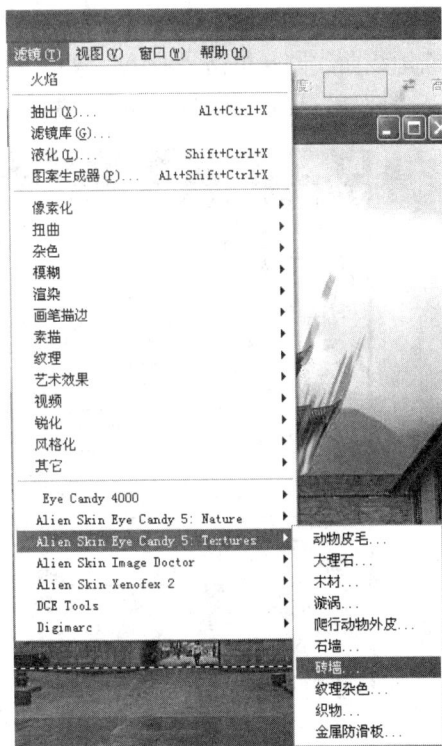

图 3.31

任务 3：制作火光。

操作方法：添加图层 4→在工具箱选择"前景色"为红色，"背景色"为黄色→在工具箱选择"渐变"填充工具→从城门楼上向外拖放鼠标。如图 3.33 所示。

图 3.32   图 3.33

任务 4：制作烟幕。

操作方法：添加图层 5→在工具箱单击"套索"工具→拖动鼠标，在火焰上连续不断地绕曲线圈→单击"滤镜"菜单→指向"Eye Candy 4000"→单击"烟幕"命令。打开"烟幕"设置对话框，如图 3.34 所示。

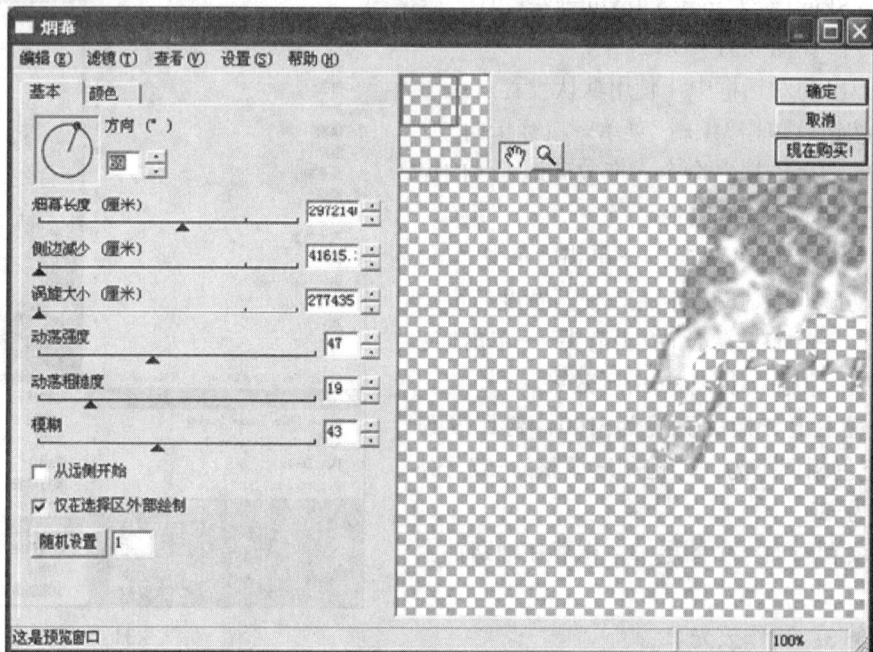

图 3.34

在如图 3.34 所示的对话框里，设置烟幕的方向为 69，烟幕的长度为 297214，动荡强度为 47，动荡粗糙度为 19，模糊度为 43，其他参数默认。设置完毕，单击"确定"按钮。

注意：①从什么地方起笔，还要在什么地方落笔。图 3.35 是使用"套索"工具画出的曲线圈。

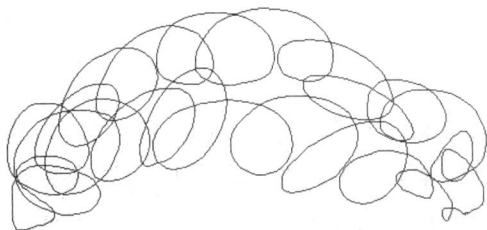

图 3.35

②因为上个任务是制作火光，而新建的图层计算机会自动放在刚才操作的层面之上。所以，新建的图层在火光之上，没有与火焰直接接触。要想获得比较逼真的效果，就要调整图层，把火光移动到最上层。最终得到如图 3.36 所示效果。

【理论升华】

Photoshop cs 8.0.1 有丰富的滤镜资源。使用它的滤镜，几乎可以模拟出世界上的一切物品。使用滤镜模拟物品，一般要先创建一个图层，在这个图层里操作，这样便于管理模拟出的物品。比如，调整模拟物品的层次，设置模拟物品的颜色、亮度、对比度，而

图 3.36

不会影响到其他的对象。然后，在这个新建的图层划定使用滤镜的区域，告诉计算机我们将在这个图层的哪个部分使用滤镜。接着打开"滤镜"设置对话框，设置一些参数。最后，还要根据制作的需要对模拟出的物品做深层次的加工。具体的操作流程如下：

新建图层→划定区域→打开"滤镜"设置对话框→设置参数→单击"确定"按钮。

使用滤镜，要想获得好的效果，重要的是熟悉滤镜，知道哪个菜单下放着哪些滤镜，这些滤镜能够产生怎样的艺术效果。如果不熟悉这些，在加工图片的过程中，想不到使用这些滤镜，就无法获得 Photoshop cs 8.0.1 提供的优质服务，制作不出让人心旷神怡的作品。

第四节　怒发冲冠

【编写意图】

（1）进一步介绍 Photoshop cs 8.0.1 滤镜的使用方法。

（2）介绍画布的设置。

（3）介绍橡皮擦工具的使用。

（4）介绍画笔的使用。

（5）介绍仿制图章工具的使用。

（6）介绍文字工具的使用。

【故事梗概】

赵惠文王得到一块稀世的璧玉。不料，这件事被秦昭王知道了，便企图仗势把和氏璧据为己有。于是他假意写信给赵王，表示愿用 15 座城来换这块璧。

赵王怕秦王有诈，不想把和氏璧送去，但又怕他派兵来犯。迫于无奈，不得不派名臣蔺相如带上和氏璧去见秦王。

秦王得知蔺相如来后，没有按照正式的礼仪在朝廷上接见他，而是非常傲慢地在临时居住的宫室里召见蔺相如。秦王接过璧后，非常高兴，看了又看，又递给左右大臣和姬妾们传看。蔺相如见秦王如此轻蔑无礼，早已非常愤怒，又见他只管传看和氏璧，根本没有交付城池的意思，便上前道："这璧上还有点小的毛病，请让我指给大王看。"

蔺相如把璧拿到手后，马上退后几步，靠近柱子站住。他极度愤怒，头发直竖，顶起帽子，激昂地说："大王如要威逼我，我情愿把自己的头与璧一起在柱子上撞个粉碎！"在这种情况下，秦王只得道歉，并答应斋戒五天后受璧。但蔺相如预料秦王不会交城，私下让人把璧送归了赵国。

任务：把图片"头 3"（见图 3.37）的头发竖立起来，把面部表情修改成愤怒。

任务分析：图片中男人的头发已经顶住画面上边的边缘了，头发没有地方生长了。要想画头发，就得加长画布。怒发冲冠，当然是需要戴帽子的，还需要从别的图上拷贝一顶帽子放在他的头上边。

学习说明：本节所需用的素材，都放在文件夹"信息技术 5"内，请读者先把素材拷贝到计算机的 E 盘下。本节将设定素材均放在名为"E:\信息技术 5"的文件夹内。

图 3.37

【任务分解】

任务 1：把画布加高一倍，使人头位于画布的下边。

操作方法：在"E:\信息技术 5"下打开图片"头 3"→最大化图片所在的窗口→单击"图像"菜单→单击"画布大小"命令→在弹出的"画布大小"对话框里，把"高度"的参数修改为 14，在"定位"图上单击"向下"的箭头→单击"好"按钮。

任务 2：去掉人的背景。

操作方法：把"魔术棒"的容差值设为 30→在参数栏里单击"添加选区"按钮→在人像以外单击→敲击键盘上的删除键→换用"套索"工具进一步做精准的删除。如图 3.38 所示。

任务 3：使用橡皮擦修改头型。

操作方法：取消选中→单击工具箱里的"橡皮擦"工具→在头发上拖动。如图 3.39 所示。

图 3.38　　　　　　　　　　　　图 3.39

任务 4：去掉脸上的斑点。

操作方法：放大图片至几乎满屏。

方法一：用"修复工具"。

鼠标指针放到工具箱里的"修复画笔"工具上，按下左键片刻，在下拉菜单中单击"修补工具"→拖动鼠标画一个小圆圈，圈住脸上的小黑点→向外拖动选区，看不见小黑点后松开鼠标。如图 3.40 所示。

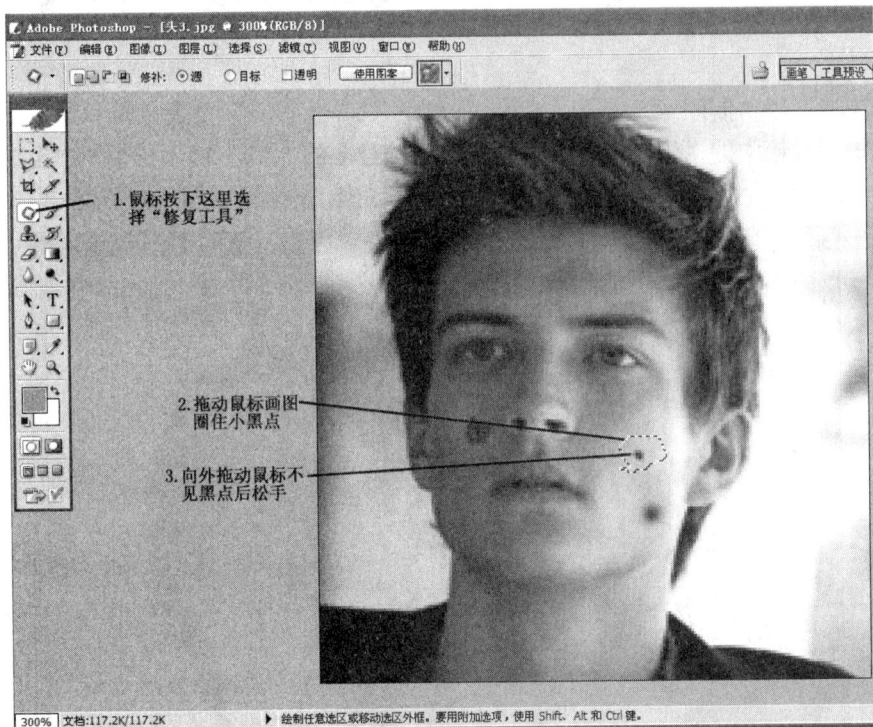

图 3.40

方法二：用画笔工具。

按下"Ctrl+D"键，取消选中→单击工具箱下边的"吸管"工具→单击斑点附件→单击工具箱的画笔→在参数栏设置画笔大小为 10→在黑点上拖动。如图 3.41 所示。

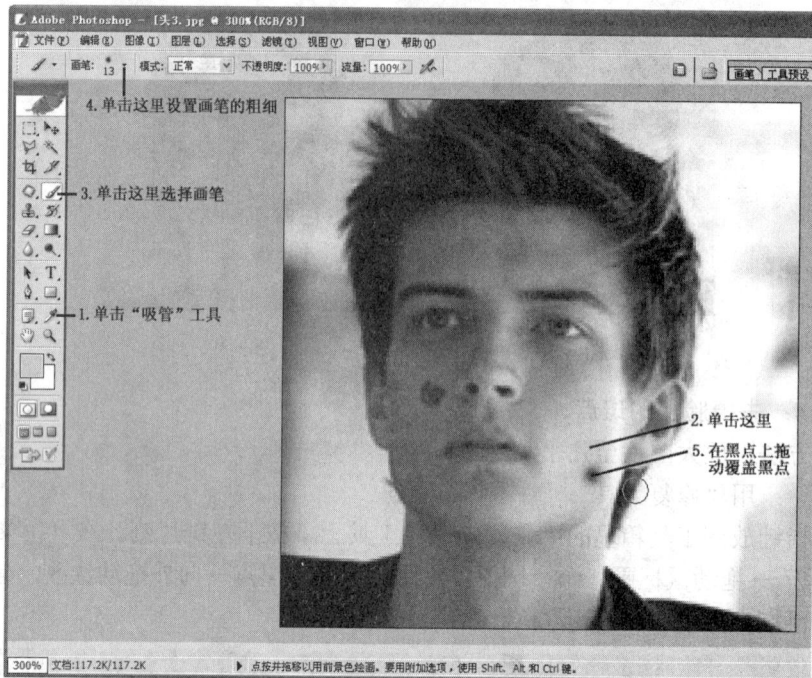

图 3.41

方法三：用仿制图章工具。

单击工具箱中的"仿制图章"工具→按下键盘上的"Alt"键不松手，单击脸上和斑点处颜色接近的地方，松开"Alt"键→在斑点上拖动鼠标。如图 3.42 所示。

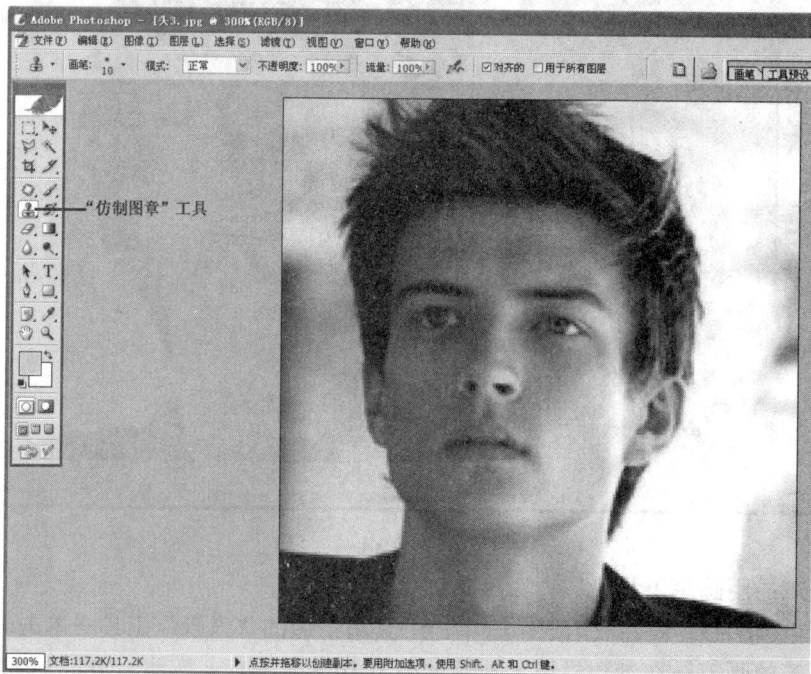

图 3.42

任务5：让头发树立起来。

操作方法：缩小图片→添加一个图层（图层 1）→使用"套索"工具，大致选中头发→单击"滤镜"菜单→指向"Eye Candy 4000"→单击"毛皮"命令，打开"毛皮"设置窗口，如图 3.43 所示。

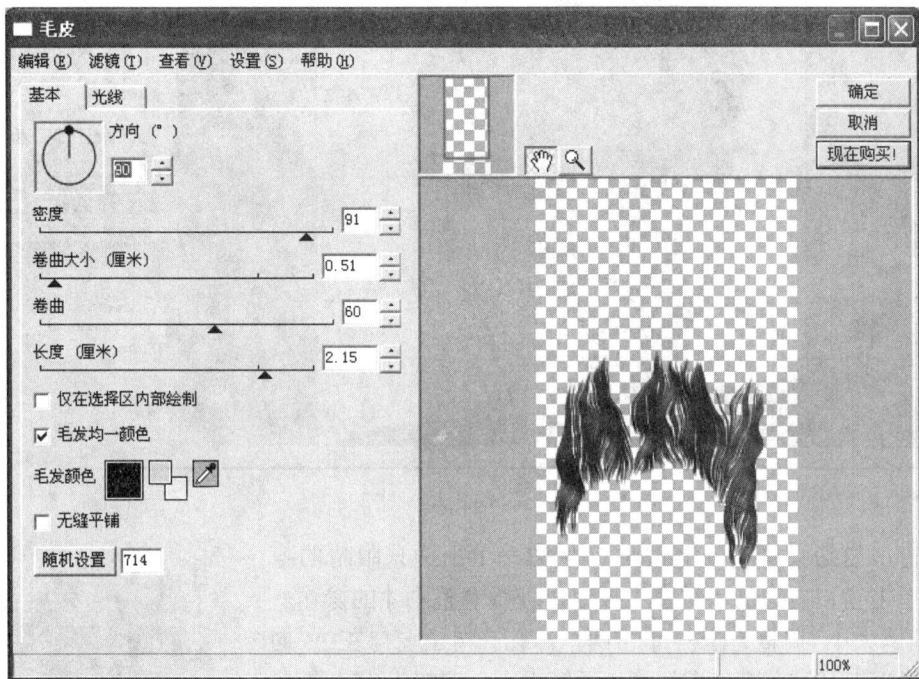

图 3.43

在如图 3.43 所示的窗口中"方向"下面的文本框输入 90，即把毛发生长的方向设置为 90→在"密度"后面的文本框里输入参数 91→在"卷曲大小"后面的文本框里输入参数 0.51→在"卷曲"后面的文本框里输入参数 60→在"长度"后面的文本框里输入参数 2.15→单击"毛发颜色"后面的颜色，选择头发的颜色→单击"确定"按钮→用橡皮擦擦除不合适的头发。效果如图 3.44 所示。

注意：

（1）可以使用"吸管"工具选择头发的颜色。这样，长出的头发就和人头上原来的头发，颜色一致。

（2）可以重复使用"毛发"工具，多次生发，每次生发都要修改参数，以获得不同的效果，增加头发的密度。

任务6：制作愤怒的面部表情。

图 3.44

操作方法：取消选择后→单击"图层"选项卡下的"背景"图层（即放置人头的那个图层）→单击"滤镜"菜单→单击"滤镜"菜单下的"液化"命令，打开"液化"设置窗口。如图 3.45 所示。

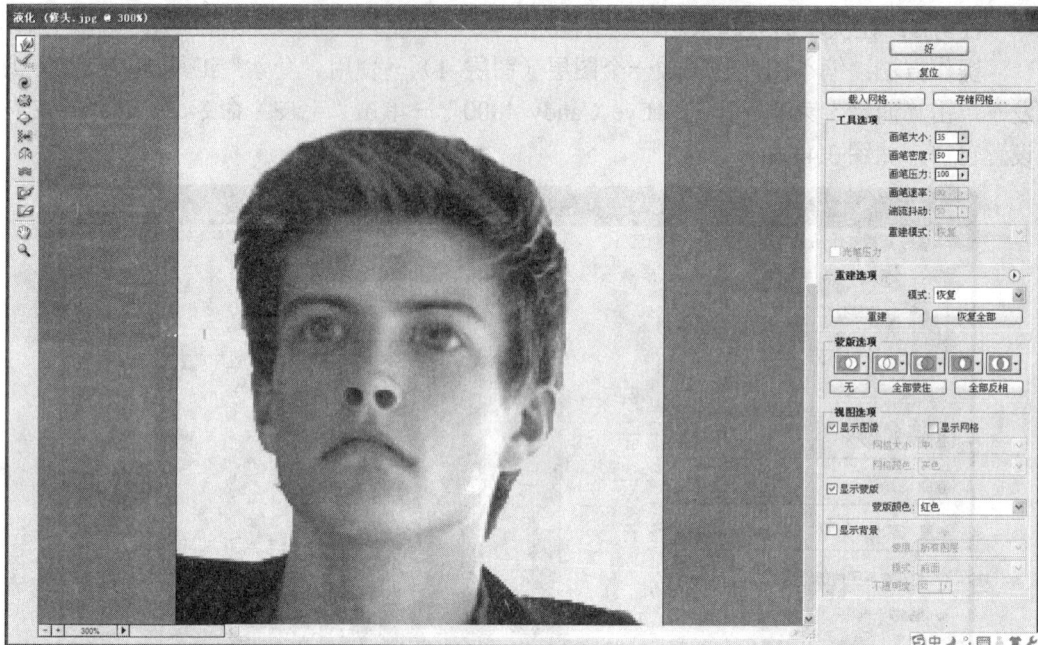

图 3.45

窗口右边设置"画笔大小"为 33→单击两只眼睛的瞳孔→单击窗口右边的"重建"按钮，轻微调整刚才的操作→把"画笔大小"调整为 15→单击两个鼻孔→单击窗口左边"向前变形"工具→在窗口右边把"画笔大小"调整为 15→把鼠标指针放到下嘴唇上，向上拖动→把鼠标指针放到嘴角，向外拖动→单击"好"按钮。如图 3.46 所示。

任务 7：戴帽子。

操作方法：从"E:\信息技术 5"下打开文件"大臣帽子"→还原人头所在的窗口，并缩小图片→切换到帽子所在的窗口，选中帽子→把选中的帽子拖到人头上松开鼠标→用"变换"工具改变帽子大小。效果如图 3.47 所示。

任务 8：添加文字"怒发冲冠"。

操作方法：鼠标指针放在工具箱里的"T"字上按下左键片刻→单击"竖排文字"工具→在参数栏选择字体为"华文行楷"，字号为 48，字的颜色为红色→在工作区拖放出一个竖立的文本框，输入"怒发冲冠"→单击参数栏右端的"王"（即"创建变形文本"按钮）→在打开的对话框里单击"样式"后面的短箭头→选择"旗帜"。如图 3.48 所示。

制作的最后结果如图 3.49 所示。

图 3.46

图 3.49

图 3.47

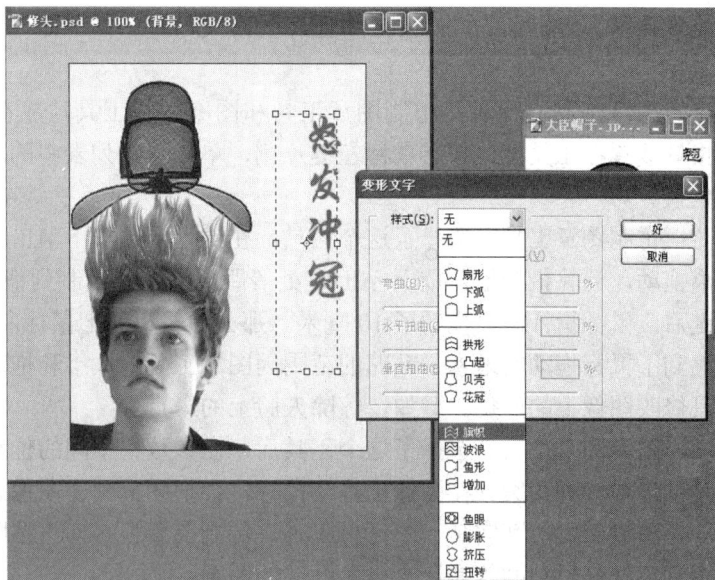

图 3.48

【理论升华】

1. 擦除工具

擦除工具，用拖放的方法消除内容的工具。放置在工具箱的中间，有三种：橡皮擦工具，背景色橡皮擦工具和魔术橡皮擦工具。鼠标指针放置在工具上，按下鼠标左键片刻，单击下拉列表中的选项，可以在三种工具之间切换。

橡皮擦工具。选择了这个工具，在图片上拖放，擦除前景色，保留背景色。比如，前景是人物图像，背景是蓝色。鼠标在人物上拖放，人物消失，露出蓝色。

背景色橡皮擦工具。选择了这个工具，在图片上拖放，在擦除前景色的同时，也擦除背景色。比如，前景是人物图像，背景是蓝色。鼠标在人物上拖放，人物消失，背景的蓝色也没有了。

魔术橡皮擦工具。选择了这个工具，在参数栏设定容差值，在图片上单击，在擦除前景色的同时，也擦除背景色。比如，前景是人物图像，背景是蓝色，魔术橡皮擦工具的容差值是 32。鼠标在人物上单击，单击点周围色阶不超过 32 区域内的人物被选中删除，这个区域的背景色也没有了。

"拖动"橡皮擦工具可以擦除前景，保留背景；"拖动"背景色橡皮擦工具既删除前景，也删除背景；"单击"魔术橡皮擦工具，既删除前景，也删除背景。

擦除动作，计算机执行两条命令，首先执行选择区域的命令，然后执行删除对象的命令。拖动鼠标或者单击鼠标，计算机根据橡皮擦的轨迹和大小选中一定范围的像素点，紧接着执行删除命令，按照约定删除这些区域里的像素点，或者删除前景中的像素点，亦或者连同背景的像素点一起删除。

2. 图章工具

实物图章在蘸了印水之后，在纸张上按一下，就会出现图章上的内容，而且可以反复使用。Photoshop cs 8.0.1 中图章的意义与之一样。即可以重复出现已经有的图形的意思。

图章工具有两种：仿制图章工具和图案图章工具，放在工具箱的中间位置。鼠标指针放置在工具上，按下鼠标左键片刻，单击下拉列表中的选项，可以在两种工具之间切换。

仿制图章工具。选择了这个工具，在键盘上按一下 Alt 键，把鼠标指针移动一段距离拖动，计算机会把与按下 Alt 键处等距离的图像复制到拖动的地方。比如，按下 Alt 键后，鼠标指针向右拖动了 10 毫米。那么计算机就把鼠标左边 10 毫米处的图像复制粘贴到了鼠标拖动的地方。粘贴的范围因图章工具的大小和拖动的长度而定。常用这个工具修改图像上的瑕疵。譬如，擦除人脸上的斑点。

图案图章工具。选择了这个工具后，在参数栏中间的位置单击"图案"后面的倒三角，选择一种图案。在图像上拖动鼠标，会把图案画在图像之上。

图章工具，其实是一个拷贝工具，仿制图章工具拷贝粘贴的是图像上的内容，图案图章工具拷贝粘贴的是计算机上存储的图案。

3. 修复工具

修复工具位于工具箱的中间位置，有三种：修复画笔工具、修补工具和颜色替换工具。鼠标指针放置在工具上，按下鼠标左键片刻，单击下拉列表中的选项，可以在三种工具之间进行切换。

修复画笔工具。选择了这个工具，鼠标指针在图像上某个位置的时候，按一下 Alt 键，在图像上拖动鼠标，计算机会把按下 Alt 键时鼠标位置的图像拷贝粘贴在这里。比如，鼠标指针在一个人的头上时，按 Alt 键。鼠标指针不论在什么地方拖动，拖动的位置出现的都是这个人的头像。

它的功能与仿制图章的功能类似，仿制图章工具是动态地拷贝粘贴对象，而它是定点拷贝粘贴对象。

修补工具。选择了这个工具，在图像上拖动会出现一个选区，拖动这个选区，把选区拖动到了哪个位置，原选区就出现这个地方的图像。比如，我们用这个工具选中一个斑点，拖动这个选区到没有斑点的地方，有斑点的地方就没有了斑点，取而代之的是鼠标当前位置的图像。松开鼠标，就可以把图像确定下来。修补工具的使用流程如下：

选择"修补工具"→在图像的"瑕疵"处做选区→拖动选区到没有瑕疵的地方→松开鼠标。

颜色替换工具。它的主要作用是替换颜色。选择了这个工具和一种颜色，在图像上拖动鼠标，可以改变图像的颜色，同时能够保持原来图像的形状。它的参数栏里有许多参数，我们通常使用默认值。

4. 画笔工具

画笔工具放在工具箱的中间位置，有两种：画笔工具和铅笔工具。鼠标指针放置在工具上，按下鼠标左键片刻，单击下拉列表中的选项，可以在两种工具之间切换。它的主要作用是画图。

它和我们常用的画笔有很大区别。我们常用的画笔画的是单色的线条，而它可以画出图形或者图案式的线条。它的笔形有几十种，不仅有单色的方形、圆形，还有多色的图案。比如五角星形状和枫叶形状的画笔。如图3.50 所示的是用枫叶形状的画笔给图片做的修饰。

图 3.50

5. 液化滤镜

液化滤镜是滤镜的一种。它的主要作用是变形。单击"滤镜"菜单下的"液化"可以打开"液化"滤镜的窗口，如图3.51 所示。在这里可以做各种设置，对图像做各种各样的变形，单击可以把所做的变形固定到 Photoshop cs 8.0.1 的主窗口。

图 3.51

窗口左边自上而下依次是"向前变形"工具、"重建"工具、"顺时针旋转扭曲"工具、"褶皱"工具、"膨胀"工具、"左推"工具、"镜像"工具、"湍流"工具、"冻结蒙板"工具、"解冻蒙板"工具、"抓手"工具、"缩放"工具。其中，"向前变形"工具和美图秀秀里的"瘦脸瘦身"工具的作用和使用方法一样；"膨胀工具"和美图秀秀的"眼睛放大"工具的作用和用法一样。其他工具是美图秀秀所没有的。从这里也可以看到 Photoshop cs 8.0.1 功能的强大。

　　"向前变形"工具与"重建"工具是一对，使用"向前变形"工具拖动图像，可以改变图像的形状，使用"重建"工具朝反方向拖动，可以恢复图像的形状。"冻结蒙板"工具与"解冻蒙板"工具是一对，一个作用是制作，一个作用是撤销。利用液化滤镜，可以做出许多意想不到的好效果，图 3.52 中的图形是使用"湍流"工具在图片的周边随便拖动得到的龙凤呈祥图案。

图 3.52

【读者演练】

　　（1）用画笔和液化滤镜制作一个课件的边框和背景。

　　（2）修复"残缺老照片"，照片如图 3.53 所示。

　　提示：先修复左半个脸，然后，把左半个脸拷贝粘贴出来后，水平翻转放到右边的脸上，再用工具箱里的"加深"工具处理右边的脸。其他地方可以用仿制图章或者画笔进行修复。

图 3.53

第二部分 小动画

动画，即会动的画，有狭义和广义之分，这里所说的动画，一般指其狭义。它是由一些相关联的静态图片，按照一定的顺序展示所产生的动态效果。比如，一个女孩子一张闭眼的相片和一张睁眼的相片，轮廓对齐以后，轮流展示，我们看到的是女孩子一会儿睁眼，一会儿闭眼的图像，在视觉暂留的作用下，会产生女孩子在眨眼的感觉。这两张轮流展示的图片所产生的效果就是一个动画。

动画是由一组静态的图片组成的。这些图片有一定的关联性，没有关联性的图片放在一起，不能产生好的动画效果。比如，把一个男孩子睁眼的图片与一个女孩子闭眼的图片放在一起，就不能产生眨眼的动画效果。另外，每幅图片展示的时间不能太长，太长了也没有动画效果。比如，女孩子睁眼和闭眼的图片，每张展示1分钟，那我们看上去不是眨眼，而是两张静态的图片。

心理学家的研究表明：动态的物品容易吸引人的眼球。动态的图片和静态的图片相比较，动态的图片更能吸引人的眼球。所以，在课件中插入动画，可以集中学生的注意力。还有，动画毕竟不是物品的真实动作，它夸张、滑稽，能够调动观看者的情绪，激发观看者对动画以及动画所承载事物的兴趣。因此，在课件中插入动画，能够激发学生学习的兴趣，营造宽松、愉悦的教学情景。

学习动画制作，对增强课件的品质，创造良好的教学情景，提高教学效率都是有益的。

动画可以按照不同的标准分成不同的类型。根据文件的大小，可以把它分成小动画、中型动画和大型动画。10帧以下的动画（由10幅以下静态图片组成的动画），叫作小动画；10~1000帧的动画，叫作中型动画；超过1000帧的动画，叫作大型动画。在QQ中聊天，别人发送来的动画，多数是小动画。在课堂上，自始至终都在动的课件，多数属于中型动画。儿童看的动画片，多数为大型动画。本书不讲大型动画的制作，中型动画的制作在学前教育《幼儿园多媒体课件制作实用教程》下册中做专一介绍，这里只讲小动画的制作。希望通过这一部分的学习，读者可以制作出QQ聊天时发送的小动画和课件中插入的小动画。

按照图像的维数，可以把动画分为二维动画和三维动画。这里主要介绍二维动画的制作，也会涉及到三维动画的制作。

能够制作动画的软件很多，如Powerpoint、Flash、3Dmax、Ulead GIF Animator 5、

Xara 3D v6.0。这里将向大家推荐一款对象动画制作软件和一个文字动画制作软件。

　　动画制作并不难，只要记住软件的什么地方放置什么样的工具，起着什么作用。制作课件的时候，知道从什么地方找工具就可以了。难的是绘制静态的图片。目前，我们随时都可以在网络上搜索一些与教学有关的图片，把它们略加改造，就可以制作动画了。当然，要制作具有独立产权的动画，必须要自己动手画。

第四章　对象动画软件 Ulead GIF Animator 5

Ulead，立友公司的英文标示。GIF，一种动画格式，是由一些静态图片组成的动画。Animator，动画的意思。Ulead GIF Animator 5，即立友公司创作的制作 gif 格式动画的软件，版本序号为 5。

Ulead GIF Animator 5 是一款制作小动画的软件，它操作简单，效果良好，颇受人们的欢迎。只要把一些有关联的图片导入到 Ulead GIF Animator 5 中，计算机便自动生成一个 gif 动画，另外保存就可得到能够独立播放的动画。下面，举两个例子来说明它的使用方法。

扫一扫

Ulead GIF Animator 动画制作

第一节　我心飞翔

【编写意图】

（1）介绍 Ulead GIF Animator 5 的打开方法。

（2）介绍 Ulead GIF Animator 5 的一些基本操作。

任务：制作一个长着翅膀的心，翅膀可以煽动。

任务分析：要制作这个动画，需要一组长翅膀的心的图片。而且翅膀的姿态要不一样。如果翅膀的姿态一样了，这些图片也就一样了，那么播放的时候就没有了图像的变化。没有图像的变化，自然没有了动画的效果。

可以使用金山画王自己动手画一组带有翅膀的心，也可以使用 Photoshop 把飞翔的小鸟图片改造成飞翔的心。画画水平高超的人可以自己画飞翔的心，绘画水平不高的人可以调用小鸟的图片改造成飞翔的心。这里使用后一种方法。

在介绍金山画王的时候，我们说过，它的动画对象放置在 C:\Program Files\KingSoft\fly2006\glib\lib\anim2 下。如果计算机安装有金山画王，那么可以先把飞鸟的图片复制到计算机的某个地方备用。如果没有安装金山画王，但是计算机中存储有金山画王这个软件，那么在金山画王的软件包里打开"金山画王 2006 专业版\金山画王 2006 专业版\glib\lib\anim2"，把飞鸟的图片复制到计算机的某个地方备用。假设这些飞鸟被放在 "E:\信息技术" 这个文件夹里，分别叫鸟 1、鸟 2、鸟 3、鸟 4。如图 4.1 所示。

使用 Photoshop 把它们改造成飞翔的心的图片，如图 4.2 所示。分别叫作鸟 1 副本、鸟 2 副本、鸟 3 副本、鸟 4 副本，存放于 "E:\信息技术" 中。

图 4.1

图 4.2

【任务分解】

任务 1：打开 Ulead GIF Animator 5。假定名为"Ulead GIF Animator 5"的软件包放在"D:\软件"里。

操作方法：双击桌面上"我的电脑"图标→打开"D:\软件\Ulead GIF Animator 5"→双击"🔳"即可打开如图 4.3 所示窗口。

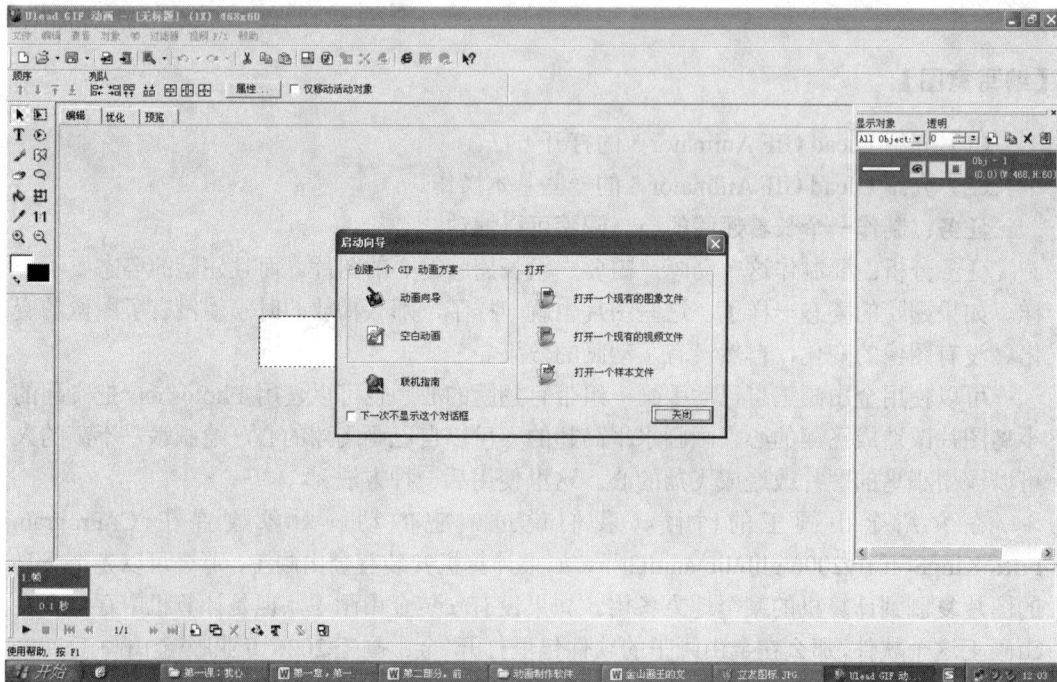

图 4.3

任务 2：导入静态图片鸟 1 副本、鸟 2 副本、鸟 3 副本、鸟 4 副本。

操作方法：单击"启动向导"对话框里"动画向导"左边的按钮→单击"下一步"按钮→单击"添加图像"按钮→找到飞翔心图片所在的文件夹（比如，E:\信息技术）→

用 Ctrl 键结合鼠标选中鸟 1 副本、鸟 2 副本、鸟 3 副本、鸟 4 副本→单击"打开"按钮→单击"下一步"按钮→再单击"下一步"按钮→单击"完成"按钮。得到如图 4.4 所示的界面：

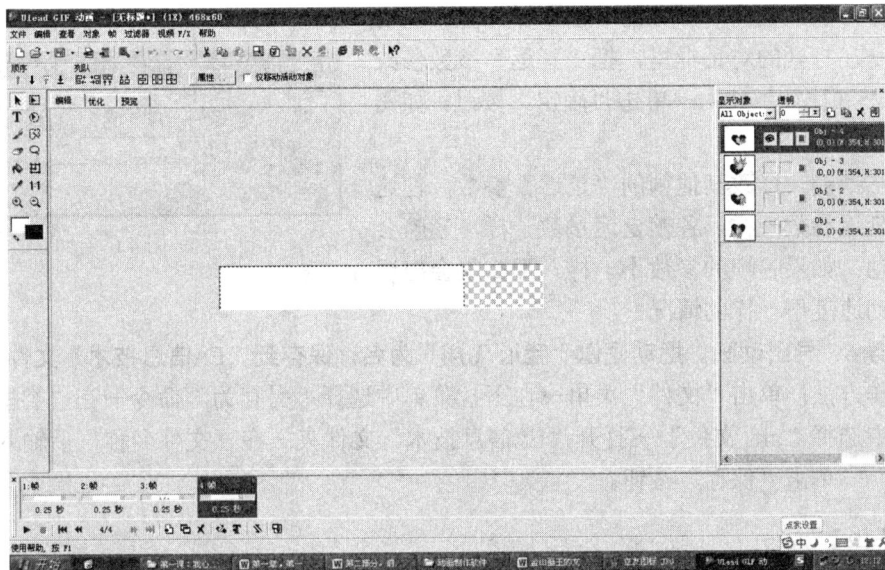

图 4.4

任务 3：修正画布。

操作方法：

方法一：菜单法。单击"编辑"菜单→单击"修正画布"命令。

方法二：键盘法。按住键盘上的"Ctrl+R"键。

得到如图 4.5 所示效果。

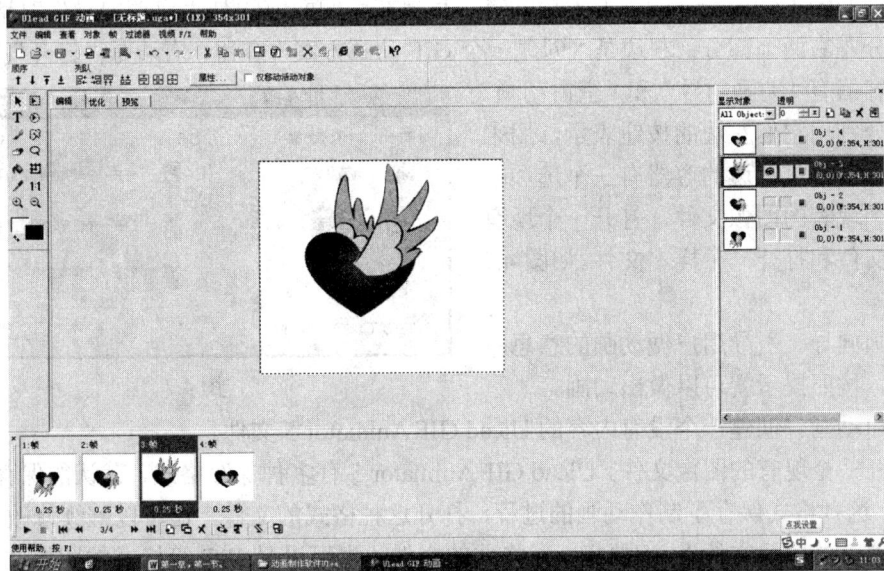

图 4.5

任务 4：测试动画。

操作方法：单击窗口下边的"播放动画"按钮。

任务 5：提高飞行速度。

操作方法：在窗口下边的"帧面板"里，双击第一帧→在打开的对话框里，把"延迟"参数修改成小于 25（比如，10）→单击"确定"按钮。如图 4.6 所示。

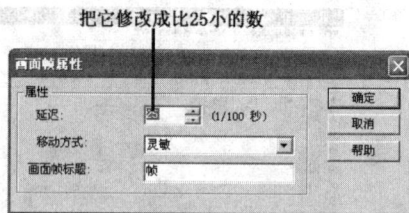

把它修改成比25小的数

图 4.6

如法炮制，修改其他帧的"延迟"参数，使这些帧的延迟参数一样。各帧延迟参数一样，翅膀会均匀煽动；如果各帧的参数不一样，那么就会出现翅膀煽动速度不一样的情况。

任务 6：导出动画。把动画以"我心飞翔"为名，保存到"E:\信息技术"文件夹中。

操作方法：单击"文件"菜单→在下拉菜单中选择"另存为"命令→在"类型"下拉列表中选择"gif 文件"→打开"E:\信息技术"文件夹→在"文件名称"后输入"我心飞翔"→单击"保存"按钮。

【理论升华】

1. Ulead GIF Animator 5 打开方法

应用程序分为绿色软件和非绿色软件两大类。通常，人们把不需要安装的软件叫作绿色软件，唯有安装之后才能够使用的软件叫作非绿色软件。我们介绍的 Ulead GIF Animator 5 是一款绿色软件。所以，不需要安装。打开的方法也不复杂，找到 Ulead GIF Animator 5 所在的文件夹，双击它的图标就可以打开它了。

2. "启动向导"对话框

打开 Ulead GIF Animator 5 窗口，首先呈现在我们面前的是"启动向导"对话框。对话框分左右两个部分，左边是"创建一个 GIF 动画方案"容器，右边是"打开"容器。

左边的容器有"动画向导"和"空白动画"选项，分别用它们左边的按钮表示，用来创建动画文件。右边的容器有三个选项：打开一个现有的图像文件、打开一个现有的视频文件和打开一个样本文件。如图 4.7 所示。

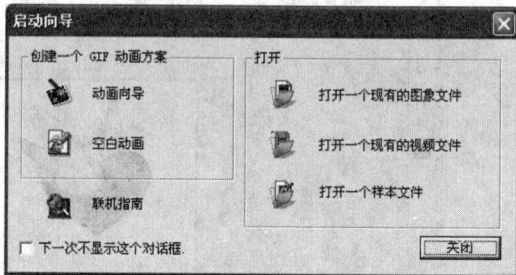

图 4.7

动画向导。引导用户做动画的意思。单击它，按照提示就可以做出动画。

空白动画。创建一个没有内容的 Ulead GIF Animator 5 文件。

打开一个现有的图像文件。Ulead GIF Animator 5 有多种保存格式，默认的保存格式是 uga，这种格式保存了制作动画的过程，打开这种格式的文件，还可以继续修改。"打开一个现有的图像文件"，主要指 uga 格式的文件，也可以是 JPG 等格式的图像文件。

打开一个现有的视频文件。使用这个按钮，可以打开使用 Ulead GIF Animator 5 制作的视频，也可以打开其他视频。

打开一个样本文件，即使用 Ulead GIF Animator 5 做的文件。为了便于用户学习，Ulead GIF Animator 5 的创作者，使用 Ulead GIF Animator 5 制作了一些动画，以 uga 格式存放在文件夹 Samples 里。所谓的"样本文件"指的就是这些文件。读者可以在这里打开，观看别人的制作效果，模仿制作动画。

通常，在这个对话框里选择"动画向导"，这样，制作起来比较方便。

3. 画布大小的设置

画布，即画面。画布大小，即画面的大小。作为素材的图片，其画面有大有小。在 Ulead GIF Animator 5 里展示的图片，其画面也有大有小。这里所说的画布大小，主要指的是 Ulead GIF Animator 5 里展示画面的大小。这两种环境下的画面大小往往是不一样的，Ulead GIF Animator 5 默认的画面大小是 468×60 像素，即宽为 468，高为 60。而绝大多数素材的尺寸不是这样的，可能是 1024×800 像素，也可能是 800×600 像素，还可能是 600×480 像素等。另外，有时候，我们还会希望自己制作出的动画是某一个固定尺寸。因此，使用 Ulead GIF Animator 5 制作动画，是需要设置画布大小的。

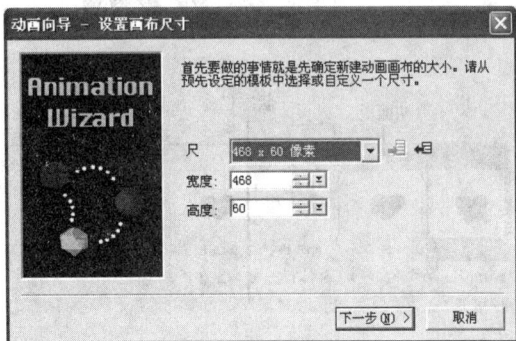

图 4.8

方法一：单击"动画向导"按钮，即刻会弹出一个"设置画布尺寸"对话框。如图 4.8 所示。

单击"尺"后面的倒三角，可以选择动画画布的尺寸，也可以在下面"宽度"和"高度"后面输入动画画布的尺寸。

方法二：在动画制作的窗口，单击"编辑"菜单下的"调整画布大小"命令，打开"调整画布大小"对话框，在这个对话框里重新设置画布的大小。如图 4.9 所示。

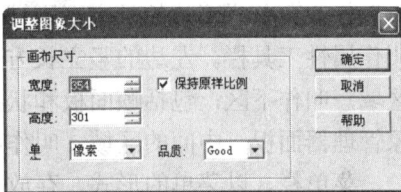

图 4.9

方法三：单击"编辑"菜单下的"画布大小"命令，打开"画布尺寸"对话框，可以在这里重新设置画布的大小。如图 4.10 所示。

方法四：单击窗口右边任何一个对象，再单击"编辑"菜单下的"修正画布"命令。计算机会自动地把 Ulead GIF Animator 5 的画布调整得和素材的大小一样。

一般在打开 Ulead GIF Animator 5 的时候，并不设置画布的大小，而是在导入素材之后，使用方法四修正画布的大小。

4. Ulead GIF Animator 5 窗口

Ulead GIF Animator 5 的窗口如图 4.11 所示。

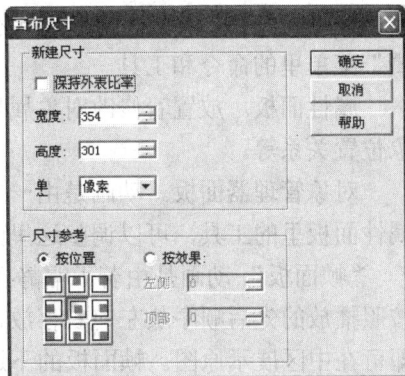

图 4.10

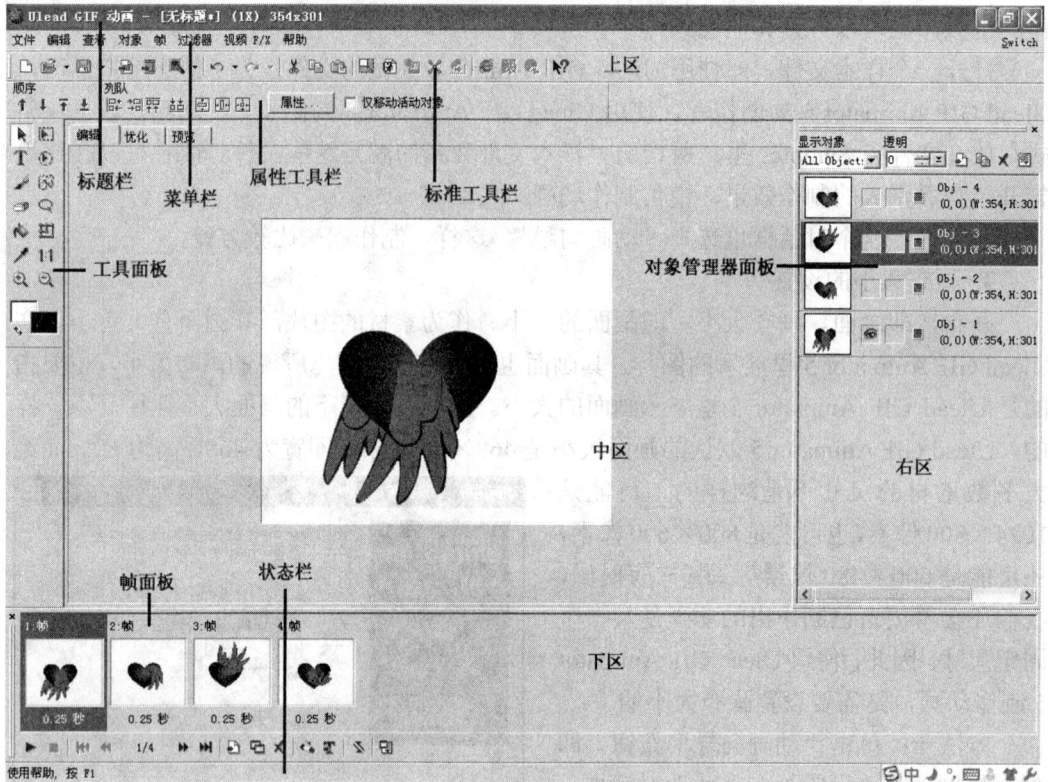

图 4.11

为了便于叙述，我们把窗口分为五个区，上边的长方形区域叫作上区，包含四个内容，最上边的蓝色区域叫作标题栏；下边的"文件""编辑"所在的长方形区域，叫作"菜单"栏；菜单栏下边的长方形区域，叫作标准工具栏；标准工具栏下边的长方形区域，叫作属性工具栏。左边的竖立长方形区域，叫作左区，放置着工具面板。下边的长方形区域，叫作下区，包括帧面板和状态栏。右边的竖立长方形区域，叫作右区，放置着对象管理器面板。中间的区域，叫作中区。

菜单栏。以菜单的形式，存放着 Ulead GIF Animator 5 的全部命令和工具。只使用菜单，就可以调出 Ulead GIF Animator 5 的全部功能。

标准工具栏。以图标的形式展示菜单栏里的命令和工具，主要是"文件"菜单和"编辑"菜单里的命令和工具。

属性面板。放置着修改对象属性的工具。比如，调整对象的出场顺序，调整几个对象位置关系等。

对象管理器面板。动画是由一些静态图片组成的，这些静态图片放置在这里。通过属性面板里的工具，可以调整这里的静态图片的出场顺序和各个图片之间的位置关系。

"帧面板"。动画是由若干幅静态图片连续播放产生的，每幅静态图片以图标的形式、按照播放的先后顺序从左向右存放在帧面板里。如图 4.12 所示。单击帧面板里的图标，即可在中区展示原图。帧面板的下边是控制动画的一些按钮和编辑帧的工具。使用这些工具，可以播放动画、预览动画效果、停止播放、一帧一帧地前进、一帧一帧地后退、回到第一帧、跳到最后一帧、提高动画的速度或者降低动画的速度等。

中区是展示静态图片的地方，也是加工静态图片的地方。在这里，可以修改静态的图片，给静态图片上添加或删除内容。

工具面板。放置着加工中区的各种工具。

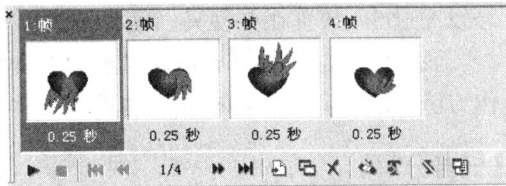

图 4.12

【读者演练】

（1）用手机自拍一张照片，把它制作成一个动画。

（2）做一个小猫和小狗对话的动画。

提示：可以做一只说话的小猫和一只说话的小狗，分别保存成 gif 格式，然后把它们放在一起。当然，也可以把小猫和小狗放在一个画面里，导出一个 gif 文件。

第二节　怒发冲冠

【编写意图】

（1）介绍去掉动画背景的方法。

（2）介绍给动画添加文字的方法。

任务：用动画表示"怒发冲冠"这个成语。

任务分析：因为帧动画是由一些相关联的静态图片连续播放产生的。所以，要制作这个动画，就需要先制作出几张静态怒发冲冠的图片。然后，把它们导入到 Ulead GIF Animator 5 的窗口，产生头发生长，帽子被弹起来的动画。

扫一扫

怒发冲冠

静态的图片，可以使用前面介绍过的 Photoshop cs 8.01 制作。先制作一张头发不长，帽子不高的图片，再制作一张头发稍微长一点，帽子稍微高一点的图片，依次做出几张头发渐长，帽子渐高的图片。使用滤镜里的"毛发"工具制作长度不同的头发。如图 4.13 所示。

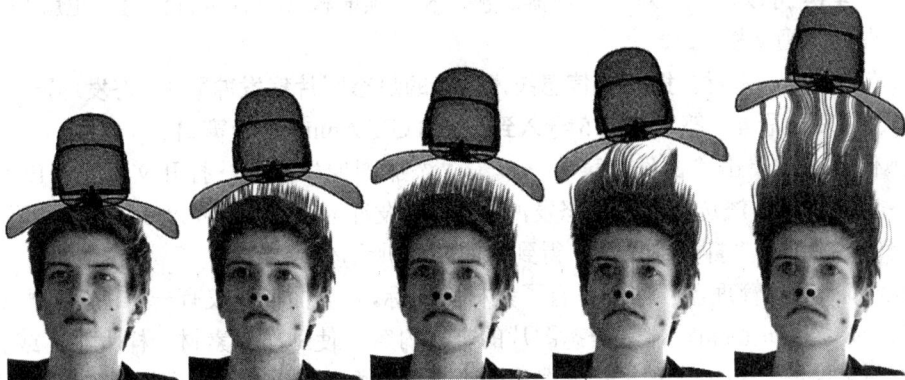

图 4.13

这些素材的名称从左向右依次叫怒发冲冠 1、怒发冲冠 2、怒发冲冠 3、怒发冲冠 4、怒发冲冠 5。放置在文件夹"信息技术"里。

我们假定这些素材放在计算机的"E:\信息技术"文件夹里，再来研究这一动画的制作方法。请读者先把素材放到这里。

【任务分解】

任务 1：建立一个空白的动画文档。

操作方法：双击"Ulead GIF Animator 5"应用程序图标→在打开的"启动向导"对话框里，单击"空白动画"左边的按钮。见到如图 4.14 所示的窗口。

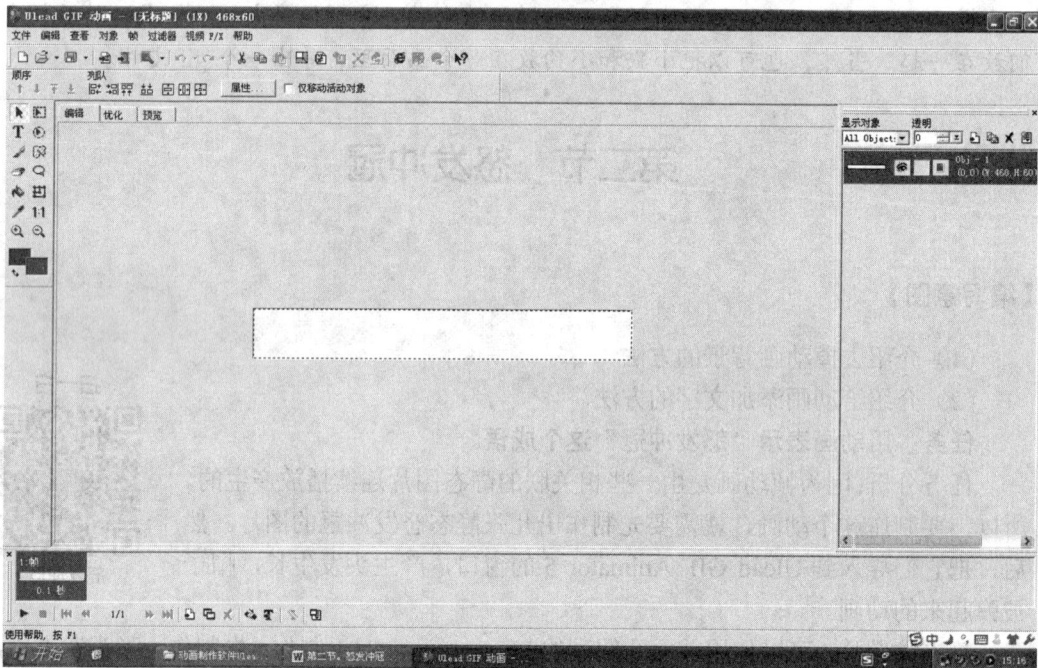

图 4.14

从图 4.14 可以发现"对象管理器面板"和"帧面板"里什么都没有，也就是说这是一个空白的动画文档。

任务 2：导入素材。把"E:\信息技术"里的静态图片怒发冲冠 1、怒发冲冠 2、怒发冲冠 3、怒发冲冠 4、怒发冲冠 5 导入到 Ulead GIF Animator 5 窗口。

操作方法：单击"文件"菜单→单击"添加图像"命令→打开文件夹"E:\信息技术"→用拖放的方法选中图片"怒发冲冠 1、怒发冲冠 2、怒发冲冠 3、怒发冲冠 4、怒发冲冠 5"→单击"打开"按钮。得到如图 4.15 所示效果。

此时，"对象管理器"面板里有了素材的图标，"帧面板"仅有一个图标。要获得动画，第一，要修正画布，显示静态图片的全部内容。使画布和素材一样大小，或者使画布比素材大一些。右击"对象管理器"面板里的任意一个图标，在下拉菜单里单击"对象属性"命令，弹出"对象属性"对话框。单击"对象属性"对话框里的"位置及尺寸"

选项卡，可以看到静态图片的尺寸：宽为 200 像素，高为 397 像素，据此设计画布的大小。第二，必须使每一个静态图片占用一个帧。即在"帧面板"按照头发递增的顺序依次排列五个帧。

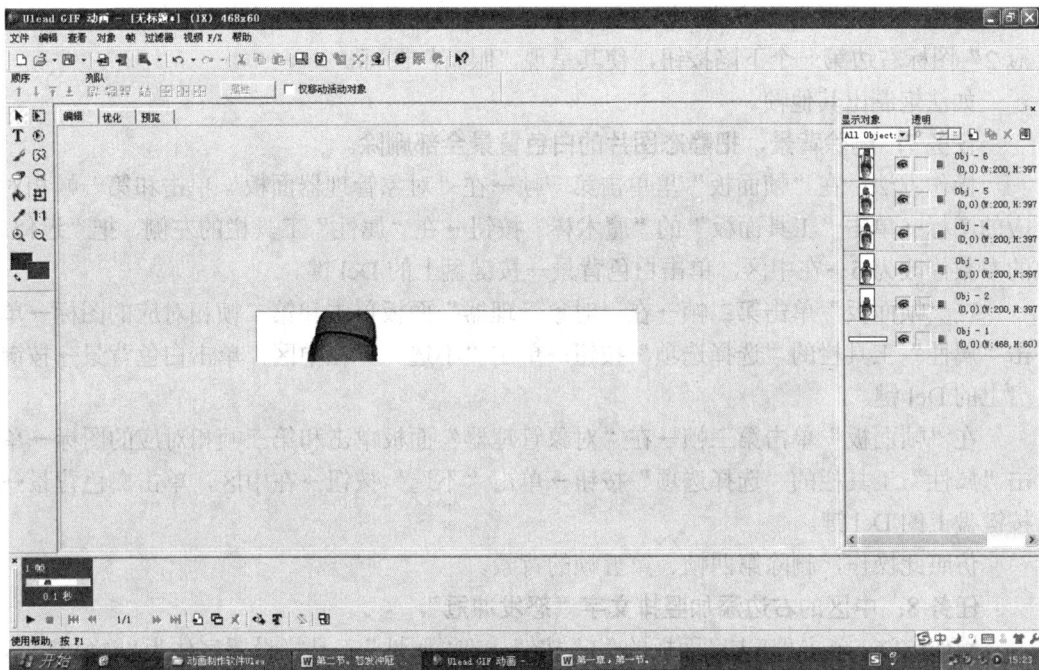

图 4.15

任务 3：修正画布，使画布宽为 400 像素，高为 400 像素。

操作方法：单击"编辑"菜单→单击"画布大小"命令→在弹出的"画布尺寸"对话框里，把宽度和高度都修改成 400 像素→单击"确定"按钮。如图 4.16 所示。

任务 4：删除帧里的内容，把水平放置的白色长方形删除。

操作方法：右击中区中间那个水平放置的白色长方形（计算机默认画布的大小）→在弹出的快捷菜单里单击"删除对象"命令。

任务 5：调整对象在画布中的位置，把所有对象都放置到画布的左上角。

操作方法：单击"帧面板"的第一帧图标→在中区按下 shift 键，用鼠标指针分别选中第一个对象及最后一个对象→单击"属性工具栏"里的"左对齐"和"顶端对齐"按钮。

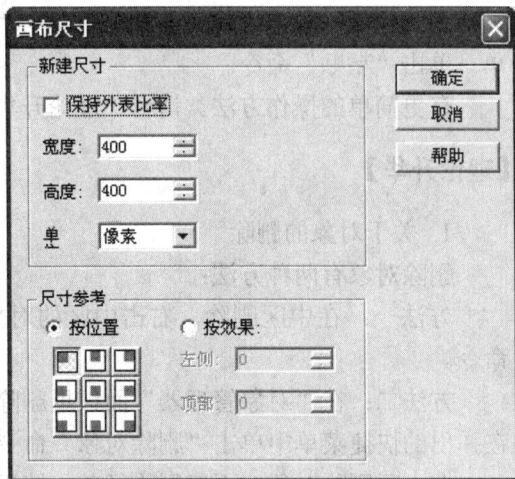

图 4.16

任务 6：在"帧面板"添加 4 个帧，把其他静态图片分别放在各个帧里。

操作方法：单击"帧面板"下边的"添加帧"按钮→在"对象管理器"面板中，单击"怒发冲冠 1"图标右边第一个下陷按钮，使其呈现"眼睛"图标。

单击"帧面板"下边的"添加帧"按钮→在"对象管理器"面板中，单击"怒发冲冠 2"图标右边第一个下陷按钮，使其呈现"眼睛"图标。

如法炮制出其他帧。

任务 7：删除背景，把静态图片的白色背景全部删除。

操作方法：在"帧面板"里单击第一帧→在"对象管理器面板"单击和第一帧相对应的图标→单击"工具面板"的"魔术棒"按钮→在"属性"工具栏的左侧，把"近似"的参数修改为 5→在中区，单击白色背景→按键盘上的 Del 键。

在"帧面板"单击第二帧→在"对象管理器"面板单击和第二帧相对应的图标→单击"属性"工具栏的"选择选项"按钮→单击"不选"→在中区，单击白色背景→按键盘上的 Del 键。

在"帧面板"单击第三帧→在"对象管理器"面板单击和第三帧相对应的图标→单击"属性"工具栏的"选择选项"按钮→单击"不选"按钮→在中区，单击白色背景→按键盘上的 Del 键。

仿照此操作，删除第四帧、第五帧的背景。

任务 8：中区的右边添加竖排文字"怒发冲冠"。

操作方法：单击"工具"面板的"T"按钮→在"属性"工具栏设置字体为"@长白管书"，大小为 34 号，颜色为红色、加粗、居中→在"属性"工具栏的"类型"按钮下选择"垂直""反向混合"→在中区欲放置文字的位置处单击→在打开的"文本条目框"里输入"怒发冲冠"→单击"确定"按钮。

单击"工具"面板的"变形"工具→拖放"怒发冲冠"周边的控制点→改变其大小和移动其位置→单击"编辑"菜单→单击"复制"命令→打开其他帧→单击"编辑"菜单→单击"粘贴"命令。

有更简单的操作方法。请看"理论升华"部分的"显示/隐藏"内容。

【理论升华】

1. 关于对象的删除

删除对象有两种方法：

方法一：在中区删除。右击中区的对象，在弹出的快捷菜单中单击"删除对象"命令。

方法二：在"对象管理器"面板里删除。右击"对象管理器"面板里的一个对象，在弹出的快捷菜单中单击"删除对象"命令。

在中区删除对象，不仅删除了某一帧里的对象，而且也删除了"对象管理器"面板里的对象。这实际上是把对象从 Ulead GIF Animator 5 窗口清除了。所以，我们不能够轻易在中区删除静态图片和其他对象。只有当对象对动画制作毫无用处的时候，才删除它。

2. 帧的打开与关闭

"帧面板"里图标的上边有帧的序列号，单击哪个序列号下面的图标，就打开这一帧，同时关闭其他帧。想在中区加工哪个帧，就要先在"帧面板"里单击这一帧的图标。

3. 图像的添加

添加图像有两种方法。第一种方法是在打开 Ulead GIF Animator 5 窗口的时候，启用动画向导，按照提示添加图像。第二种方法是在建立了动画文档后，单击"文件"菜单下的"添加图像"命令添加图像。第三种方法是单击"标准工具栏"里的"添加图像"按钮，按照弹出的对话框里的提示添加图像。第一节使用的是第一种方法，本节使用的是第二种方法。

使用第二种方法，一次可以添加一张静态图片，也可以添加多张静态图片。添加多张静态图片的时候，计算机会自动把这些图片导入到 Ulead GIF Animator 5 的"对象管理器"面板，同时复制到被选中的帧。如果是在空白动画文档里添加图像，计算机会自动创建一个帧，并把这些图片放置在这一帧里。本节，一次添加了五张怒发冲冠图片，它们都被放置在第一帧里。只不过，它们重叠在一起，我们只看到了一张静态图片而已。如果用鼠标拖动上层的图片，就能够看到其他图片。

4."显示/隐藏"对象按钮

"对象管理器"面板图标右边第一个下陷按钮，叫"显示/隐藏"对象按钮。单击它，可以在打开的帧里显示它；再单击它，它又从打开的帧里消失。利用这个按钮制作动画，操作的过程会更简单一些。

例如，制作《怒发冲冠》这个动画。在导入素材后，单击"帧面板"下边的"相同帧"按钮。单击 4 次，会复制出 4 个相同的帧。每个帧里都有五幅不同的怒发冲冠图片。单击"对象管理器"面板的"显示/隐藏"按钮，使每一帧只显示一张图片。这样，五帧就是五幅不同的怒发冲冠图片。

再如，给动画《怒发冲冠》添加文字"怒发冲冠"。在某一帧输入文字"怒发冲冠"后，"对象管理器"面板里便有了这四个字。如果想在其他帧的同一位置也添加这几个字，只要在打开那个帧的情况下，单击"对象管理器"面板里这四个字的"显示/隐藏"按钮，使其显示出"眼睛"就可以了。比如，要在第二帧添加"怒发冲冠"四个字。先单击"帧面板"里的第二帧，再单击"对象管理器"面板里文字"怒发冲冠"的"显示/隐藏"按钮，使其显示"眼睛"图标就可以了。

5. 背景的删除

删除背景，一般要先选择背景，然后，按键盘上的 Del 键。

选择背景有如下几种方法：

方法一：用"长方形"选择工具。单击"工具"面板上边的"长方形"选择工具→在背景上拖动出长方形选区。

方法二：用"椭圆"选择工具。单击"工具"面板上边的"椭圆"选择工具→在背景上拖动出椭圆选区。

方法三：用"魔术棒"选择工具。单击"工具"面板上边的"魔术棒"选择工具→在"属性"工具栏设置"近似"参数→在背景上单击。

魔术棒是一个选色工具，"近似"参数是选择颜色的范围。"近似"参数越大，选择颜色的范围越宽。单色的背景，"近似"参数一般取 10 以下，渐变的背景，这个参数可以适当大一些。

方法四：用"套索"选择工具。单击"工具"面板的"套索"按钮→在背景上拖动出选区。

各种工具如图 4.17 所示。如果背景是单色的，那么使用"魔术棒"选择工具比较方便。如果背景是图，或者是渐变的，那么先使用"长方形"选择工具和"椭圆"选择工具选择删除一部分，再用"套索"选择工具选择删除比较合适。如果中区的图片上已经有了选区，一定要清除选区，而后再做选择。可以通过"属性"工具栏上的"选择选项"按钮，选择它下边的"不选"达到取消选择的目的。

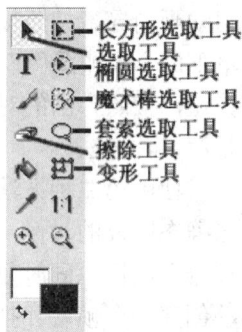

用"魔术棒"选择工具在对象上单击一下，再单击背景，是一种快速选择背景的方法。

图 4.17

注意：删除背景，必须在打开帧的情况下，同时选中"对象管理器"面板里的对象，否则，不能够删除要删除的背景。比如，在"帧面板"打开的是第四帧，而在"对象管理器"面板里选择的是第二帧里的静态图片，如果在中区删除了背景，其实删除的并非第四帧静态图片背景的全部。另外，也可以使用"工具"面板里的"涂擦"工具，在背景上拖放，擦除背景。

6. 文本的添加

在 Ulead GIF Animator 5 的窗口可以添加静态文本，也可以添加动态文本。任务 8 是添加静态文本的实例。

添加静态文本，一般先在一个帧里添加，再把这一帧里的文本复制、粘贴到其他帧。

按照下面的程序操作，可以在没有文本的动画里添加文本：

打开一个帧→单击"工具"面板里的"T"→在"属性"工具栏里设置文字的属性→在中区即在输入文字的地方单击，打开"文本条目"对话框→在对话框里输入文字→单击"确定"按钮。如图 4.18 所示。

单击"帧面板"下边的"添加文本条"按钮，打开"添加文本条"对话框，在这里可以设置动态文本。如图 4.19 所示。

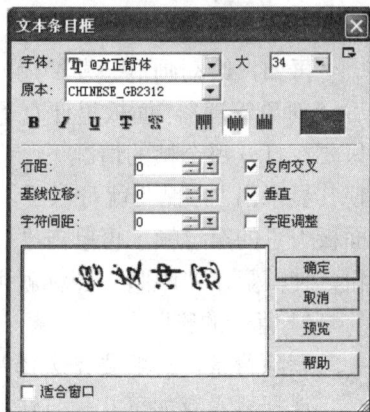

图 4.18

"静态文本"和"动态文本"是对立统一的两个事物。二者可以相互转化。静态文本是相对于动态文本而言的。我们输入的静态文本，最初是在某一帧上显示的，相对于这一帧来说，它是静止不动的。先"复制"再把它"粘贴"到各个帧的同一位置，或者使用"显示/隐藏"按钮，让它在各个帧的相同位置显示。在播放的时候，由于文字在中区的位置没有变化，所以，看到的是静态的文字。但是，如果移动各帧中文字的位置，播放的时候，就会产生动画的效果。这便实现了由静态向动态的转化。添加动态文本，其实是添加了一连串多个有同一文本的帧，在这些帧中文本的位置不同的。所以，播放的时候，能够看到的文字是运动的。如果把各个帧中的文字调整到同一位置，那么播放的时候，就看不到动画效果。这便实现了由动态向静态的转化。

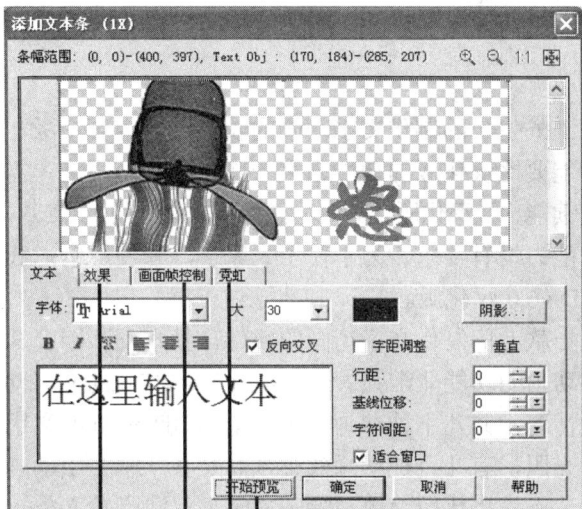

　　　　单击这里可以预览动画效果
　　　在这里可以设置文字的艺术效果如发光效果
　　在这里设置动画的速度
在这里设置文字进场和退出的艺术效果

图 4.19

【读者演练】

　　为《小马过河》制作动态的课件题目。
　　（1）文字"小马过河"闪动出现。
　　（2）文字"小马过河"上下来回移动。
　　（3）文字"小马过河"不断放大缩小。
　　（4）文字"小马过河"呈不同颜色闪动。

第五章　文字动画软件 Xara 3D v6.0

Xara 3D v6.0 是国外生产的制作文字动画的软件，有纯英文版和汉化版。英文版的功能要比汉化版的功能强大一些，但是使用它，需要具有一定的英语阅读能力。汉化版，虽然功能比英文版弱了一点儿，但是对使用者的英语能力没有要求。为了便于大家学习和使用它，我们在这里介绍 Xara 3D v6.0 汉化版。

Xara 3D 文字动画制作

Xara 3D v6.0 是一款专门制作文字动画的软件，基本上不涉及其他对象的动画，文字动画的功能非常强大。Powerpoint 2010 的文字动画，包括文字的进入、退出、强调三种情况，共几十种动画效果；Xara 3D v6.0 的文字动画，包括文字的进入、退出、材质、光照，有几百种动画效果，而且在一个文字动画里可以包含两个和两个以上的文字动画。操作也比较简单，除了文字需要我们输入外，动画效果完全是通过点击鼠标获得的，是一个非常优秀的文字动画软件。

Xara 3D v6.0 是一个需要安装的软件。安装非常简单。

使用这个软件可以制作三维的文字动画，也可以制作二维的文字动画，软件默认的是三维文字动画。对文字的厚度参数做一些修改，就可以获得二维的文字动画。

这一章，通过两个制作文字动画的实例，来介绍 Xara 3D v6.0 的功能和使用方法。

第一节　旋转的课题

【编写意图】

（1）介绍 Xara 3D v6.0 汉化版的安装方法。

（2）介绍 Xara 3D v6.0 汉化版的打开方法。

（3）介绍 Xara 3D v6.0 汉化版的窗口。

（4）介绍使用 Xara 3D v6.0 汉化版制作文字动画的基本操作方法。

任务：使用 Powerpoint 2010 制作学前教育课件《感知方位》，主讲人为河南省邓州市绿荫幼儿园黄老师。使用 Xara 3D v6.0 汉化版把课题和主讲人信息制作成旋转的动画，以便于插入到课件中。

任务分析：这里不是制作完整的课件，而是制作课题的文字动画和主讲人信息的文字动画。可以把课题制作成一个动画，把主讲人信息制作成另一个动画，也可以把二者放置在一起制作出一个动画。即一个动画里既有课题也有主讲人信息，而且都在动。Xara

3D v6.0 汉化版提供的模板中有两个文本同时运动的动画，因此，我们把课题和主讲人信息制作成一个动画。

　　制作文字动画，首先得有文字，没有文字即没有制作动画的主体，就无法制作动画。所以，在打开了 Xara 3D v6.0 汉化版窗口之后，首先要输入课题"感知方位"，然后，才能够对这个文本进行设置，修改或者添加一些动画的要素。

【任务分解】

　　任务 1：安装 Xara 3D v6.0 汉化版。

　　假定 Xara 3D v6.0 汉化版放置在计算机 E 盘下的"文字动画软件"文件夹里。

　　操作方法：打开"E:\文字动画软件"→双击"Xara 3d.exe"的图标"3D"→单击"下一步"按钮→单击"安装"按钮→单击"完成"按钮。

　　任务 2：打开 Xara 3D v6.0 汉化版。

　　操作方法：双击桌面上的 Xara 3D v6.0 汉化版快捷方式图标"3D"。得到如图 5.1 所示窗口。

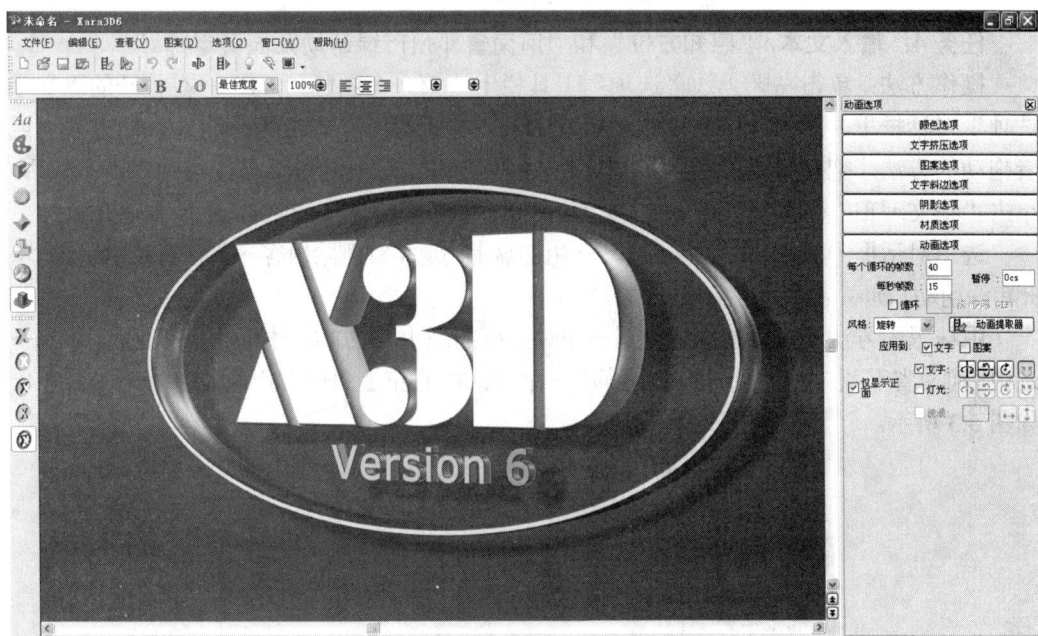

图 5.1

　　任务 3：认识 Xara 3D v6.0 汉化版的窗口。

　　为了便于叙述，把窗口分成四个区域，上边的区域叫作上区，左边的区域叫作左区，右边的区域叫作右区，中间的黑色长方形区域叫作中区。中区，一般放置有菜单栏、标准工具栏、文字工具栏和时间线。如图 5.2 所示。

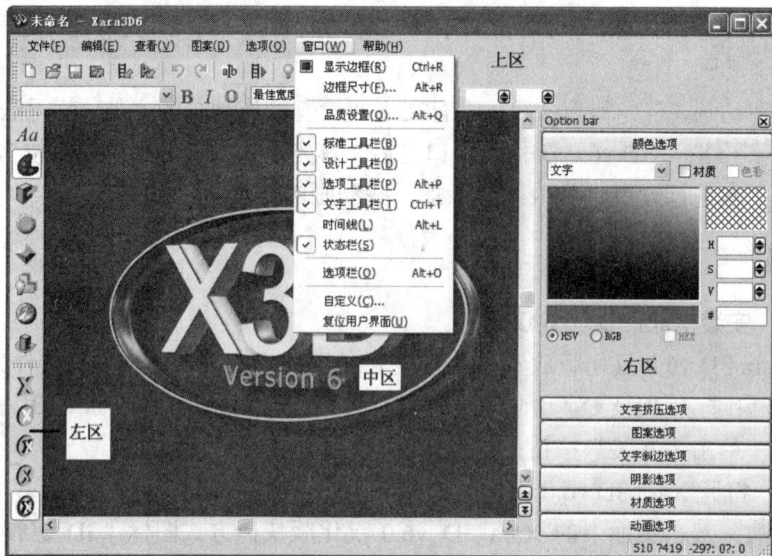

图 5.2

任务 4：输入文本，"感知方位"和"河南省邓州市绿荫幼儿园黄老师。"

操作方法：单击左区上边"选项"工具栏上边第一个图标"Aa"→在打开的"文字选项"对话框里，用抹黑的方法选中"X3D"→输入"感知方位"→用输入的方法，或者拖动的方法，把对话框上边"纵横比"调整为 150%→拖动对话框左边的"滑动块"，单击"华文琥珀"字体→在对话框的上边把"行间距"调整为 180%。

选中对话框中的小字"version 6"→用键盘上的退格键删除内容→重新输入"河南省邓州市绿荫幼儿园黄老师"。

用抹黑的方法选中"感知方位"→在对话框的左上角的"字体尺寸"修改成 200%→选中"河南省邓州市绿荫幼儿园黄老师"→在对话框的左上角的"字体尺寸"修改成 50%。如图 5.3 所示。

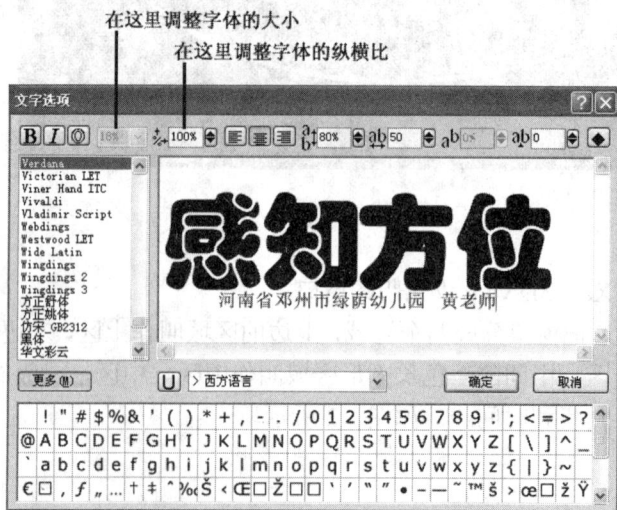

图 5.3

单击"确定"按钮，关闭对话框，看到中区的文字发生了改变。如图 5.4 所示。

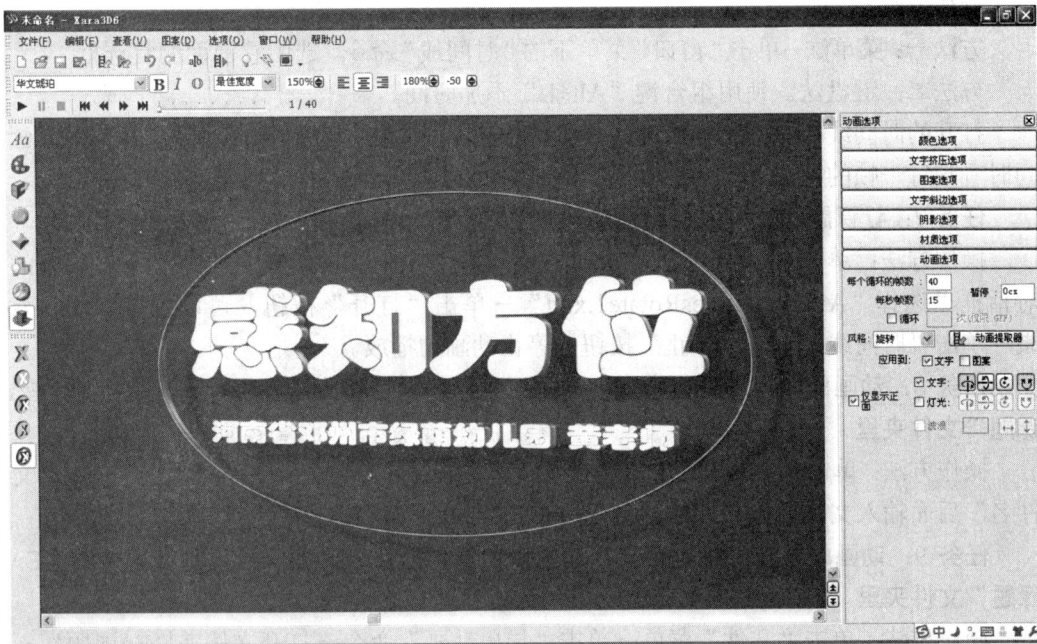

图 5.4

任务 5：去掉文字周围的椭圆。

操作方法：单击左区的"文本"按钮，文字周围的椭圆边框被去掉。得到如图 5.5 所示效果。

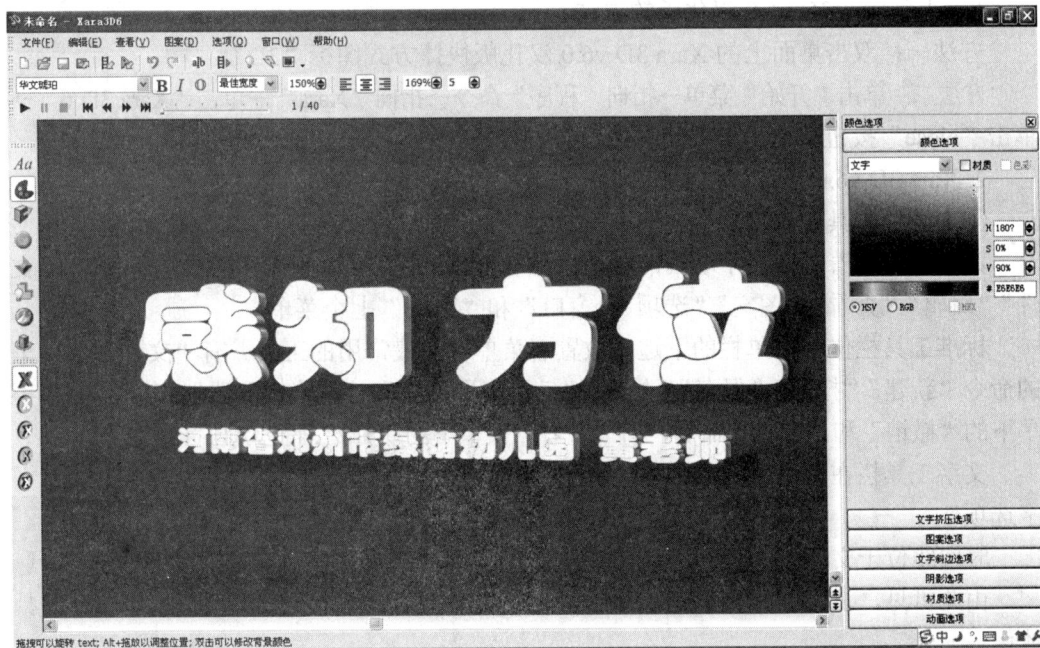

图 5.5

任务 6：在上区添加"时间线"。

操作方法：

方法一：菜单法。单击"窗口"菜单下的"时间线"命令，选中它前面的复选框"✓"。

方法二：键盘法。使用组合键"Alt+L"添加时间。

打开的时间线在上区，使用时间线上的按钮，可以播放动画、停止动画、暂停动画同时看到每一帧的情况。

任务 7：让课题和主讲人分别运动。

操作方法：单击左区的"动画"选项→在右区单击"动画提取器"按钮→在打开的对话框里选择"AlternateLinesRotate1.x3d"→单击"打开"按钮，可以预览到动画效果→单击"时间线"上的"停止"按钮，停止动画的播放。

任务 8：动画的保存。把这个文字动画以"课件题目"为题，保存到计算机的"E:\课题"文件夹里。

操作方法：单击"文件"菜单→选择"保存"命令→找到文件夹"E:\课题"→在"文件名"后面输入文件名称"课件题目"→单击"保存"按钮。

任务 9：动画的导出。把这个文字动画以"课件题目"为题，导出到计算机的"E:\课题"文件夹里。

操作方法：单击"文件"菜单→单击"导出动画"命令→打开文件夹"E:\课题"→在"文件名"输入"课件题目"→单击"保存"按钮→在弹出的对话框里单击"保存"按钮。

【理论升华】

1. 启动 Xara 3D v6.0 汉化版的方法

方法一：双击桌面上的 Xara 3D v6.0 汉化版快捷方式图标"3D"。

方法二：单击"开始"菜单→指向"程序"命令→指向"Xara"→单击"Xara 3D 6"→单击"close"按钮→单击"关闭"按钮。

2. Xara 3D v6.0 汉化版的窗口

①上区的工具栏。

菜单栏存放着制作文字动画的所有命令和工具，是文字动画制作的根本所在。有"文件""编辑""查看""图案""选项""窗口"和"帮助"七个菜单。

标准工具栏位于菜单栏的下边。放置着菜单栏中最常用的工具。有"文件"菜单里的命令"新建""打开""保存""导出""动画提取器"和"风格提取器"，有"编辑"菜单下的"撤销"和"重做"命令，有"查看"菜单下的"开始\停止动画"命令等。

文字工具栏在标准工具栏的下边。放置着"查看"菜单下的"文字"命令下的"文字选项"。

时间线位于文字工具栏的下边。放置着"查看"菜单下"开始动画"命令里的工具。

由此可见，上区中，菜单栏以外的工具栏都来自菜单栏，是菜单栏中一些命令的具体化。

②左区的工具栏。左区分为上下两个部分，上边是"选项"工具栏，下边是"设计"

工具栏。

选项工具栏，是"选项"菜单的具体化，以按钮的形式放置着"选项"菜单下的所有命令，用来修改文本动画的属性，有"文字""颜色""挤压""图案""斜边""阴影""材质"和"动画"八个选项。

设计工具栏，是"图案"菜单的具体化，以按钮形式放置着"图案"菜单下的所有命令，用来设计文本对象的样式，有"文本""按钮""平板""平板镂空"和"边框"五个按钮。

③右区。右区放置有"颜色""挤压""图案""斜边""阴影""材质"和"动画"七个选项，与左区中的"颜色""挤压""图案""斜边""阴影""材质"和"动画"七个选项相对应。在左区单击一个选项按钮，打开右区的该选项。比如在左区单击"挤压"选项按钮，右区中"文字挤压选项"工具箱便被展开。

④中区。即窗口中间的区域，是展示文字动画效果的地方。中区隶属于右区和上区；右区隶属于左区，是左区的具体化；左区和上区除菜单栏外的工具栏，均隶属于菜单栏。因此，制作文字动画，可以有两条途径，一条是使用菜单栏制作，一条是使用左区、右区和上区中的工具栏制作。

3. 文字的输入

打开文字输入对话框的方法有三种。

方法一：按钮法。单击左区中的按钮"Aa"。

方法二：菜单法。单击"选项"菜单下的"文字"命令。

方法三：键盘法。按住键盘上的 Alt 键，按"T"键。

在"字体选项"对话框里，可以重新输入文本，在选择了字体以后，可以修改它的属性。如图 5.6 所示。

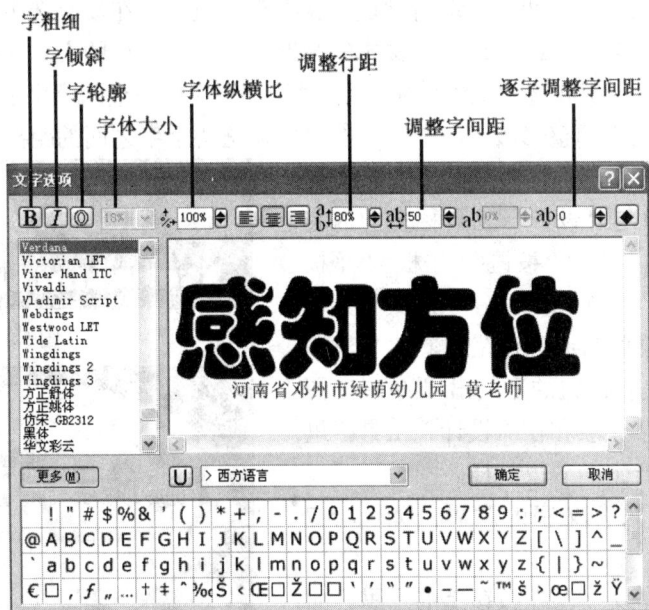

图 5.6

　　每当打开 Xara 3D v6.0 汉化版，就可以看到一个动画的文字。这说明，Xara 3D v6.0 汉化版提供了文字动画的模板，所谓的制作文字动画，其实是修改已经有的文字动画，获得新的文字动画。当打开"文字选项"对话框的时候，会在这个对话框里看到计算机默认的文字动画模板里的内容，它由两行文字组成。只要把文字修改成我们需要的文字，就可以得到想要的文字动画。我们制作文字"感知方位"和"河南省邓州市绿荫幼儿园黄老师"的动画，其实是把动画模板中的文字"X3D"和"version 6"的文字修改成"感知方位"和"河南省邓州市绿荫幼儿园黄老师"，而动画的效果仍旧是原来的。

　　修改文字的方法很简单，把原来的文字删除掉，重新再输入新的文字，就可以了。

　　在文字的后面单击，把光标放到文字的后面，按"回车"键，可以另起一行。增加的行也可以产生动画效果。其动画效果可以和上一行一样，也可以和上一行不一样，关键是看从动画库中提取的动画是什么样的模式。有的动画模式是与相邻行的动画效果一样，有的动画模式是与相邻行的动画效果不一样。要想使新增的行的动画和上一行的动画不一样，只要选择邻近行动画效果不一样的模式即可。

　　对话框上边，自左边起第三个按钮叫作"轮廓"按钮，在不选择的情况下，单击它可以使所有的文字都显示轮廓，再单击又会显示文字的全部。如果选择了文字，那么它只对选中的文字起作用，对没有选择的文字不起作用。

　　左起第四个是"字体尺寸"列表框，在选择了文字后起作用，如果不选择文字，那么它是灰色的，不能够被操作。可以通过单击它右边的倒三角，选择文字的大小，也可以通过键盘输入数据来改变字体的大小。

　　对话框上边有四个增减值按钮，左边第一个叫"纵横比"文本框，第二个叫"行间距"文本框，第三个叫"跟踪"文本框，第四个叫"字间距"文本框。调整参数的方法有两种：方法一：直接选中文本框里的数值，通过键盘重新输入数据。方法二：单击文本框右边的"增减值"按钮，拖动滑动块，获得新的数据。在没有选中文本的情况下，操作对所有的文本起作用；在选择了文本的情况下，仅对选择的文本起作用。其中"跟踪"可以调整所有文字和选中文本的字间距；"字间距"只调整两个字之间的间距。光标放在哪两个字之间，调整修改"字间距"的参数，这两个字之间的距离将被改变。

　　4．"图案"菜单与"设计"工具栏

　　"图案"菜单与"设计"工具栏里的内容是一样的，都是"文字""按钮""平板""平板镂空"和"边框"五个内容。在"图案"菜单里，这五项是以菜单的形式存在的，在"设计"工具栏里，它们是以按钮的形式出现的。在"图案"菜单里选中某一项和在"设计"工具栏里单击这项按钮，产生的效果一样。

　　"文字"，即只有文字的意思。如图 5.7 所示。

　　"按钮"，即把文字写在按钮上的意思。如图 5.8 所示。

图 5.7

图 5.8

"平板"，即把文字以浮雕的形式写在按钮上。如图 5.9 所示。

"平板镂空"，就像在石碑上刻字一样，在按钮上挖出文字。如图 5.10 所示。

"边框"，即给文本添加边框的意思。如图 5.11 所示。

5. 动画的播放和控制

要想知道制作的动画效果如何，就要播放动画。"时间线"是播放、观察和控制动画的工具。单击"窗口"菜单下的"时间线"命令或使用"Alt+L"键，可以打开"时间线"工具栏。打开的"时间线"工具栏位于上区，如图 5.12 所示。

"时间线"左边的按钮和一些视频播放器或者音频播放器上的按钮形状一样，作用也一样。右边的 19/40，是指这个动画一共有 40 帧，当前看到的是第 19 帧。播放动画的时候，"时间线"上的"滑动块"会移动，指示着当前动画的位置。

6. 动画的提取

动画提取，即从动画库中提取动画形式加载到已知文字上的意思。比如，前面讲到的，使课题和主讲人都动起来的操作过程。

打开"动画提取器"的方法有四种。

方法一：左区按钮法。单击左区的"动画"选项按钮→单击右区的"动画提取器"按钮。

方法二：右区按钮法。单击右区的"动画"选项按钮→单击右区的"动画提取器"按钮。

方法三：键盘法。使用组合键"Ctrl+Shift+A"。

方法四：菜单法。单击"文件"菜单→选择"导入动画"命令。

打开后的"动画提取器"如图 5.13 所示。

单击其中一种动画名称，在对话框的下面观看效果，如果满意，单击"打开"按钮，就把这个动画加载到文字上了。

7. "保存"与"导出动画"

"保存"和"导出动画"都是"文件"菜单下的命令。保存的文件默认的格式是 X3D，记录了制作动画的过程，打开后可以继续制作。导出的文件默认格式是 gif，这是一种产品动画的格式，没有制作动画的过程，不便于进一步加工。

图 5.9

图 5.10

图 5.11

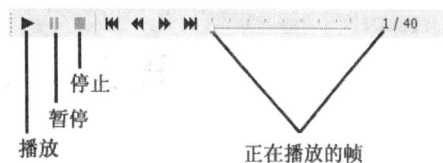

图 5.12

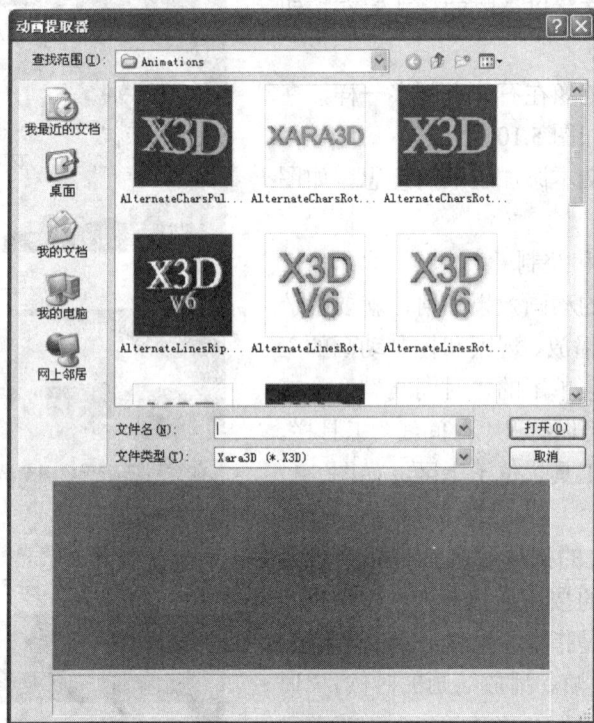

图 5.13

【读者演练】

做一个学前教育动画课题。

第二节　让课件内容更精彩

【编写意图】

介绍"选项"菜单下的一些命令。制作一个说课课件。分为"说教材""说课程标准""说教学目的""说学生情况""说教学重难点""说教学方法""说教学过程"和"说板书"八个方面。

任务：让这些说课环节的题目动起来。

以"说课程标准"为例，使这几个字带上菱形边框，文字设为绿色，边框设为红色菱形、宽150像素、圆边，有纹理的二维动画。

任务分析：首先是输入文字。Xara 3D v6.0汉化版提供的动画模板是两行文字，这里只需要一行，要把其中一行文字删除掉。Xara 3D v6.0汉化版把每一行文字、边框和按钮分别看作一个对象，可以进行独立设置。因此，选择这些对象，分别设置它们颜色、纹理、宽度、斜边等。

扫一扫

让课件内容更精彩

【任务分解】

任务 1：输入文字"说课程标准"。

操作方法：单击左区选项工具栏的"Aa"按钮→在打开的"文字选项"对话框里，用抹黑的方法选中"X3D"→输入"说课程标准"→在对话框的左侧选择"华文隶书"→单击"说"和"课"字之间的位置，使红色光标位于其中→双击"字间距"文本框，输入 400→双击对话框中的"version 6"，按键盘上的"Del"键，删除这一内容→单击"确定"按钮。

任务 2：把文字的颜色调整为绿色，边框颜色调整为红色。

操作方法：单击左区选项工具栏上边的"颜色"选项按钮→在右区，单击"颜色条"上的绿颜色→单击"文字"后面的倒三角→在下拉列表中单击"边框"→再单击"颜色条"上的红色。

任务 3：把文字设置成二维的，边框设置成三维的，厚度为 50。

操作方法：单击右区的"文字挤压"选项按钮→勾选"文字"，取消勾选"图案"→把"厚度"的参数修改为 0→勾选"图案"，取消"文字"→把"厚度"的参数修改为 50。如图 5.14 所示。

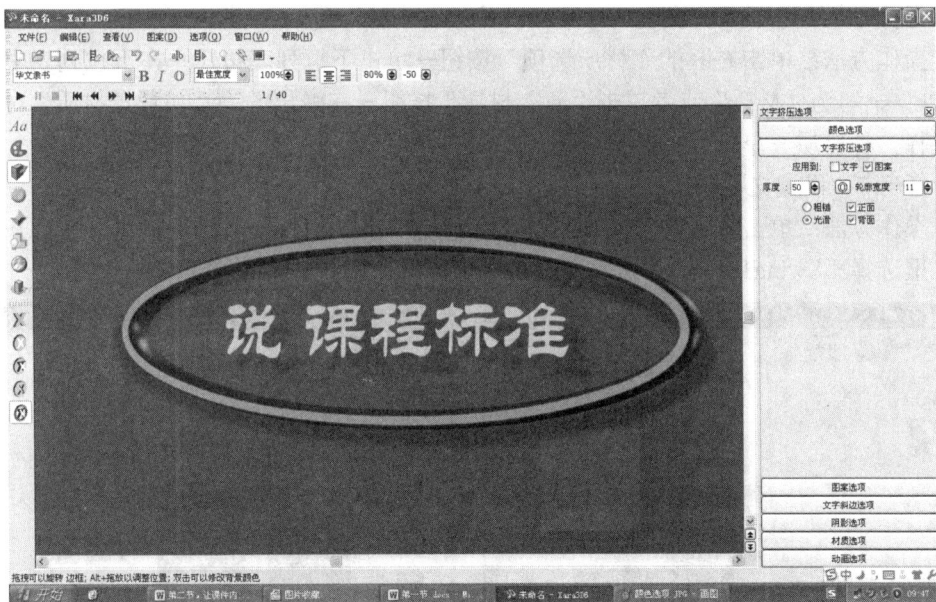

图 5.14

任务 4：设置边框为菱形，宽度为 150。

操作方法：单击右区的"图案"选项按钮，打开"图案"选项工具箱→单击工具箱里左边的倒三角，选择下拉列表中的"边框"→单击右边的倒三角，选择下拉列表中的"菱形"→把"相框宽度"的值修改为 150→拖放"伸展"右边的"增减值"滑动按钮，使菱形的宽高比合适→拖动"角落"后面的"增减值"滑动按钮，使菱形的四个角平滑美观。如图 5.15 所示。

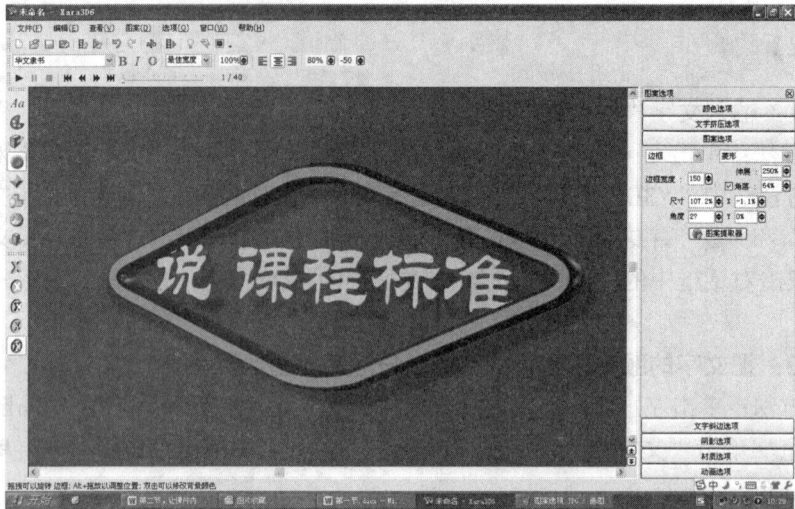

图 5.15

任务 5：设置边框的斜边为圆角。

操作方法：单击右区的"文字斜边"选项按钮→勾选"图案"，取消勾选"文字"的选择→点选"圆角"。

任务 6：给边框添加纹理。

操作方法：单击右区的"材质选项"按钮→单击下拉列表按钮→在下拉列表中选择"边框"→勾选"材质"或者单击"载入材质"按钮→在弹出的"添加背景材质"对话框中选择一种材质→单击"打开"按钮。如图 5.16 所示。

任务 7：设置文字动画。

操作方法：单击右区的"动画"选项按钮→单击"动画提取器"按钮→在打开的文本框里选择"Swing1bWave.x3d"→单击"打开"按钮。如图 5.17 所示。

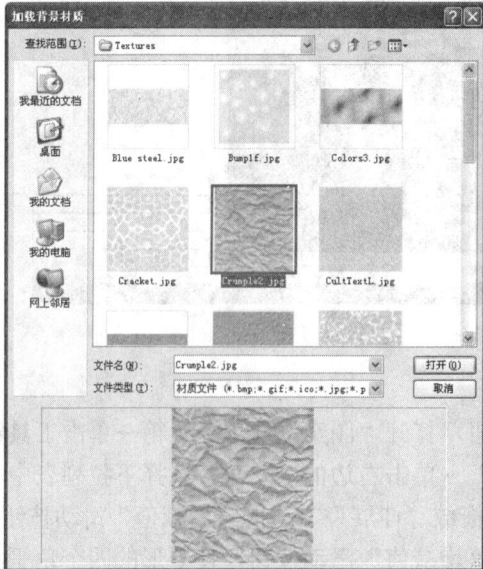

图 5.16

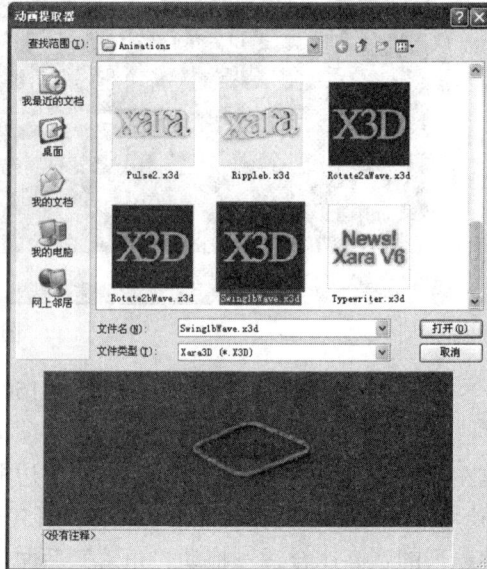

图 5.17

【理论升华】

1. 颜色

文字、边框、按钮等，一切对象的颜色都在"颜色"选项工具箱中调整。单击左区选项工具栏里上边的"颜色"选项按钮，或者单击右区里的"颜色选项"按钮，或者单击"选项"菜单下的"颜色"命令，都可以打开"颜色"选项工具箱。"颜色"选项工具箱位于右区，如图 5.18 所示。

上边的"v"是下拉列表按钮，单击它可以打开下拉列表框，显示计算机可以改变颜色的对象。这些对象有文字、文字的正面、文字的侧面、边框、边框和文字、边框和文字的侧面、背景、灯光 1、灯光 2、灯光 3 和阴影。单击其中的任意一项，就决定要对这一对象进行颜色设置。如果要设置边框的颜色，就单击"边框"二字。

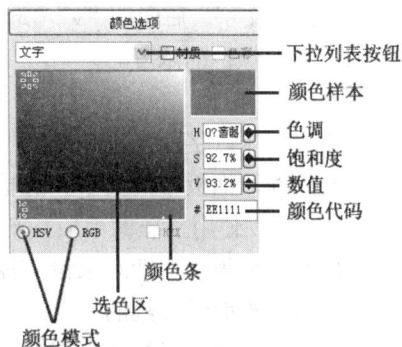

图 5.18

颜色条在工具箱的下边，赤橙黄绿青蓝紫各种颜色在这里按照一定的顺序排列着，两边是暖色，中间是冷色。单击某种颜色，对象就变成这种颜色。比如，在选择了"边框"后，再单击"颜色条"上的红色，边框便变成了红色。

"色调"文本框位于工具箱的右边，其作用和"颜色条"一样，也是选择颜色的，不过选择的方法不同。在"色调"文本框里输入的数值不同，得到的颜色也不同；拖动它右边的"增减值"滑动按钮，可以改变文本框里的参数，向上拖增大数值，向下拖动减少数值。比如，把"颜色"文本框里的参数修改成 0，对象变成蓝色；把"颜色"文本框里的参数修改成 555，对象就会变成红色。

工具箱的右下角是颜色代码，在这里输入某种颜色的代码，对象就可以显示这种颜色。比如，在这里输入 06F100，对象的颜色就变成绿色。

颜色是有浓度的，比如说红色，红到什么程度呢？颜色的浓度可以在选色区、饱和度文本框、数值文本框里进行设置。选项区的左上角是我们在"颜色条"中选中的颜色，右边是白色，下边是黑色，从左向右，颜色逐渐变白，自上而下，颜色逐渐变黑。在选色区，向右单击鼠标，减少在"颜色条"中选择的颜色，增加白颜色；向下单击鼠标，减少在"颜色条"中选择的颜色，增加黑颜色。这样的操作，其实是改变了在"颜色条"中选择的颜色与白色和黑色的比例。

在这个工具箱里，所谓的饱和度，指的是在"颜色条"中选择的颜色与白色的百分比。如果选择的是红色饱和度的百分数越大，红色越多，颜色越红；饱和度的百分数越小，红色越少，颜色越淡。假若在颜色条中选择的是红色，饱和度为 0%，那么说明红色没有了，只有白色。

"数值"文本框在工具箱的右边，显示的是在"颜色条"中选择的颜色与黑色的百分比。百分比越大，在"颜色条"中所选择的颜色浓度越高，黑色的比例越少。数值百分比为 0%，即只有黑色。

如果对动画的颜色没有特殊的要求，那么一般对颜色的模式不做选择，而是使用默认模式。

给对象指定颜色，一般按照下面的步骤操作：

单击"文字"后面的"v"，选择设置颜色的对象→在"颜色条"上选择颜色→在"选色区"调整颜色的浓度。

2. 文字挤压

文字挤压，字面意思是改变文字的厚度。Xara 3D v6.0 汉化版是一款制作三维文字动画的软件，面板中的文字、边框等对象都是三维的。我们可以使用挤压的手段，来改变对象的厚度。若对象的厚度为 0，即对象没有厚度，说明文字已经不再是三维而是二维的了。

挤压文字要使用挤压文字的工具。单击右区的"文字挤压"选项按钮，可以打开文字挤压工具箱。如图 5.19 所示。

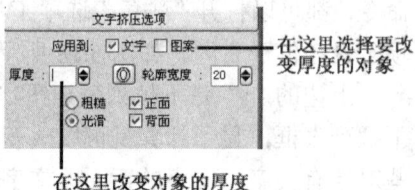

图 5.19

使用"文字挤压"工具箱里的工具，不但能够改变文字的厚度，也可以改变其他对象的厚度，比如，边框的厚度。工具箱里的"文字"指的是文字对象；"图案"指的是其他对象，诸如，边框、按钮等。挤压对象一般要先选择要挤压的对象，然后再修改其厚度。

3. 图案选项

图案选项是针对文字以外的对象而言的。单击右区的"图案"选项按钮，可以打开"图案"选项工具箱。如图 5.20 所示。

单击"图案类型"文本框右边的下拉列表按钮，可以选择图案的类型，有"文字""按钮""平板""平板镂空"和"边框"。单击"图案形状"文本框后面的下拉列表按钮，弹出几种基本的形状：圆形、矩形、圆角矩形、斜角矩形、凹角矩形、菱形、三角形、倒三角形、八边形等。可以在这里选择需要的形状。如图 5.21 所示。

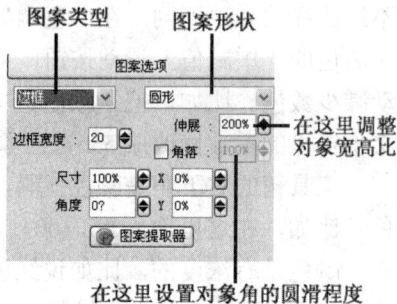

图 5.20

Xara 3D v6.0 汉化版的开发者，制作了 14 种常用的形状，在安装这个软件的时候，被复制粘贴在计算机的 C:\Program Files\Xara3D\Designs 里。"图案"选项工具栏里的"图案提取器"与这个文件夹相连接。单击"图案提取器"按钮，便可打开文件夹 C:\Program Files\Xara3D\Designs，在这里可以选择所需的形状。

选择了某种形状之后，在中区会出现这一形状。但是这些形状未必就符合我们的要求。因为软件的

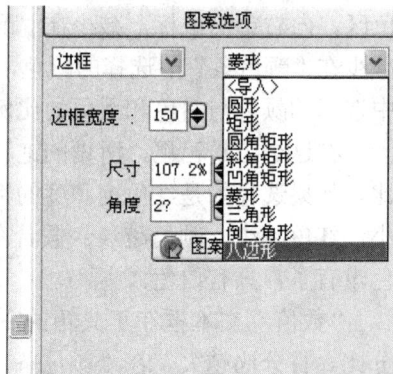

图 5.21

开发者并不知道我们要做一个什么样的课件，需要什么样的形状，而是根据大多数人的需要来设计软件中的形状。所以，计算机默认的形状常常不符合我们的要求。比如，我们选择菱形，计算机默认的菱形是一个正菱形，两条对角线是一样长的。而"说课程标准"的外观是一个水平放置的长方形，因此，想让菱形和文字协调一致，就需要改变菱形的宽高比。"伸展"文本框是用来调整对象的宽高比的，其中的百分数是对象宽与高的百分比，这个数越大，对象越宽，高度越低。我们常常通过在"伸展"文本框里输入参数，或者拖动"伸展"文本框右边的"增减值"滑动按钮，来改变对象的宽高比。

工具箱里的"尺寸""角度""X"和"Y"，都是针对文字而言的，修改这里的参数，可以改变文字的大小、倾斜角度和位置。

4. 材质

材质，即材料的质地。Xara 3D v6.0 汉化版的开发者，选择了 21 种纹理，在安装这个软件的时候，被安装在计算机的 C:\Program Files\Xara3D\Textures 文件夹下。"材质"选项工具箱里的"载入材质"按钮与这个文件夹相连接。单击"载入材质"按钮，可以打开这个文件夹。

Xara 3D v6.0 汉化版，允许用户选择其他材质，甚至可以把使用手机或者数码照相机拍摄的照片作为材质使用，加载到对象上。在单击"载入材质"按钮打开对话框后，选择你喜欢的图片打开，被打开的图片便被贴在对象的表面。如图 5.22 所示。

如果加载的对象是不宽的边框，是纹理，那么对材质的大小、角度、位置没有严格的

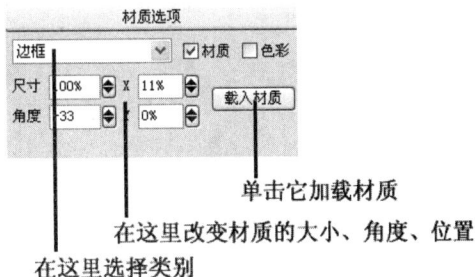

单击它加载材质
在这里改变材质的大小、角度、位置
在这里选择类别

图 5.22

要求。如果加载的对象是按钮，是照片，那就需要认真调整材质的大小、角度和位置了。比如，向按钮上加载一幅包含有人物的照片，很可能主人公的头像不在中心的位置，这就需要通过调整材质的大小、角度和位置，使主人公在一个合适的位置。

5. 文字动画制作的小技巧

当我们打开 Xara 3D v6.0 汉化版的窗口之后，首先看到的是一个文字动画，这个动画是 Xara 3D v6.0 汉化版样本库中的一个样本。我们在安装这个软件的时候，把样本库安装到了 C:\Program Files\Xara3D\Samples 的文件夹下。这个样本库里有 90 个精彩的文字动画样本。打开这个样本库，从中选择一个最理想的样本，把文字修改一下，就得到了想要的文字动画。

【读者演练】

为幼儿园的课件做一个文字动画标题。

第三部分 声音

　　声音是课件中的重要元素。课件的开始和结尾，以及学生演练的时候，有营造教学情景的背景音乐；页面切换、对象进入、退出、强调的时候，有提醒学生注意的装饰音；朗诵课文和解释课文内容，有时候也会有声音。要制作课件，就要学会获得声音和处理声音。在这一部分，将向读者介绍两个软件，一个是把文字转换成声音的软件，另一个是记录声音、编辑声音的软件。

第六章　把文字转换成声音的软件 Magic Voice

Magic Voice，也叫方正畅听，是把文本文件转换成声音文件的软件。它的这个功能对于课件制作人来说是很重要的。制作语文、英文课件，有时候需要朗读生字词的声音，朗读课文的声音，制作其他学科课件，有时候需要朗读重点内容的声音。如果能够从网络上下载，那是最好不过的了。如果能够请来普通话说得好的人进行录音，那也是可以的。问题是在很多种情况下，从网络上找不到合适的声音，也请不到普通话说得标准的人。特别是农村的幼儿教师，聘请普通话大师几乎是不可能的。有了 Magic Voice，这些问题都可以迎刃而解。因为只需要把要说的话输入计算机里，建立一个文本文档，Magic Voice 就能够把你输入的汉字转换成普通话。它不但能够把文字转换成普通话，而且还能够把它转换成英语、四川话、男人的话、女人的话、大人的话、小孩子的话。

输入汉字是一件容易的事情，会用电脑的人，都会输入汉字。所以，只要会使用电脑的人，学习了这款软件，都能够随心所欲地制作普通话文件。下面仅举一例说明这个软件的使用方法。

任务：给古诗词《咏鹅》配音。

任务分析：使用 Magic Voice 给《咏鹅》配音，必须具备两个条件，一个是计算机上安装有 Magic Voice，另一个是有《咏鹅》的文本文件。先安装 Magic Voice，再使用 word 建立一个 doc 文本文件，然后，使用 Magic Voice 把这个文本文件转换成声音文件。

【任务分解】

任务 1：建立《咏鹅》文本文件。并以"咏鹅"为名保存到"E:\字音转换"文件夹。

操作方法：打开 Word 2010 窗口→输入古诗《咏鹅》的内容→保存到"E:\字音转换"文件夹。

任务 2：打开 Magic Voice。

操作方法：

方法一：双击桌面上的"方正畅听"图标。

方法二：单击"开始"菜单→指向"程序"→指向"方正畅听"→单击"方正畅听"。

任务 3：认识方正畅听窗口。

方正畅听的窗口如图 6.1 所示。

窗口分上中下三个部分，中间是主窗口，上边是字幕显示窗，下边是播放列表框。各个部分都有显示其功能的文字标示，可以根据文字标示大致想到各个部分的作用和操作的方法。

任务 4：把《咏鹅》添加到 Magic Voice 的窗口。

操作方法：单击播放列表下边的"添加"按钮→打开文件夹"E:\字音转换"→双击"咏鹅"。如图 6.2 所示。

任务 5：选择播音人为青年女声。

操作方法：单击主窗口左下角的"播音人"按钮→单击"青年女声"。如图 6.3 所示。

任务 6：试听。

操作方法：单击主窗口的"播放"按钮。

任务 7：导出声音。把朗诵的声音保存成 mp3 格式，以"朗诵咏鹅"为名，保存到文件夹"E:\字音转换"。

操作方法：单击"播放列表"右下角的"导出"按钮→单击"输出文件"后面标示为"……"的按钮→打开文件夹"E:\字音转换"→输入文件名"朗诵咏鹅"→单击"保存"按钮→单击"导出 MP3"对话框中的"开始"按钮→当出现 100%后，单击"关闭窗口"按钮。如图 6.4 所示。

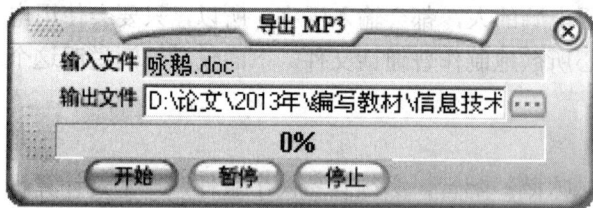

图 6.4

图 6.1

图 6.2

图 6.3

【理论升华】

1. 辅助窗口的展开与收缩

Magic Voice 的窗口由上中下三部分组成，中间是主窗口，上下是辅助窗口。辅助窗口可以关闭，也可以展开。

上边是字幕窗口，展示的是朗读的文字，朗读到哪些文字，那些文字便显示在这个窗口中。单击主窗口右下角的"字幕"按钮，可以打开字幕窗口，再单击这个按钮，字幕窗口与主窗口分离；再单击这个按钮，字幕窗口被关闭。

下边是播放列表窗口，显示的是打开的文字文档，可以存放多个文字文档，单击哪一个文字文档，这个文字文档被选中。选中的文字文档，可以播放出声音，转换成声音文件。在这个辅助窗口，可以添加文字文档，删除文字文档，导出声音文件。单击主窗口下边的"播放列表"按钮，可以打开这个窗口，再单击这个按钮，关闭这个窗口。

2．播音人

播音人，即朗读文本的人。有三种播音人：青年女人、青年男人、女孩子。朗读出五种声音：青年女声、青年男声、童年女声、青年女声四川话、青年女声英语。单击"播音人"按钮，展开下拉列表，单击下拉列表中的播音人，可以获得朗诵声音。

3．背景音乐

软件的开发者给朗读的声音准备了 6 种背景音乐：轻快活泼的、婉转悠扬的、哀思忧韵的、荡气回肠的、故乡情怀的和异域风情的。如图 6.5 所示。单击"背景音乐"按钮，可以打开背景音乐的下拉列表，单击其中的一种音乐，播放的时候，就可以听到该背景音乐，而且导出的声音文件里，不但有朗读的声音，也有背景音乐的声音。如图 6.5 所示。

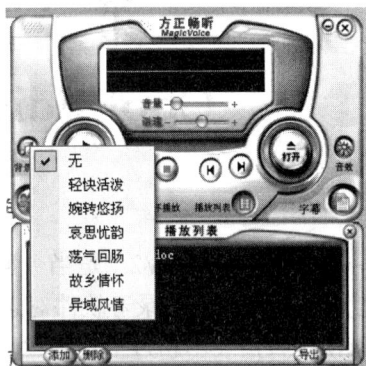

图 6.5

4．音效

开发者为用户提供了三种音效：忽远忽近、山谷回音和大厅混响。单击主窗口右边的"音效"按钮，可以打开音效列表，在此选择需要的音效。如图 6.6 所示。

5．文本文件的添加

添加的方法有两种，一种是使用"播放列表"窗口的"添加"按钮，另一种是使用主窗口的"打开"按钮。

6．字音的转换

字音转换的操作步骤为：添加文本文件→选择播音人、背景音乐和音效→播放试听→修正文字→导出音频文件。

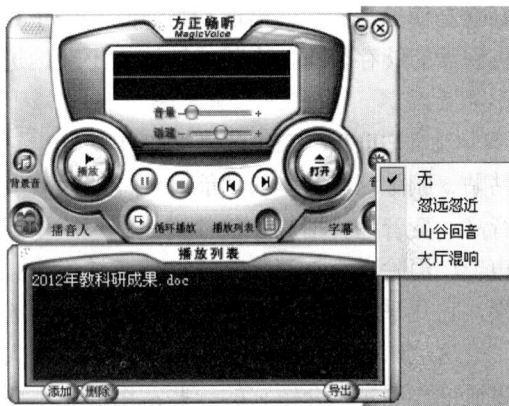

图 6.6

播放一次后，再导出音频文件，这样的效果和声音品质要好一些。软件是以字或者词为单位发音的，而字和词都有多音的情况，即多音字和多音词。如果在试听的时候发现读音不准确，那么就要修改文本，用能够发音准确的字词替换发音不准确的字和词。用来替换的字和词，可以是白字和白词。

转换成的音频文件只有 mp3 一种格式，如果意欲获得其他音频格式，那么可以使用音频转换软件进行转换。

第七章　声音的录制软件
Cool Edit Pro V2.1 简体中文版

Cool Edit Pro V2.1 是当今世界上比较流行的记录声音和制作声音的软件。它的录音功能强大。有一些录音软件对录音的时间有一定的限制。比如，Windows 自带的录音机，每次录音最长不超过 1 分钟，到了 1 分钟，计算机会自动停止录音。有些录音软件会随着录音时间的延长，记录到的声音品质也随之降低。这些给用户带来许多不方便。假若使用 Windows 自带的录音机记录超过 1 分钟的歌曲，那么必须抓住时机进行续录，弄不好就会使记录的声音出现断痕。而 Cool Edit Pro V2.1 对录音的时间没有限制，只要计算机硬盘能够存得下，它就能够连续不断地进行声音的记录，而且记录的声音品质一点也不降低。

Cool Edit Pro V2.1 的声音制作功能也是非常强大的，不但具有复制、粘贴、删除这些基本的功能，还能够对声音的局部进行变调、变速、变音高、变音色、增加各种各样的回声、生成和声，将多个声音合成一个声音，消除人声、消除杂音，任意转换音频的格式。你所想要的声音效果，它几乎是无所不能，是加工课件声音的好帮手。

扫一扫

基本操作

这款软件界面友好，使用方便，备受人们的青睐。在这一章，我们将通过一些实例介绍它的一些常用的、主要的功能，力求使读者学习之后，能够学会记录和处理学前教育课件中的声音。

第一节　录音

【编写意图】

介绍使用 Cool Edit Pro V2.1 简体中文版记录声音的方法。

任务 1：利用麦克风记录儿歌《小板凳》的朗诵声，并把记录的声音，以"小板凳"为名存放到计算机的"E:\外录"文件夹里。

任务分析：这个录音，是人对着麦克风朗读《小板凳》，让计算机把人朗诵的声音记录下来，存放到计算机的某个位置。要记录这个声音，从硬件上讲，必须有一个麦克风和一台计算机，把麦克风的连线连接到计算机的拾音孔上。从软件上讲，第一，要把计算机调整到用麦克风录音的状态；第二，

扫一扫

录音

要打开能够记录声音的软件 Cool Edit Pro V2.1 简体中文版。如果不启用麦克风，就无法实现记录声音的目的。如果没有打开记录声音的软件，即便是启用了麦克风，没有软件记录声音，也是不能录音的。

操作方法：

1. 安装麦克风

操作方法：把麦克风的插头插入计算机的拾音孔，打开麦克风。

拾音孔一般为粉红色，或者有麦克风图标。麦克风的开关周围一般有"ON"和"OFF"标记。ON，即打开的意思。把开关推向 ON 的位置，即打开麦克风开关。

2. 把计算机调整为使用麦克风录音状态

操作方法：使用鼠标右键单击计算机任务栏右边的"喇叭"图标，在弹出的快捷菜单中选择"打开音量控制"，即可打开"主音量"控制面板。如图 7.1 所示。

单击"选项"菜单，选择"属性"命令，选择录音设备，即会弹出录音的属性对话框。如图 7.2 所示。勾选"显示下列音量控制"中的全部选项，再单击"确定"按钮。

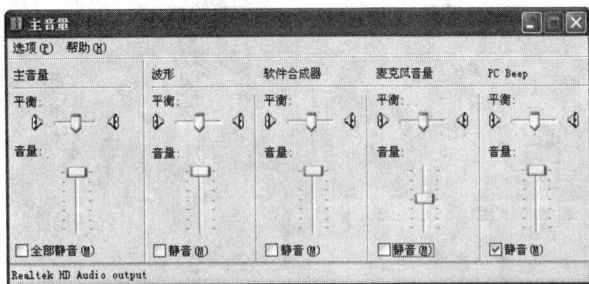

图 7.1

3. 打开记录声音的软件 Cool Edit Pro V2.1 简体中文版

打开存放"Cool Edit Pro V2.1 简体中文版"的文件包→双击文字标示为"绿化"的按钮→在弹出的"绿化"消息栏里单击"确定"按钮→打开文件夹"coolpro2"→双击文字标示为"coolpro2.exe"的图标→单击"在线检查"对话框上的"确定"按钮→单击 Cool Edit Pro V2.1 窗口左上角的"切换为波形编辑界面"图标（绿色波浪形图标）。

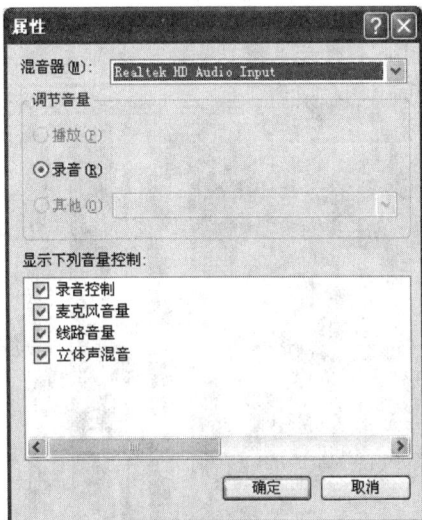

图 7.2

4. 新建录音文件

单击"文件"菜单下的"新建"命令→在"新建波形"对话框上单击"确定"。得到如图 7.3 所示界面。

5. 录音

单击窗口左下角的有"红点"标示的按钮（即录音键）→嘴对着麦克风朗读儿歌《小板凳》→读完后，再单击这个按钮。如图 7.4 所示。

6. 保存声音

单击窗口左边的"无标题"三个字→单击"文件"菜单→选择"另存为"命令→在"另存为"对话框里，打开文件夹"E:\外录"→输入文件名"小板凳"→单击"保存"按钮。

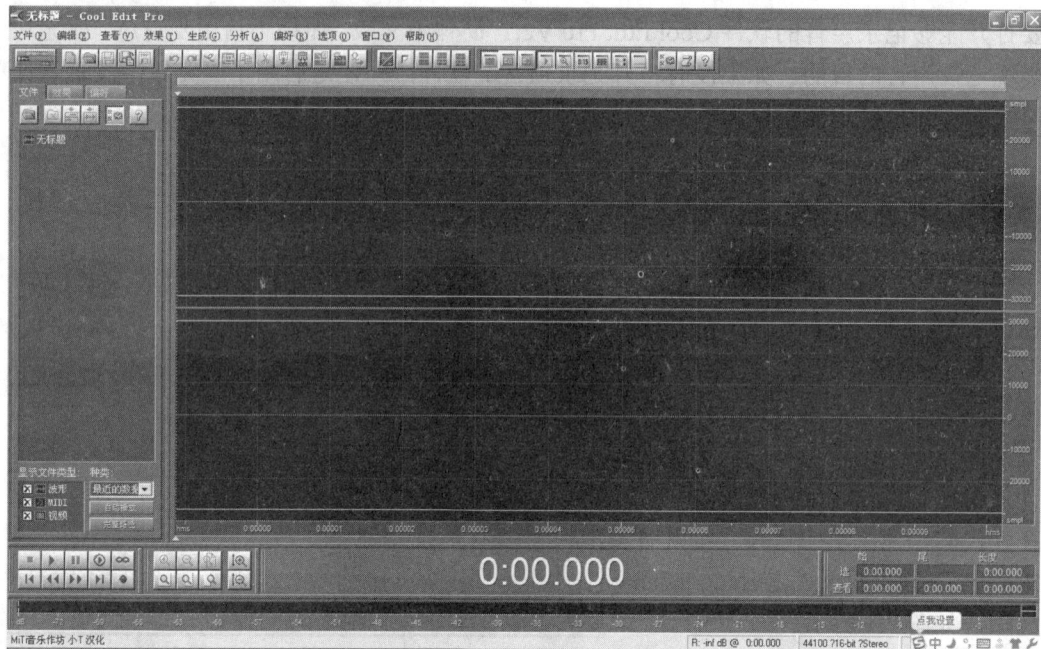

图 7.3

图 7.4

任务 2：从网络上下载一段声音，以数字的形式存放到自己的计算机上备有。

任务分析：安装了 Windows 的计算机都有内录功能。所谓内录，就是计算机记录自己发出的声音。所以，当我们打开了计算机的内录功能之后，就可以把网络上播放的的声音记录下来，存放到自己的计算机上。

操作方法：

1. 打开计算机的内录功能

使用鼠标右键单击计算机任
务栏右边的"喇叭"图标，在弹出
的快捷菜单中选择"打开音量控
制"，打开"主音量"控制面板。如
图 7.5 所示。

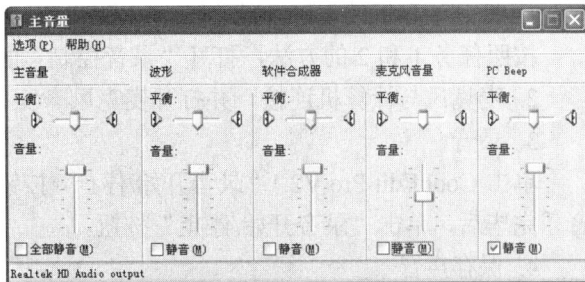

图 7.5

单击"选项"菜单，单击"属
性"命令，选择录音设备，弹出录
音的属性对话框。如图 7.6 所示。

勾选全部选项，单击"确定"按钮。弹出"录音控制"面板。如图 7.7 所示。

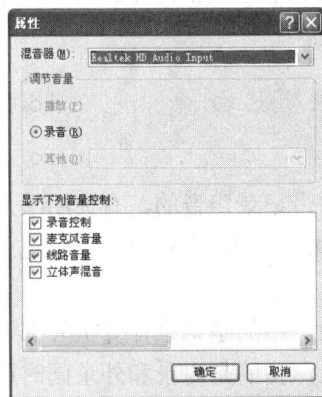

图 7.6

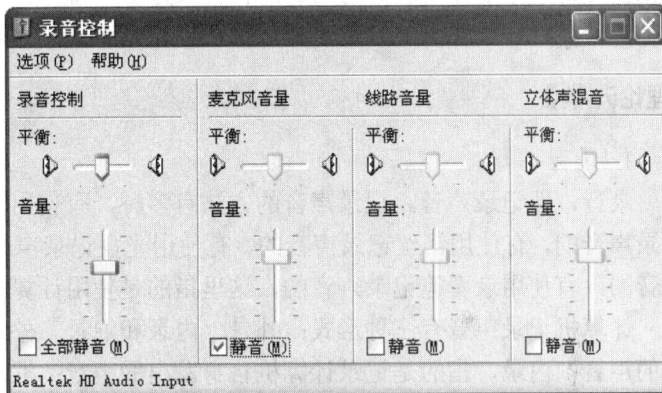

图 7.7

勾选"麦克风音量"面板下的"静音"。其他三项全部不静音。

2. 在网络上找到我们需要的声音

3. 打开 Cool Edit Pro V2.1 简体中文版

4. 录音

单击 Cool Edit Pro V2.1 简体中文版窗口左下角的"录音开始/停止"按钮→播放网
络上的声音→播放完毕后，再单击"录音开始/停止"按钮。

5. 保存声音

注意：网络上内录声音，要求网速要快，计算机运行速度也要快，否则，可能会出
现记录的声音不流畅的现象。

任务 3：现有一段理想的背景音乐，老师把自己的朗诵声音加入到背景音乐之中，
合成配乐诗朗诵。我们的任务就是合成这段配乐诗朗诵。

任务分析：同时记录计算机发出的声音和计算机外部的声音，叫作混录。安装了
Windows 的计算机都有这个功能。找到的背景音乐可以使用计算机播放，老师可以使用
麦克风从计算机外部向计算机内输入声音，使用计算机的混录功能把两种声音合成在一
起，就得到配乐诗朗诵。

操作方法：

1. 打开计算机的混录功能

按照任务 1 和 2 的方法，打开"录音控制"面板→取消所有静音。

2. 麦克风与计算机连接，并打开麦克风

3. 录音

单击 Cool Edit Pro V2.1 "录音开始/停止"按钮→播放背景音乐→对着麦克风朗诵→音乐完毕后，单击"录音开始/停止"按钮。

4. 保存声音

注意：在正式录音之前，要预录声音，试听预录的声音，调整朗诵的时间、位置以及麦克风和立体声混音的音量，使各部分的声音都符合要求。

另外，关于声音的合成，后面会有专题介绍。下文介绍合成的方法更先进，合成的效果会更好。这里介绍的是通用的声音合成方法，离开了 Cool Edit Pro V2.1 软件，使用其他声音软件，按照这种方法操作，都可以得到合成的声音。

【理论升华】

1. 录音

录音，即记录声音。记录声音的方法有多种，有使用磁带记录声音的，有使用唱片记录声音的，有使用钢丝记录声音的，有使用光盘记录声音的，有使用 MP3、MP4 记录声音的，有使用录音笔记录声音的，这里指的是使用计算机记录声音。

计算机记录声音有三种形式：外录、内录和混录。外录，指的是记录计算机外部发出的声音；内录，指的是记录计算机自身发出的声音；混录，指的是内录和外录同时进行，混合成一个录音文件的录音。使用麦克风录音，属于外录；使用上网的计算机，一边听网络上的音乐，一边记录这曲音乐，是内录。计算机播放着歌曲的伴奏，用户对着麦克风唱歌，录制有伴奏的歌曲，属于混录。

录音前，要对录音的方式进行设定，否则，计算机将无法录音。因为，如果不选择录音的方式，那么计算机不知道应该采用什么方式录音。所以，计算机不能够按照人的意愿录音。

2. 录音方式的设置

录音方式是在"主音量"面板中设定的。右击任务栏右边的"喇叭"，在弹出的快捷菜单中单击"打开音量控制"菜单，可以打开主音量面板。"主音量"面板有两副面板，一副是"播放"面板，显示控制声音播放的工具；一副是"录音"面板，显示的是控制录音的各种工具。默认打开的是"播放"面板。要设置录音的方式，就要打开"录音"的面板。

单击面板左上角的"选项"菜单下的"属性"命令，可以打开"属性"对话框。如图 7.8 所示。

单击"属性"对话框中的"v"，在弹出的下拉列表中，选择"录音"软件，对话框中的单选按钮"录音"高显，而且前面的小圆圈里有选点。全部勾选后，单击"确定"按钮，"主音量"面板切换成"录音控制"面板。如图 7.9 所示。

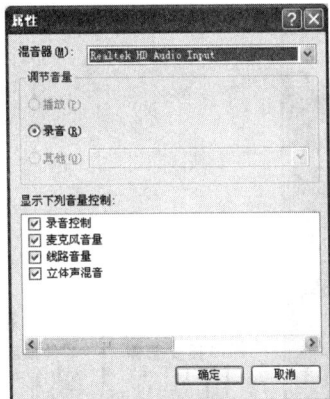

图 7.8

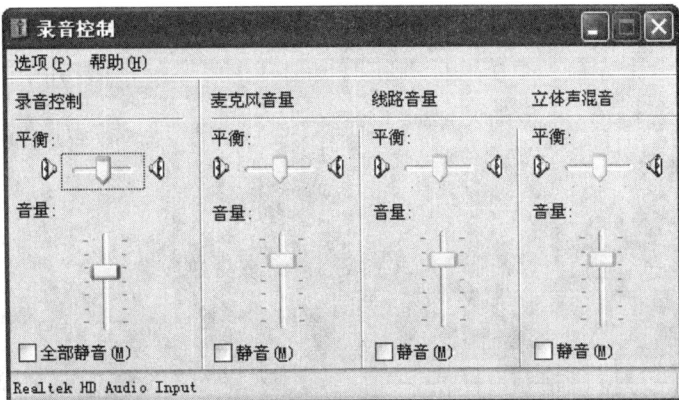

图 7.9

"录音控制面板"分为四个栏目：录音控制、麦克风音量、线路音量和立体声混音。分别控制整个录音、麦克风的声音、线路上的声音以及内录与外录的声音。每个栏目都有两个小喇叭，左边的代表左声道，右边的代表右声道，中间的滑块偏向于哪个喇叭，那个声道的信号就强。每个栏目都有一个竖立的滑动块，表示音量的高低，滑动块向上移动，音量加大，向下移动，音量减小。每个栏目都有一个复选框，单击它，使其带上"√"，表示这一项静音。计算机默认的是全部不静音。

外录，一般选择"立体声混音"静音。避免计算机内部发出的声音对外录的干扰。内录，选择"麦克风音量"静音，避免计算机外部的声音对内部声音的影响。混录，全部选择不静音。任务 1 是一个外录的实例。在这个实例中，没有关闭"立体声混音"，照样记录到了声音。这是因为，外录主要使用的是麦克风，默认状态的麦克风是开着的。

录音时，要注意音量的调整，音量不能够过高，也不能够过低。外录的时候，音量过高，会增加噪音，音量过低，又听不清楚。特别是混录的时候，内录音和外录音如果不协调，就会出现要么听不清内录音，要么听不清楚外录音的问题。

3. Cool Edit Pro V2.1 的打开方法

必须先"绿化"后才能启动 Cool Edit Pro V2.1 的应用程序。

4. Cool Edit Pro V2.1 的窗口

为了便于叙述，把如图 7.10 所示。窗口分为上、中、下、左四个区域。上区包括标题栏、菜单栏和工具栏。工具栏放置的是菜单栏里使用频率比较高的命令，在这里用按钮表示。左区是"资源管理窗"，有"文件""偏好"和"效果"三个选项卡。下区有"走带按钮""缩放按钮""当前时间窗"和"选取\查看窗"。走带按钮，由 10 个按钮组成，用来控制音频的播放和录音。缩放按钮，由 8 个按钮组成，用来放大和缩小波形。当前时间窗，以数字形式显示当前播放的声音在整个声音中的位置。

5．走带按钮

走带按钮即是录音"开始/结束"按钮。在新建了声音文档之后，单击这个按钮录音开始，中区有记录声音的波形不断出现。再单击这个按钮，录音终止。如图 7.11 所示。

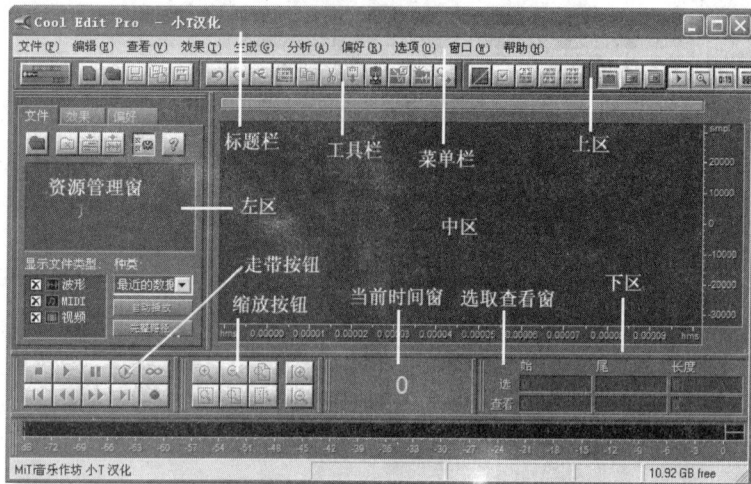

图 7.10

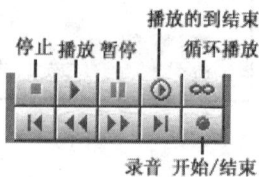

图 7.11

在左区的"资源管理窗"单击了某一个声音文件，或者在中区用拖放的方法选择了某一段声音。单击"播放"按钮，播放选中的声音一次；单击"播放到结束"按钮，播放选中的声音和它后面的声音一次；单击"循环播放"按钮，不间断地重复播放选中的声音。

6. 界面

Cool Edit Pro V2.1 有两种界面，一种是多轨界面，一种是波形编辑界面。单击窗口左上角的第一个有波形标示的按钮，可以在二者之间切换。计算机默认的是多轨界面。

多轨界面如图 7.12 所示。

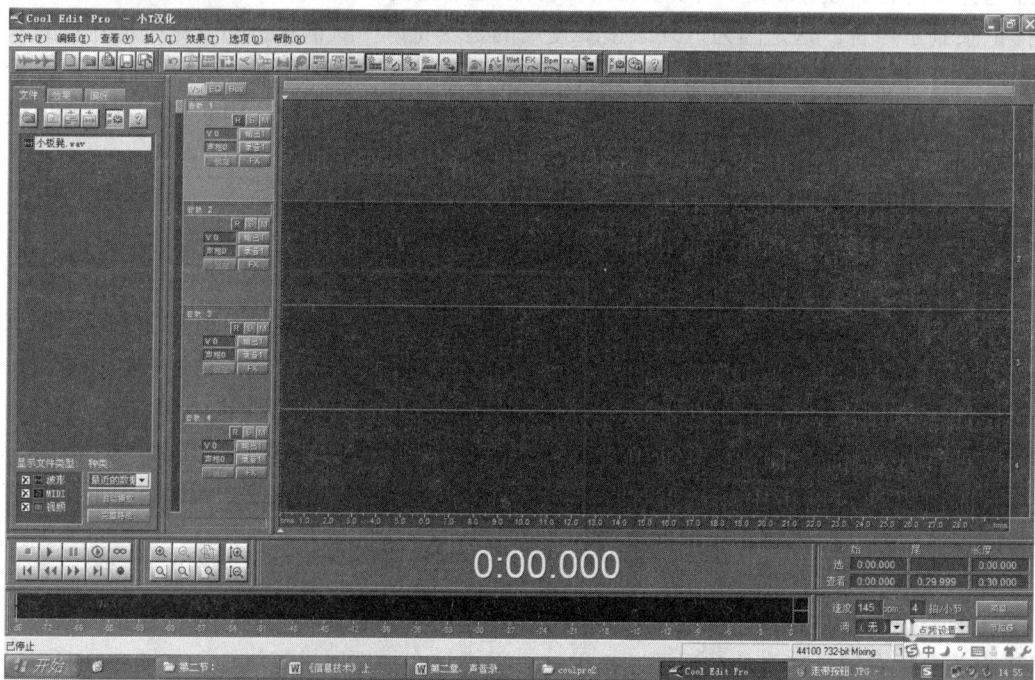

图 7.12

波形编辑界面如图 7.13 所示。

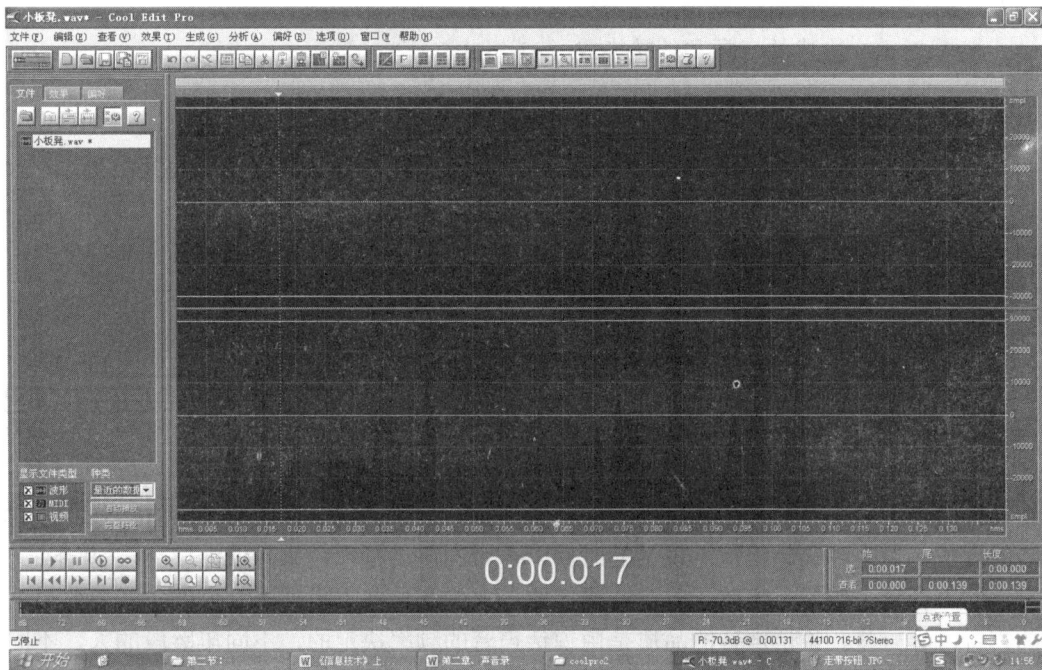

图 7.13

多轨界面，能够同时显示多轨音轨。合成声音的时候，常常使用这种界面。波形编辑界面，只显示一个音轨，波形比较明显。新建声音和编辑声音的时候，常常使用这种界面。

7. 音频的新建

新建录音文件，一般先切换到波形编辑界面，再单击"文件"菜单下的"新建"命令，在弹出"新建波形"对话框里设置声音采集的参数。如图 7.14 所示。

如果对录音没有特殊要求，一般使用默认的设置。单击"确定"按钮，就可以了。

8. 声音的保存与声音格式的转换

当打开或者新建多个声音的时候，要保存声音就必须指明保存的是哪个声音。

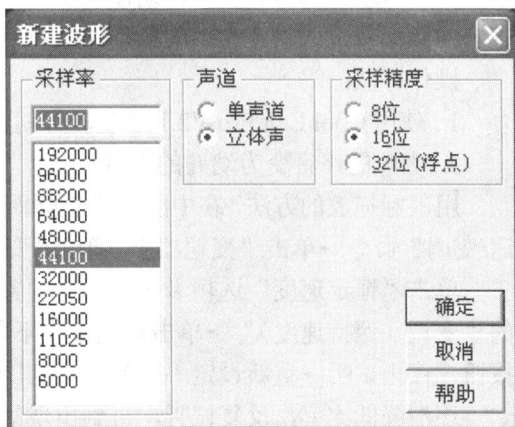

图 7.14

可以在"资源管理窗"中单击要保存的那个声音，以此来确定保存的对象。然后，单击"文件"菜单下的"保存"命令或者"另存为"命令，按照对话框里的提示操作。

计算机默认的保存格式是 wav，如果要转换成其他的格式，可以在"另存为"对话框里选择要保存的格式，再单击"保存"按钮。计算机便把这个音频文件转换并保存成指定的格式。

【读者演练】

把一个 wav 格式的音频文件转换成 mp3 格式。

第二节　变音

【编写意图】

介绍"变速器"的功能和用法。

任务 1：想在课件中插入幼儿朗诵课文的声音，但是找不到幼儿朗诵课文的声音。我们的任务是，制作出幼儿朗诵课文的声音。

扫一扫

变调

任务分析：由于不同年龄、不同性别的人的发声器官发育不同，致使发出的声音频率不同，给人以不同的声音感觉。一般来说，人随着年龄的增长，声带越来越松弛，说话的时候，声带的震动频率越来越低，发出的声音越来越粗。小孩子的声音要比成年人尖利一些。另外，女人的声音要比男人的声音悦耳一些。说话声音的品质是由说话声音的频率决定的，不同年龄段的人，不同性别的人，有着相对稳定的发音频率。因此，通过改变声音的频率，可以把一个人的声音变成另一个人的声音，可以把男人的声音变成女人的声音，也可以把成年人的声音变成小孩子的声音。Cool Edit Pro V2.1 就有改变声音频率的功能。使用它，能够把成年人的声音变成幼儿的声音。

教师可以自己对着麦克风朗读课文，记录到计算机里，然后，使用 Cool Edit Pro V2.1 把它的频率修改成幼儿说话的频率，就可以得到幼儿朗读课文的声音。

操作方法：

1. 使用 Cool Edit Pro V2.1 录制教师朗诵课文的声音

2. 老师的声音变为幼儿的声音

用鼠标拖放的方法，在中区选中教师朗诵的声音波形→单击"效果"菜单→指向"变速/变调"命令→单击"变速器"。弹出"变速"对话框如图 7.15 所示。

单击"恒定速度"选项卡→单击"预置"框里的"Helium"→点选"变速模式"下的"变调（保持速度）"→单击对话框右下角的"预览"按钮，可以试听→单击"停止"按钮，停止试听→重新设定"比率"，将其值修改为 60 以下→继续试听。

逐渐降低比率，反复试听，直到出现幼儿朗诵的声音，再单击"确定"按钮，结束声音的设置。

如果记录的是成年男老师的朗诵课文声音，那么把比率设为 35 左右，可以获得幼儿的声音。如果记录的是成年女教师的声音，那么把比率设为 50 左右，可以获得幼儿的声音。

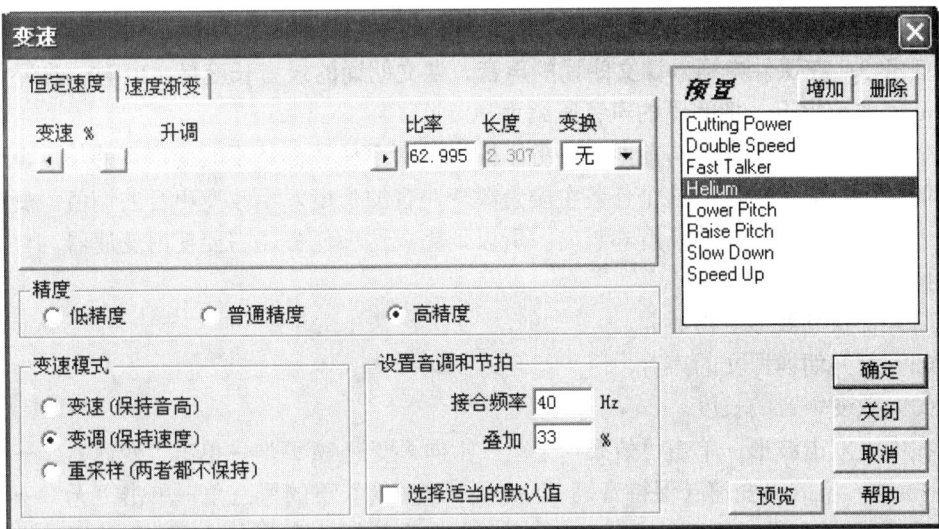

图 7.15

3. 保存声音

任务 2：幼儿园为庆祝六一儿童节排练了一个合唱节目，找到的音乐伴奏声音低了一个半音。我们的任务是把这个伴奏提高一个半音，而且不改变音乐的长度。

任务分析：音乐的长度与音乐的速度息息相关，速度快，用的时间短，速度慢，用的时间长，要保持音乐的长度，就必须保持音乐的速度。音高与声音的频率有关，声音的频率高，声音也高，声音的频率低，声音也低。所以，我们可以在保持音乐速度前提下，通过改变声音的频率，达到提升音乐调值的目的。由任务 1 的操作，我们知道 Cool Edit Pro V2.1 具有保持声音速度，提高调值的功能。因此，可以使用 Cool Edit Pro V2.1 完成这一任务。

操作方法：

（1）打开"伴奏音乐"。

方法一：菜单法。单击"文件"菜单→单击"打开"命令→找到"伴奏音乐"→单击"打开"按钮。

方法二：按钮法 1。单击"工具栏"左边的"打开"按钮→找到"伴奏音乐"→单击"打开"按钮。

方法三：按钮法 2。单击"资源管理窗"中"文件"选项卡下的"打开"按钮→找到"伴奏音乐"→单击"打开"按钮。

（2）切换到波形编辑界面。

（3）提升伴奏音乐的调值。

单击"资源管理窗"中"伴奏音乐"的名称→单击"效果"菜单→指向"变速/变调"→单击"变速器"→在"预置"框里，选择"Helium""lower Pitch""Raise Pitch"中的任意一个→把"比率"修改为100→单击"变换"下的黑三角→使用"滚动条"找到1#，并单击1#→单击"确定"按钮。

因为"Helium""lower Pitch"和"Raise Pitch"都是不变速的，选定它们相当于选

定了"变调（保持速度）"。

任务 3：在课件中插入课文朗诵的声音。课文朗诵的录音长度是 120 秒，在不改变声音高度的前提下，把朗诵的声音压缩为 90 秒。

任务分析：这个任务与前两个任务不同，前两个任务都是不改变声音的长度，改变声音的高度，即调值。而这个任务主要是改变声音的长度，不改变声音的调值。变速器的主要功能是改变声音的高度和长度，所以，完成这项任务还需要使用变速器。

操作方法：

（1）切换到波形编辑界面。

（2）打开朗诵课文的声音。

（3）改变声音的长度。

在中区双击波形→单击"效果"菜单→指向"变速/变调"→单击"变速器"→单击"变速模式"下的"变速（保持音高）"→单击"变换"下的黑三角→单击"无"→双击"长度"下面的参数→重新输入 90→单击"预览"按钮→再单击"停止"按钮→最后单击"确定"按钮。

【理论升华】

1. 声音的选中

要加工声音，首先指明要加工的是哪一段声音，然后才能够实施加工。指明要加工的声音，就是选中声音。

方法一：双击法。双击中区的波形，可以选中全部波形。

方法二：拖动法。用鼠标左键在中区的波形上拖动，可以选中声音的一部分。

方法三：单击法。先在要选择的波形一端单击，按下 Shift 键后，单击波形的另一端。

如果不选择波形，直接使用工具加工声音，计算机会自动选中全部波形。比如，我们不选择波形，直接单击"效果"菜单下的"变速/变调"下的"变速器"。当单击"变速器"的时候，计算机会快速选中所有的波形并打开"变速器"。

如果选中声音中的一部分波形，首先要看准要选择的波形，即弄清楚在哪个波峰按下鼠标，在哪个波峰松开鼠标。为了精确定位，一般要试听声音，在试听的过程中观看时间指针（指的是播放声音时，在波形上移动的白色实线）移动的位置。必要的时候，可以使用下区里的"缩放按钮"放大波形。

2. 变速器

变速器的主要功能是改变声音的速度和高度。打开的方法很简单：单击"效果"菜单→指向"变速/变调"→单击"变速器"。变速器有两个选项卡"恒定速度"和"速度渐变"。恒定速度，就是在播放声音的过程中，自始至终都是一样的速度。速度渐变，指的是在播放声音的过程中，要么开始的时候速度快，越往后速度越慢；要么开始的时候速度慢，越往后速度越快。打开"变速器"对话框的时候，计算机默认的是"恒定速度"。如图 7.16 所示。

"恒定速度"选项卡提供了三种变速模式：变速（保持音高）、变调（保持速度）和重采样（两者都不保持）。这里所说的速度和音高都是针对原来的声音而言的。比如原来的声音播放时间是 120 秒，调整后的播放时间是 90 秒，那么调整后的声音就比原来的声音快。原来的声音是 D 调，调整后的声音是 F 调，那么调整后的声音就比原来的声音高。

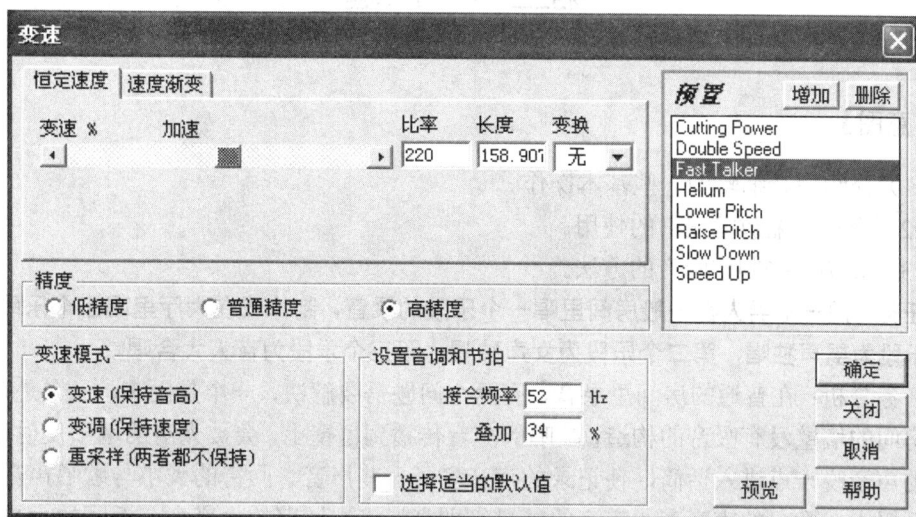

图 7.16

"恒定速度"选项卡上的"变换"指的是改变声音的调值。单击它下面的黑三角，可以打开下拉列表。下拉列表中有 23 个选项：11b、10b、9b、8b、7b、6b、5b、4b、3b、2b、1b、无、1#、2#、3#、4#、5#、6#、7#、8#、9#、10#、11#。"无"，没有的意思，即不变调，保持原来的调值。单击"无"，"比率"下显示为 100，"长度"下显示原来声音的长度，单位是秒。b 表示降调，1 个 b 是降一个半调，2b 是降两个半调，那就是一个全调，其他以此类推。#表示升调，1 个#表示整个声音提升半个调值，2#表示整个声音普遍提升一个调值。

"预置"框里有 8 个选项：Cutting power、Double Speed、Past Talker、Helium、Lower Pitch、Raise Pitch、Slow Down、Speed up。这些都是设计好的变速效果，供用户选用。其中 Cutting power 是速度渐变的一种"重采样"预设效果，其他都是恒定速度的预设效果。Double Speed 是"重采样"预设效果，Past Talker、Slow Down、Speed up 是"变速"预设效果，Helium、Lower Pitch、Raise Pitch 是"变调"预设效果。

使用"变速器"，一般先根据改变声音的目的，单击"预置"里的选项试听，如果不合适的话，再选择"变速模式"，重新输入"比率""长度"和在"变换"下选择调值，然后试听，直到满意为止。必要时要借助于校音器比较重设的声音，来确定"比率"的值和"变换"的参数。

【读者演练】

制作一段老猫和小猫的对话。

提示：先录制一段猫的叫声，或者从网络上下载一段猫叫的声音，再把它变成不同的猫叫声。

第三节　合唱

【编写意图】

（1）介绍声音编辑的一些基本操作。

（2）介绍"缩放按钮"的使用。

（3）介绍一些制作回音的方法。

任务：把一个男人在一般房间里唱一个乐段的录音，制作成在大厅里唱三个乐段，第一个乐段为男声独唱，第二个乐段为女声独唱，第三个乐段为百人大合唱。

任务分析：在普通的房间里录音，有两个问题需要解决，一个是回声，一个是杂音。普通房间的墙壁没有吸音的构造，歌唱的声音传播到墙壁上，会被光滑的墙壁反射过来，歌唱的声音晚一点进入话筒，使记录的声音多了一些声音。回音的大小与歌唱声音的高低关系极大，歌唱的声音高，声音的能量级别高，撞击墙壁的力度大，返回的力量大，回到话筒的声音也大。为了减小回音，歌唱者通常会假声低唱。低音歌唱，声音的能量小，当声音传递到墙壁上的时候，已经无力返回了，这样就消除了回音。但是，同时又出现一个问题，那就是记录的声音也低了。为了解决这个问题，歌唱者会缩短人嘴与话筒的距离，以此加大进入话筒声音的强度。这又会出现一个问题，那就是换气的声音会被记录下来。所以，处理这个男人的声音，需要消除杂音，删除换气的声音。

把一个乐段变成三个乐段，那就需要复制粘贴声音。第一乐段是男人歌唱；第二乐段若想要获得女声独唱，还需要对第二乐段进行变音。合唱有男声合唱、女声合唱、男女二重合唱，最简单的制作是男声合唱。任务对合唱没有具体的要求，可以制作最简单的合唱——男声合唱。

操作方法：

1. 录音

为了便于叙述，我们假定记录的是《大海啊，故乡》的歌唱声。录音的方法在前面已经介绍过，读者可以按照第一节介绍的方法录音。

2. 放大声音的波形

重复单击下区左边"缩放按钮"栏左上角的"水平拉长"按钮→重复单击"缩放按钮"栏右上角的"垂直放大"按钮。

3. 波形的移动

拖动中区上边的绿色长方形，显示需要的波形。

4. 静音和删除

单击"播放"按钮试听，找出要删除和静音的内容→用拖动的方法选中不要的换气波形→单击键盘上的 Del 键→选中保留换气时间的波形→单击"效果"菜单→再单击"静音"按钮。

5. 制作出三个乐段

按下键盘上的 Ctrl 不松手，同时按 A 字键→按下键盘上的 Ctrl 不松手，同时按 C 字键→鼠标单击音乐的最后，使定位线（上端有黄色三角形，下边是黄色虚线）位于音乐的末端→按下键盘上的 Ctrl 不松手，同时按 V 字键。

重复这一操作，可以粘贴出第三乐段。

6. 把第二乐段变成女声独唱

仿照前面介绍过的把成年人的声音变成幼儿的声音的方法操作。

7. 制作男声大合唱的声音

选中第三乐段→单击"效果"菜单→指向"常用效果器"→单击"合唱"→在弹出的"合唱"对话框里，在"预置"的下面选择"Amateur Chorus"→在"合唱特性"栏，把"浓度"的参数修改成 12，"延时比率"修改为 3→在"立体声合唱模式"栏，勾选"左右声道平均化"和"增加双耳提示"，把空间大小设置为 66→在"输出"栏，把"干声"的参数设置为 190，"湿声"的参数设置为 111→单击"确定"按钮。如图 7.17 所示。

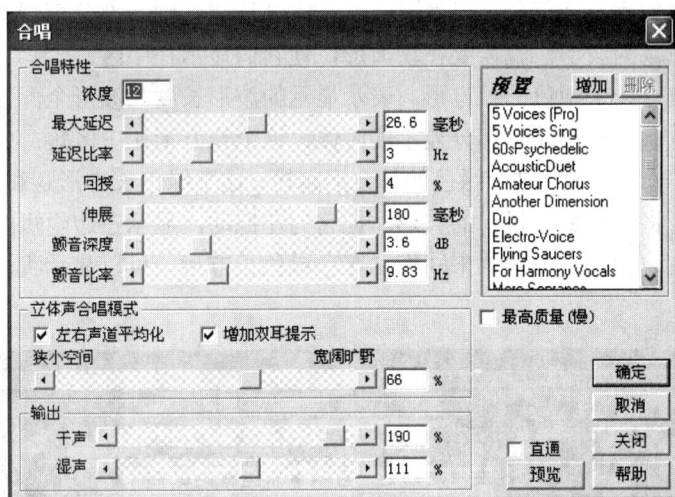

图 7.17

8. 把独唱的声音提高到原来的 150%。

选中独唱的声音→单击"效果"菜单→指向"波形振幅"→单击"音量标准化"命令。打开"音量标准化"对话框如图 7.18 所示。

勾选"标准化到"→把它的参数设置为"150"→单击"确定"按钮。

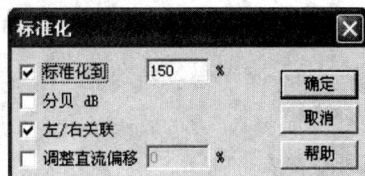

图 7.18

【理论升华】

1. 缩放按钮

如果记录和打开的声音时间太长，要显示整个波形，那么波形必然变窄。波形过于狭窄，将无法对声音进行准确地定位。因此要对波形进行放大。有时候，也需要缩小波形。要改变波形的大小，就要用到波形的"缩放按钮"。缩放按钮，一组 8 个位于下区的左边。如图 7.19 所示。

"拉长波形"按钮，单击它可以水平拉长选中的波形，如果没有选中波形，则在水平方向上拉长整个声音的波形。

"缩短波形"按钮，单击它可以水平缩短选中的波形，如果没有选中波形，则在水平方向上缩短整个声音的波形。

"完整缩放"按钮，单击它，在中区显示声音的全部波形。

"垂直放大"按钮，单击它，波形在垂直方向上变宽。

"垂直缩小"按钮，单击它，波形在垂直方向上变窄。

"区域缩放"按钮，单击它，选中的区域占满中区。

"右对齐放大"按钮，单击它，选区的左端在中区的右半部分显示，并且波形被放大。

"左对齐放大"按钮，单击它，选区的右端在中区的左半部分显示，并且波形被放大。

2. 移动波形

波形水平放大后，一部分波形被隐藏，在中区只能看到一部分声音的波形，要想编辑加工那些被隐藏的波形，就需要移动波形，使它们显示在中区。

中区的上方有一个绿色的长方形，表示显示的波形长度。波形全部显示的时候，这个长方形和中区一样长；波形部分显示的时候，这个长方形比中区短；中区显示的波形越少，隐藏的波形就越多，这个绿色的长方形越短。这个绿色长方形是和波形相对应的，其位置的移动，将改变窗口显示的波形。把它向左拖动，显示左边隐藏的波形，把它向右拖动，显示右边隐藏的波形。来回拖动这个绿色长方形，可以显示我们想要的波形。如图 7.20 所示。

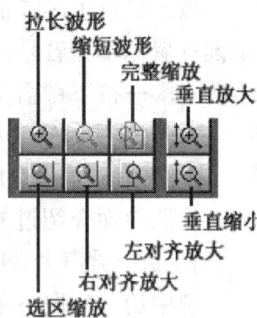

图 7.19

图 7.20

3. 关于换气波形

歌唱不是一个劲地向外吐气，而是在歌唱的时候吐气，气息不足的时候，快速地吸入空气。吸气会发出声响，如果吸气的速度比较慢，或者麦克风距离人的嘴比较远，那么传入话筒的吸气声非常微弱，计算机可能记录不下来这样的声音。但是，如果吸气的速度比较快，或者嘴离话筒太近，吸气的声音足以启动记录声音的软件，那么吸气的声音就会被计算机记录下来。

换气是很有学问的。善于歌唱的人，会选择胸内气量还没有用完的时候，在唱词转换的间隙里，以惊人的方式极快地吸入空气。这样的吸气，虽然计算机记录了声音，但是没有影响到后续的演出，后边的歌唱还是非常合拍的。这样的换气声是不能够删除的。因为这样的换气时间在歌曲中占有正常的位置，是有用的，如果把它删除了，那么后面的声音就要往前移动，致使后面的声音就和歌谱不一致了。所以，对于这样的换气声，要采取"静音"方法进行处理。

静音，就是让原来的声音静下来，不出声。但是，声音所占有的时间还存在。静音的操作步骤：选中声音波形→单击"效果"菜单→单击"静音"命令。

删除和静音不同，删除是把声音除掉了，既包括发出的声响，也包括声响所占有的时间。对于不正常的换气声，可以采取删除的方法进行处理。删除声音的操作步骤：选中声音波形→按 Del 键。

4. 声音的复制与粘贴

声音的复制与粘贴需要回答几个问题，复制哪段声音？怎样复制？往哪里粘贴？怎样粘贴？这些问题解决了，复制与粘贴也就完成了。

选中要复制的波形，回答的是"复制哪段声音"的问题。如，本任务中的"按下键盘上的 Ctrl 键不松手，按 A 字键"是全选音乐波形的方法。

复制的方法有多种：①按下键盘上的 Ctrl 键不松手，按 C 字键；②在选区右击，在弹出的快捷菜单中选择"复制"命令；③单击"编辑"菜单，单击"复制"④单击"编辑"菜单，单击"复制为新的"命令；⑤在选区右击，在弹出的快捷菜单中选择"复制为新的"命令；⑥单击"工具栏"的"复制"按钮。其中方法①、②、③、⑥是把选中的内容放置到了剪贴板上，可以实施重复粘贴。方法④、⑤不但把选中的内容放置到了剪贴板上，而且为选中的声音创建了新的声音文件，集复制、新建和粘贴于一身。复制的方法，回答了"怎样复制"的问题。

定位线是确定位置的一条竖立的虚线，鼠标在什么地方单击，定位线就停留在什么位置。在要粘贴的位置单击，是确定粘贴位置的，这回答了"在什么地方粘贴"的问题。

粘贴声音的方法也有好几种：①按下键盘上的 Ctrl 键不松手，敲击 V 字键；②在选区右击，在弹出的快捷菜单中选择"粘贴"命令；③单击"编辑"菜单，单击"粘贴"命令；④单击"编辑"菜单，单击"粘贴为新的"命令；⑤在选区右击，在弹出的快捷菜单中选择"混合粘贴"命令；⑥单击"工具栏"的"粘贴"按钮；⑦单击"编辑"菜单，单击"混合粘贴"命令；⑧单击"工具栏"的"混合粘贴"按钮。混合粘贴，把复制到剪贴板的声音，与插入点后面的声音混合在一起，是两个声音的叠加。其他几种粘贴都是插入式的，即在插入点把原来的声音分为两段，把剪贴板上的声音放到二者之间。

这样的粘贴叫作插入式粘贴。本章制作第二乐段和第三乐段，都用的是插入式粘贴。

粘贴的方式，除了"插入式粘贴""混合粘贴"外，还有"替换粘贴"和"调制粘贴"。这些都是回答"怎样粘贴"的问题。

5. "合唱"对话框

"合唱"对话框的作用是制造合唱的声音，里面放有很多制作加工合唱声音的工具。单击"效果"菜单，指向"常用效果器"，单击"合唱"命令，可以打开"合唱"对话框。如图 7.21 所示。

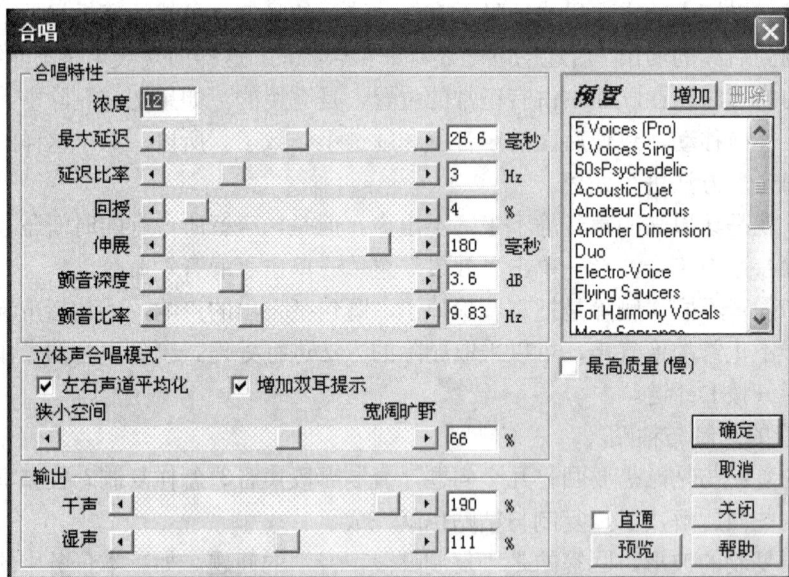

图 7.21

"合唱"对话框分左右两个部分，左边有三个栏目：合唱特性、立体声合唱模式和输出。右边有两个栏目：预置和控制按钮。

"合唱特性"栏里有七个参数：浓度、最大延迟、延迟比率、回授、伸展、颤音深度和颤音比率。

浓度，即重音的个数，最大值为 12。所谓合唱，就不是一个人独唱，由多个人在一起唱。唱同一首歌，同一个乐句，每个人发出的声音都不会完全一样，总是有那么一些细小的差别。正是由于人们歌唱的细小差别的存在，才使我们听到多人重复歌唱的合唱效果。重复声音的效果叫作重音。重复出现声音的个数，即重音个数。一个人的歌唱叫作"一重唱"，两个人的合唱叫作"二重唱"，三个人的合唱叫作"三重唱"，其他以此类推。二重唱的重音个数是 2，三重唱的重音个数是 3，几重唱的重音个数是几。反过来也一样，重音个数是几，就是几重唱，合唱的人数就是几。可见，浓度相当于参加合唱的人数。浓度值越大，合唱的人数越多。所以，我们可以通过设置浓度的值，调整参加歌唱的人数。

浓度设置为 12，相当于 12 个人在合唱。而且这 12 个人的歌唱声是不重复的，每个人歌唱的声音之间有一定的距离。尽管每个人歌唱的声音之间的距离非常小，但是它是存在的。实际上，百人大合唱，是听不到 100 个人的歌唱声的，这是因为有些人唱得特别低，歌唱的声音被淹没在高音之中了。另外，人们歌唱的是同一乐曲，不可能快得多，也不可能慢得多，唱得快的和唱得慢的时间差非常短，人们辨别声音的能力有限，能够辨别出来的声音并不多。如果单单地听，不看合唱的队伍，那么百人的合唱，能够听出 10 个人的声音就很不错了。所以，把浓度的参数设置为 12，就能够获得百人以上的合唱效果。

延迟比率。浓度为 12，即 12 个人的重唱，这 12 个人发音的时间差即"延迟"。延迟比率，就是两个人发音时间的差异。延迟比率越大，人与人之间的发音时间差越大，能够辨别出的人数越多。所以，常常通过调整延迟的比率，来显示每个人的歌唱声。

最大延迟。用白话来解释，就是所有歌唱的人，发同一音，最先开口和最后一个开口的时间差。12 个人歌唱，不可能在同一时刻发同一音，有的唱得稍微早了一点，有的唱得稍微晚了一点，其中最先唱的声音与最后唱的声音之间有一个时间差，这个时间差，就是这 12 人合唱的最大延迟。最大延迟的值越大，重复音的范围越宽，能够辨别出的人数越多。因此，也可以通过调整最大延迟来表现合唱的人数。

表现合唱的人数，通常主要考虑浓度、最大延迟和延迟比率这三个参数，其他参数使用默认值。

"立体声合唱模式"栏，有三个参数：左右声道平均化、增加双耳提示和歌唱空间。左右声道平均化，即从左右声道传出的声音力度是平均的。增加双耳提示，听起来耳朵里会有低音哨声。歌唱空间用滑动块表示，左边为狭小空间，右边为宽阔旷野。滑动块从左向右移动，歌唱的空间越来越大。如果想获得在小房间里歌唱的效果，那么可以把滑动块移动到最左边；如果想获得宽阔旷野的歌唱效果，那么可以把滑动块移动到最右边。歌唱空间的参数在 0~100 的范围内。

"输出"栏里有两项：干声和湿声。可能是汉化不准确的原因，这两个术语与它们的字面意思相差很远。干声，其实指的是没有被加工的原始的声音，也可以理解为用来做合唱的那个声音。比如说，刚刚记录的声音，或者从外部导入的声音。我们做百人合唱，起初记录的《大海啊，故乡》就是干声，也就是成品中的第一乐段。湿声，指的是其他合唱的声音。做合唱，其实是用一个声音作为种子，使用它生产出许多声音，把这些声音合在一起，制造出合唱的效果。那个用来做种子的声音，就是干声。由干声派生出来的声音就是湿声。

干声和湿声的参数都在 0 到 200 之间。参数的值越大，声音越高。参数的值越小，声音越低。可以通过调整干声和湿声的参数，来突出某个声音。比如说，如果想制造出有领唱的合唱效果，那么可以把干声的参数设置得大一些，把湿声的参数设置得小一些。干声参数值设置为 190，湿声参数值设置为 111，能够明显地听出记录的原始声音，有领唱的效果。

"预置"栏里放置的是事先设定的一些合唱效果。可以从中选择比较理想的使用。使用"合唱"对话框设置合唱效果，一般先单击"预览"按钮，再单击"预置"里的选项试听，觉得哪个接近合唱要求，就对它的参数进行一些微调，得到自己想要的效果。

6. 音量标准化

音量标准化，就是按照标准把选中的音量提高或者降低。改变音量的工具是"音量标准化"对话框。单击"效果"菜单，指向"波形振幅"，单击"音量标准化"命令，可以打开"音量标准化"对话框。如图 7.22 所示。

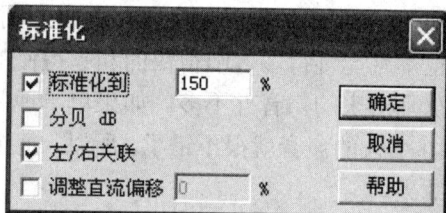

图 7.22

改变音量的主要参数是"标准化到"，100是音量不变，小于 100 是降低音量，大于 100是增大音量。

在本节的任务中，把第三乐段制作成合唱，合唱的声音比较强，相对的，独唱的声音显得有些弱。所以，我们把独唱的音量提高了 50%。

7. 回声与合唱

回声与合唱都属于重音。回声，重复的声音是有规律地衰减，从理论上讲，重复的次数是无限的，实际上，能够听到的重复声音非常有限，几次就足以给人以回声的感觉。合唱，重复的声音是没有规律出现的，音高和音强都差不多。因为歌唱的人数有限，所以，对于人数确定的合唱，声音重复的次数是一定的。

【读者演练】

把一段独唱，制作成男女四重唱。

第四节　合成

【编写意图】

通过多轨界面介绍声乐合成的基本方法。

市教委举办"学前教育青年教师基本功大赛"，评委会要求每个参赛的教师先报送自己歌唱的音频文件进行初选。初选合格再让教师到市里进行决赛。有个幼儿教师，意欲歌唱《小背篓》，现在找到了钢琴弹奏的《小背篓》、胡琴演奏的《小背篓》和笛子演奏的《小背篓》。

扫一扫

多轨编辑

任务：把这些音乐和这位教师的歌唱合成在一起，制作一个带背景音乐《小背篓》的歌唱作品。

扫一扫

消除人声

任务分析：因为要把三种乐器弹奏的《小背篓》和这位幼儿教师歌唱的录音合成到一起，那就必须同时能够看到这四个音频文件。而多音轨界面，可以同时看到多轨音频文件。因此，完成这项任务需要在多音轨界面进行。

操作方法：

1. 认识多音轨界面

打开 Cool Edit Pro V2.1 的窗口，计算机默认的是"多音轨界面"。如果不是多音轨界面，单击"工具栏"左边第一个按钮，可以切换到多音轨界面。如图 7.23 所示。

图 7.23

多音轨界面的中区由一些平行的长方形组成，每一个长方形都叫作音轨，自上而下依次命名为音轨 1、音轨 2、音轨 3、音轨 4。每个音轨可以放置一个或者多个音频文件。计算机可以同时播放多个音轨里的音频文件。

2. 打开这些音乐作品

在多轨界面，单击"资源管理窗"的"文件"选项卡下的"打开"按钮→找到钢琴、胡琴、笛子演奏的《小背篓》→按住 Ctrl 键，分别单击这些文件名称→单击"打开"按钮。

在"资源管理窗"里，可以看到这三个文件的名称。说明这三个音频文件已经被导入到了 Cool Edit Pro V2.1 的窗口。

3. 调用这三个音频文件

在多轨界面，把"资源管理窗"的音频文件向中区的音轨里拖放。使每个音频文件占据一个音轨，音轨 1 放置钢琴弹奏的《小背篓》，音轨 2 放置胡琴演奏的《小背篓》，音轨 3 放置笛子吹奏的《小背篓》。

4. 音频定位

音频定位，就是确定每个音轨里音频的位置。在音轨 3 的音频文件波形上按下鼠标右键向右拖动，把笛子演奏的《小背篓》移动到窗口的右边，使中区的左边只有钢琴弹奏的《小背篓》和胡琴演奏的《小背篓》。然后，按键盘上的"空格"键播放音乐试听，注意哪个声音在前，哪个声音在后。按下 Shift 键并敲击空格键，暂停声音，记下声音的位置，用右键拖动音频文件，使两个声音协调一致。

当音轨 1 和音轨 2 的声音协调之后，再把音轨 3 里的笛子吹奏的声音拖到中区的左边试听，使音轨 3 里的笛子《小背篓》与前两个音乐协调一致。

5. 录音

单击"音轨 3"左边的"S"按钮→单击"音轨 4"左边的"R"按钮→单击"录音/停止"按钮→听音乐，对着麦克风歌唱→歌唱完毕，再单击"录音/停止"按钮。

6. 调整伴奏音乐的音量

单击"音轨 3"左边的"S"按钮→单击"音轨 4"左边的"R"按钮→用左键拖放的方法，选中音轨 1、音轨 2 和音轨 3 中与音轨 4 中歌唱声相对应的波形→在波形上单击右键，在弹出的快捷菜单中单击"调整音频块音量"命令→向下拖动弹出的滑动块，使伴奏的声音变得低一些，突出歌唱的声音。

7. 混缩

所谓的混缩，其实就是打包，把调整好的几个音频文件有机地结合在一起，产生一个新的音频文件。

用"Ctrl+A"组合键全选各个音轨的声音→在选区右击→在弹出的快捷菜单中选择"混缩为文件"命令。

8. 导出

双击"资源管理窗"的名为"混缩"的文件→单击"文件"菜单→单击"保存"命令→给文件起个名字，找一个保存的位置→单击"保存"按钮。

【理论升华】

对于声乐教师而言，会合成声音，就可以把与教学相关的声音有机地组合起来，制作出高质量的课堂教学辅助软件，不但能够给自己的教学带来方便，也能够有效地提高声乐教学的质量。所以，研究使用计算机技术合成声音，能够增强教师驾驭教学的能力，提高声乐教师的素质。

使用计算机合成声音的软件有多种，本章将重点介绍使用 Cool Edit Pro V2.1 合成声音的方法和技巧。

Cool Edit Pro V2.1 是一款优秀的声音处理软件，具有播放声音、录制声音、编辑声音、测试声音、分析声音和给声音添加效果等功能。声音合成是其中一项功能。声音合成的窗口是可视化界面，非常友好，使用起来很方便。因而，对于那些对计算机不够精通的音乐人来说，选择它合成声音是比较明智的。Cool Edit Pro V2.1 有英文版、汉化版和绿化版。其中，汉化版和绿化版都是中文界面。虽然，功能比英文版稍微弱一些，但保留的功能足够满足一个普通音乐人的使用需求。本章以绿化版为基础研究声音的合成。

1. 打开要合成的声音文件

既然是声音的合成，那就不是一个声音，肯定是多个不同的声音，混合在一起。要合成它们，就要先把这些声音打开，以便于将它们有机地结合在一起。我们可以通过下面的方法打开要合成的声音。

方法一：在多音轨界面打开。Cool Edit Pro V2.1 的"文件"菜单下有一条命令叫"打开"，通过它可以找到要打开的音频文件，并打开它。

例如，打开 E 盘文件夹"合成素材"内的三个音频文件"钢琴曲""小提琴曲"和"古筝曲"。

操作方法：在多音轨界面，单击"文件"菜单→选择"打开波形"命令→找到 D 盘，并打开→找到文件夹"合成材料"，并打开→用拖动的方法或者按下 Shift 键同时选择"钢琴曲""小提琴曲"和"古筝曲"→单击"打开"按钮。这样，就可以在 Cool Edit Pro V2.1 的左边看到被打开的这三个文件的名称。

方法二：在波形编辑界面打开。Cool Edit Pro V2.1 默认的是多音轨界面，单击"文件"菜单下面的切换按钮，可以切换到波形编辑界面。界面切换后，各菜单下的命令也会随之改变。多音轨界面的"文件"菜单下是没有"打开"命令的，切换到波形编辑界面，"文件"菜单下就出现了"打开"命令，使用它也可以打开音频文件。

例如，打开 F 盘下文件夹"教学素材"内的音频文件"音乐""独唱"和"和声"。

操作方法：切换到波形编辑界面后。单击"文件"菜单→选择"打开"命令→找到 F 盘，并打开→找到文件夹"教学素材"，并打开→用拖动的方法或者按下 Shift 键同时选择"音乐""独唱"和"和声"→单击"打开"按钮。同样，在 Cool Edit Pro V2.1 的左边可以看到被打开的音频文件名称。这是文件被打开的标志。

方法三：用常用工具栏的"打开"按钮打开。用常用工具栏里有一个"打开"按钮。它有两层意思，当界面是波形编辑状态时，它的功能是打开普通的音频文件。如 wav 格式的声音文件、mp3 格式的音频文件。当界面是多音轨状态时，它的功能是打开工程文件。即使用 Cool Edit Pro V2.1 开发的 ses 格式文件。合成声音的素材一般是普通的音频文件。所以，切换到波形编辑界面，还可以使用常用工具栏里的打开按钮打开需要合成的音频素材。

2. 调用要合成的音频文件

打开了这些音频文件，只是能够在 Cool Edit Pro V2.1 的窗口直接看到文件的名称，还不能够对这些音频文件做深入的加工。要对这些音频文件做深入的加工，需要同时看到各个音频文件的波形、位置和大小。这就需要把它们导入多音轨界面。可以按照下面的方法导入。

①在多音轨界面插入。多音轨界面分两大块，左边是素材的名称，右边是音轨，即存放音频素材波形的地方。调用音频素材，就是把左边的音乐放到右边的音轨里。调用音频素材必须解决三个问题：调用谁？放在哪个音轨里？放在音轨的什么位置？调用的过程就是围绕这三个问题展开的。一般要先单击音轨上某个位置，告诉计算机下一步将要把声音素材放在该音轨的这个位置，然后选中在左边的音频名称，命令它到该位置。

例如，把左边的"钢琴曲"调入第 2 音轨 8 秒的位置。

操作方法：切换到多音轨界面，并单击第 2 音轨第 8 秒的位置（如果时间不准确，可以使用方向键调整，使窗口下面出现 0：08.000）→在窗口右边"钢琴曲"三个字上单击右键→在弹出的快捷菜单中选择"插入到多轨中"命令。

②在波形编辑界面插入。向多音轨界面调入音频文件，需要指明把哪个音频文件调入到哪个音轨的哪个位置。但是，在波形编辑界面，是看不到音轨的，在多音轨界面和

波形编辑界面反复切换又太麻烦。另外，计算机会自动把调入的音频文件找个音轨确定一个位置放下的，不会出现不工作的情况。还有，声音合成的效果如何，与音频素材最初存放的位置没有关系，关键是音乐制作人的音乐素质。所以，一般不考虑音频文件进入多音轨界面的位置，只管调入就是了。

方法一：利用音频名称调入。在多音轨界面窗口的左边，右击音频文件的名称→在弹出的快捷菜单中选择"插入到多轨中"命令。

方法二：利用波形调入。在波形编辑界面，打开一个音频文件，窗口的右边会出现这个音乐的波形。在波形上右击→在弹出的快捷菜单中选择"插入到多轨中"命令。

方法三：利用键盘调入。单击打开的音频文件波形，按"Ctrl+M"组合键。

方法四：拖动法。在多音轨界面，把左边的音频文件名称直接拖放到音轨里。

3. 声音定位

声音定位，就是在某音轨里指定一个位置。

声音定位是一个重要的操作。声音合成，最重要的是要把所有的声音都放到一个合适的位置。放得超前不行，放得靠后也不行。放到哪个位置最恰当呢？这就需要对声音进行定位。

定位首先要锁定音频文件的位置，使它不动。如果声音文件没有锁定，找准了位置，操作一会儿，它的位置又移动了。其他音频文件以它为参照物进行定位，参照物移动了，其他的音频文件也就不能正确对应了。其次，要单音轨试听。就是只听一个音轨的声音。在多音轨界面播放，通常是所有音轨全部发声，听到的是一个合成的声音，很难辨认出哪个声音来自哪个音轨。另外，还要对确定的声音位置作出标记，以便放置其他声音。

例如，在第1音轨放的是《北京有个金太阳》的伴奏，第2音轨放的是自己演唱的录音。演唱录音是经过处理的，没有前奏。现在欲把它们合成在一起。

分析：伴奏是完整的器乐作品，有前奏。演唱录音应该放在前奏之后，与歌词的演奏组成和声。因此，需要先确定在伴奏的哪个位置开始播放演唱录音。所以，这个操作的关键是声音的定位。

操作方法：

①锁定第1音轨。在第1音轨右击→在弹出的快捷菜单中选择"紧闭时间"命令。这时，在波形的左下角有一锁形图标。波形处于被锁定的状态。

②设置仅第1音轨播放。单击第1音轨前面的"S"按钮，该按钮下陷，而且呈黄色，第1音轨色彩艳丽，其他音轨颜色昏暗。

③确定第2音轨内容对应的位置。粗略估计前奏结束的位置，选中周围的波形，播放试听，同时观察窗口下面的数字变化，当听得前奏结束时，迅速单击"暂停"按钮，或者按下"Shift+空格"组合键。记住该位置的波形和时间值。然后，拖动播放线到暂停的位置。按F8键，在窗口的上面会出现一个红色的倒三角，这是一个插入提示标记。

④对位。移动第2音轨的波形到标记的位置。

4. 声音的移动

最初调入音轨的音频素材位置是不准确的，要想得到和谐优美的声乐作品，就需要移动各个音频素材的位置，使它们到达合适的位置。

声音的移动分两种情况，一种是在一个音轨里移动，一种是从一个音轨移动到另一个音轨。下面分别予以介绍。

①在一个音轨里移动。在声音波形上按下鼠标右键来回拖动，改变波形的位置，当波形的位置合适时，松开右键。在多音轨界面，拖动鼠标左键是选择。因此，不能够像其他软件那样用鼠标左键移动声音，只能够使用右键移动声音。

②在多个音轨里移动。仍旧是使用右键拖动。把声音的波形从一个音轨拖放到另外一个音轨。有些人习惯于先右击波形，再按下右键。这是不对的，右击是出快捷菜单。所以，不要右击，直接按下右键拖动就可以了。

5. 音量调整

由于声音合成素材的格式、采样率、采样精确度、录音环境、打包方式、大小和密度等元素往往不尽相同，导致它们进入多音轨界面后，各自的表现能力不同，播放出的音量与设想的音量有很大的差异。应该大的声音不大，应该小的声音不小，甚至会出现有些音轨的声音几乎听不到的情况。这就需要调整各个音轨的音量，使它们各自有一个合适的音量，该高的要高，该低的要低。

调整音量，要先选中要调整的波形，再对选中的波形进行调整音量大小的操作。在哪个音轨里拖动，就是选中这个音轨里的波形；跨音轨斜着拖放，则是同时选择多个音轨的波形；不拖动鼠标，只是单击音轨里的波形，默认为是选中这个音轨里的所有波形。

可以通过多种渠道改变音频素材的音量。

方法一：右键法。在选区单击右键，在弹出的快捷菜单中选择"调整音频块音量"命令，打开音量调整工具栏，拖动滑动按钮，即可改变音量。向上拖动增大音量，向下拖动降低音量。也可以通过在音量工具栏上面的文本框里输入音量值，来达到调整音量的目的。

方法二：菜单法。选中波形后，单击"编辑"菜单，选择"调整音频块音量"命令，然后按照"方法一"设置音量的大小。

方法三：音轨工具法。选中波形后，右击音轨的前面，打开"音轨选项"工具箱，滑动工具箱左边的滑动按钮，即可改变音频材料的音量。

6. 调整声相

即调整左右声道的声音比例。操作方法与调整音量的方法相仿。

例如，设置播放第 2 音轨 10～20 秒的时候，关闭左声道。

操作方法：用拖放的方法选中第 2 音轨 10～20 秒，在选区右击，在弹出的快捷菜单中选中"调整音频块声相"命令，把滑动块拖动到右边，或者在右边的文本框里输入100。左声道用负数表示，最大值-100；右声道用自然数表示，最大值 100。

7. 声音的分割和移除

分割，指的是把声音分成几个部分。移除指的是从音轨里把声音删除。这也是声音合成的两个基本的操作。我们找的声音素材不一定正好合适，可能会长一些，这就需要使用分割和移除技术把多余的部分割掉。

分割的关键是要找准切割的位置，不能多割，也不能少割。这就需要音乐制作人认真领会音乐合成的意图，正确决定音乐的取舍，细细聆听音乐的内容，准确地找出切割的点。

例如，我们想创设一种教学情境，让学员自己研究歌手刀郎的演唱技巧。于是，找来了一些刀郎的代表作品，放在多音轨界面上。为了突出刀郎的某个演唱特点，需要把作品中与这个特点无关的内容删除掉。

操作方法：把放置刀郎作品的第 1 音轨设置为独立播放。试听，找出需要的乐句，在这个乐句前单击，把播放线调过来，确定分割的位置，在播放线上右击，在弹出的快捷菜单中选择"分割"命令。此音频即被分为两段。在前半部分右击，在弹出的快捷菜单中选择"移除音块"命令，即可删除这个作品的前半部分。如法炮制，删除这个乐句的后半部分。可以用类似的方法处理其他音轨里的内容。

8. 多音轨直录合成

多音轨直录合成，指的是在多音轨界面，直接使用外录与其他音轨的声音合成新的声音的操作方法。

声乐合成，可以用现成的几个音频文件合成，也可以把现场演奏与其他音频文件进行合成，还可以把现场演奏制作多个音轨直接进行合成。现场演奏合成，可以先在波形编辑界面记录声音，再调入多音轨界面实施合成；也可以直接在多音轨界面录音，与其他音频文件合成新的声音。这里重点介绍在多音轨界面直接录音合成的方法。

在音轨的空白处右击，在弹出的快捷菜单中选择"激活录音状态"命令，这时在这个音轨前面的大写字母 R 变成红底色，这是在这个音轨可以录音的标志。也可以直接单击音轨前面的 R 进入录音状态。

多音轨界面的录音包含内录、外录和内外同时录音三种情况。默认的是内外同时录音。也就是说，有背景音乐的话，对着话筒歌唱，不但记录了歌唱声同时也记录了背景音乐。这样录制的声音，尽管背景音乐与原背景音乐不冲突，但是编辑录制的声音不方便。所以，一般不这样做。因为在波形编辑界面能够很容易地得到内录音频文件，调用计算机内部文件又很简单，所以，内录的用处也不大。外录在这里大有用处。在多音轨界面播放声音，不但能够听到声音，而且能够看到波形。听着背景音乐、看着播放指针处的波形演唱，能够使演唱的声音与背景音乐很好地融合在一起。

因为录音有三种状态，所以，要实施外录的话，就要先对计算机做一些简单的设置，使它进入外录的状态。右击任务栏的小喇叭，在弹出的快捷菜单中单击"打开音量控制"命令→单击"选项"菜单下的"属性"命令→在"混音器"后面选择录音软件→点选"录音"按钮→单击"确定"按钮→勾选"麦克风音量"。这样计算机便进入了外录音的状态。

例如，自己演唱《祖国万岁》感觉不错，想制作一个音乐光盘，但是自己没有乐队，庆幸的是在网上找到了这首歌曲的纯音乐伴奏。意欲用这个伴奏音乐与自己的演唱合成一个带背景音乐的声乐作品。

分析：做音乐光盘，关键是制作数据音频文件，有了它，再找一台装有刻录机的计算机，就可以制作出音乐光盘。制作数据音频文件，其实就是把背景音乐与演唱的声音合成在一起。可以在一个音轨里放置背景音乐，在另一个音轨里录自己的演唱声。再把两个声音合成在一起。

操作方法：

①把计算机设置为外录。

②把背景音乐放到第 1 音轨，并锁定。

③激活第 2 音轨的录音：单击第 2 音轨前面的 R。

④录音。把播放指针移动到距离前奏结束不远的地方→按下"录音"按钮→听音乐、看波形和指针，到开始演奏的位置后对着麦克风演唱→演唱结束后，按下录音按钮，停止录音。

⑤调试。播放、试听在第 3 音轨重录唱得不理想的部分。

对于演唱不是非常成熟的歌曲，要制作成音乐作品，除了在音轨里放置背景音乐外，还要把名家的演唱也放进去，占用一个音轨。录音的时候，能够听到名家的演唱声。你可以跟着名家的声音演唱，录制完毕后，再把名家的声音从音轨里删除掉。就得到一个灌有自己声音的声乐作品。这样，有名家引路，演唱的失误可能会少一些，作品会更加完美一些。

9. 混缩

所谓混缩，就是把所有音轨里的声音混合在一起制作成一个音频文件。

在多音轨界面里，每个音轨里的波形，仅仅是某个音频文件在这里的代号，并非文件本身。如果从 Cool Edit Pro V2.1 窗口左边把文件删除了，那么音轨里的波形也就会随之消失。如果在保存工程文件的时候，不保存音轨里的文件，那么再次打开工程文件的时候，音轨里什么也没有。合成音乐的最终结果，应该是把所有音轨里的文件混合在一起做成一个音频文件。这样，便于保存和调用。

混缩分两大步：第一步是全选音轨，第二步是混缩文件。具体操作如下：

①全选音轨。

方法一：键盘法。按"Ctrl+A"组合键。

方法二：菜单法。"编辑"菜单→选择"选择全部音频块"命令。

②混缩。

方法一：右键法。右击选区→在弹出的快捷菜单中选择"混缩为文件"命令。

窗口自动切换到波形编辑界面。并且，在窗口的左边多出一个叫"混缩"的文件。这就是各音轨混合在一起得到的文件。

方法二：菜单法。单击"编辑"菜单→鼠标指向"混缩到文件"（或者"混缩到空音轨"）→单击"全部波形"命令（或者"全部波形（单声道）"）。

在多音轨界面合成声乐作品，还能够给音乐作品添加丰富多彩的效果，受篇幅所限，这里不再做详细的介绍。

【读者演练】

请读者从网络上下载一个自己会唱的歌曲的伴奏，在多轨界面里把自己的歌唱合成进去，制作出一首自己演唱的、带背景音乐的歌曲。

第四部分　视频

　　视频，指的是以像素的方式记录的、以数字形式存储的录像。其特点是内容比较真实、容易被导入多媒体开发工具中，画面是运动的。因为内容真实，有比较高的可信度，所以把它插入课件能够提升课件的信任度。因为容易导入多媒体开发工具中，而制作课件的软件多为多媒体开发工具，所以，在课件中插入视频比较方便。因为画面是运动的，运动的画面有比较强的视觉穿透力，所以，在课件中插入视频能够吸引人的眼球。另外，课件的素材多是文字和图片，插入一些视频可以调节学生的神经，调动她们学习的积极性。鉴于视频的这些优秀特点，课件制作者总会考虑把视频插入到课件中。

　　视频材料的来源主要有两个渠道：一个是自己摄录，一个是借鉴别人的。不论是自己摄录的，还是借鉴别人的，都不可能直接使用。组织摄录视频并非易事，需要组织人力、安排场地等，为了保证不遗漏摄录内容，对一个场景往往会摄录好几次，而且每次摄录都是活动没有开始的时候就开机了，活动结束之后才关机。这样，摄录的内容往往很多，而能够使用的只是一点点。这就需要对摄录的内容进行删减。因为借鉴的视频并不是为制作课件专一摄录的，所以，常常需要对这些视频进行加工，才能够使用。要想制作出高品质的课件，课件的开发者必须会摄录和处理视频。

　　视频的摄录设备五花八门，我们不好做介绍。视频的处理软件也不少，但是流行的、比较适合幼儿师范学生学习的和学前教育教师使用的并不多。在这里，我们仅介绍简单易用的、效果也不错的视频编辑软件"会声会影10.0"。

第八章 视频处理软件"会声会影"

会声会影是一款专业的视频处理软件，有三大功能：编辑视频、用主题模板快速制作影片以及将 DV 转换为 DVD。这一章，我们主要介绍它的视频编辑功能。

第一节 会声会影的安装

购买正版软件，打开光盘文件→右击文字标示为"AutoRun.exe"的图标→在弹出的快捷菜单中单击"打开"命令→单击文字"安装会声会影 10.0"→单击"下一步"按钮→点选"我接受许可证协议中的条款"→单击"下一步"按钮→输入序列号：624A2-8A000-00000008→单击"下一步"按钮→再单击"下一步"按钮→拖动滚动条，单击"中华人民共和国"→单击"下一步"按钮→再单击"下一步"按钮→最后单击"完成"按钮。

注意：如果你拥有一台数字摄像机，那么最好把随摄像机带的光盘也安装到计算机里。我们在这里安装的是视频处理的常用功能，能够打开的是标准的、常用的视频格式。而摄像机的制造商在设计摄像机的功能时，会考虑到很多因素，诸如，摄像机的制造成本、摄像机的摄录品质和摄像机的摄录速度等。在这些因素上找一个经济利益最大化的方案，可能会简化一下软件，生产出不太标准的视频。但是他会给用户提供修复视频、提高视频品质的软件，把这些软件安装到计算机后，依然能够获得好的视频，并能够对视频做各种处理。如果计算机没有安装这些软件，那么使用会声会影有可能无法打开摄录的影音资料。所以，我们建议在安装了会声会影 10.0 以后，也安装随摄像机带的其他软件。

第二节 录像处理

【编写意图】

介绍会声会影 10.0 的一些最基本的操作。

幼儿园迎六一演出后，家长纷纷索要有自己孩子演出的录像，园长决定把演出活动的视频放到本幼儿园的网站上。但是，摄录的时候受一些条件的限制，记录了一些与演出无关的内容，而有些精彩的演出部分则摄录的时间太短。

扫一扫

视频剪辑方法01

任务：把与演出无关的内容删除掉，把演出的精彩部分重复一两次，再添加一些文字说明。

任务分析：删除和添加视频是视频编辑的范畴，在视频上添加文字也是视频编辑的内容。所以，要加工这段视频，就要使用会声会影这个视频处理软件。因此，首先必须启动会声会影的"视频编辑器"。使用会声会影的"视频编辑器"编辑视频，还需要把视频导入到编辑器里。编辑器里没有视频，是无法编辑的。然后，使用会声会影的一些编辑工具对视频进行加工。

扫一扫

视频剪辑方法02

【任务分解】

任务 1：启动会声会影的视频编辑器。

操作方法：双击桌面上文字标示为"会声会影 10.0"的图标→单击"会声会影"对话框上边的"会声会影编辑器"按钮。"会声会影"对话框如图 8.1 所示。

图 8.1

任务 2：认识会声会影的窗口。

会声会影的主窗口如图 8.2 所示。

我们把整个窗口划分成五个区域，上边的长方形区域叫作上区，分左右两个部分，左边是菜单，右边是菜单选项卡。中间左边的区域叫作展示台，在这里播放参与编辑的视频、动画、图片和文字等。中间右边靠上的长方形叫作素材库，展示视频、图片、动画、声音、文字和效果灯素材。中间右边靠下的长方形叫作属性栏，显示展示台上对象的属性。下边的长方形叫作下区，是显示被编辑对象位置的地方。

任务 3：导入视频。

操作方法：单击"素材库"左上角的"白色三角形"→在弹出的下拉列表中单击"视频"→单击白三角右边的"加载"按钮 🗁 →找到摄录的视频，单击它→单击"打开"按钮。

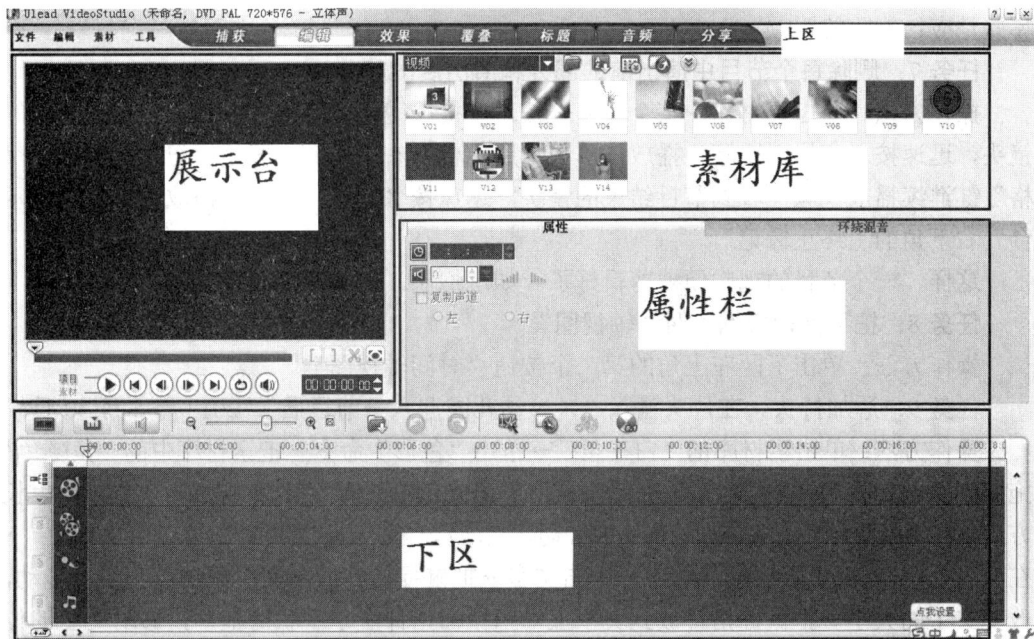

图 8.2

这时，在素材库中，原来素材的后面多了一个图标，就是刚刚导入到会声会影的幼儿园小朋友们演出的视频。

任务 4：浏览视频。

操作方法：在"素材库"中单击刚刚导入的视频→单击"展示台"下边的"播放"按钮▶。

任务 5：分解视频。把每一个节目都制作成独立的视频文件。

操作方法：从头播放视频，当看到第一个节目结束时，单击"停止"按钮，再单击"展示台"右下角的"剪刀"按钮。演出录像被分成两个部分，前半部分是第一个节目，后面是其他节目。这两部分按照先后顺序放置在素材库里。前边的是第一个节目，后面的是其他节目。

单击素材库里后面的图标，在展示台展示后半部分节目，当看到第二个节目结束的时候，按一下空格键，停止播放。单击"展示台"右下角的"剪刀"按钮，这段视频又被一分为二，前半部分是第二个节目，后面的是第二个节目以后的节目。

如此重复操作，可以把整个录像分解成多个视频文件。其中有一些是独立的节目文件，有一些不是。

任务 6：在素材库里删除几个节目在一起的视频。

操作方法：在素材库里，右键单击几个节目在一起的视频，在弹出的快捷菜单中单击"删除"命令。

因为使用剪刀断开的视频是成对存放在素材库中的，而且前边排列的是独立的视频节目，后面排列的是几个节目在一起的视频。所以，在断开的视频中，序列号为奇数的是独立的视频，序列号是偶数的是由几个节目组成的视频。我们可以按照这个规律找到哪些是应该删除的视频。

任务 7：删除每个节目中演出前的部分和演出后的部分。

操作方法：单击素材库中某个节目→按"空格"键开始播放→看到节目正式开始的镜头，迅速按"空格"键停止播放→单击"展示台"右下角的"开始标记"→再按"空格"键继续播放视频→看到节目结束的镜头，迅速按"空格"键停止播放→单击"展示台"右下角的"终止标记"。

这样，一个节目的视频便被剪辑好了。如法炮制，剪裁每个节目。

任务 8：把下区切换到"时间轴视图"。

操作方法：单击下区左上角的第二个按钮"时间轴视图"。

任务 9：添加片头。在片头输入"××幼儿园迎六一节目展""2013 年 5 月 30 日"。

操作方法：单击素材库的"白三角"→单击"色彩"命令→把素材库中的"黄颜色"拖放到下区的"视频轨"上。→在下区"T"所在的轨道，双击"视频轨"上的黄色长方形→在"展示台"上双击→输入"××幼儿园迎六一文艺演出""2013 年 5 月 30 日"→在空白处单击，退出汉字输入状态→单击文字→把鼠标指针放到文字框的控制点上拖动，改变文字的大小→把鼠标指针放到文字上，当鼠标指针呈小手状时拖动，移动文字的位置→在选中文字的前提下，单击"属性栏"右边的"白三角"→单击一种文字艺术效果。如图 8.3 所示。

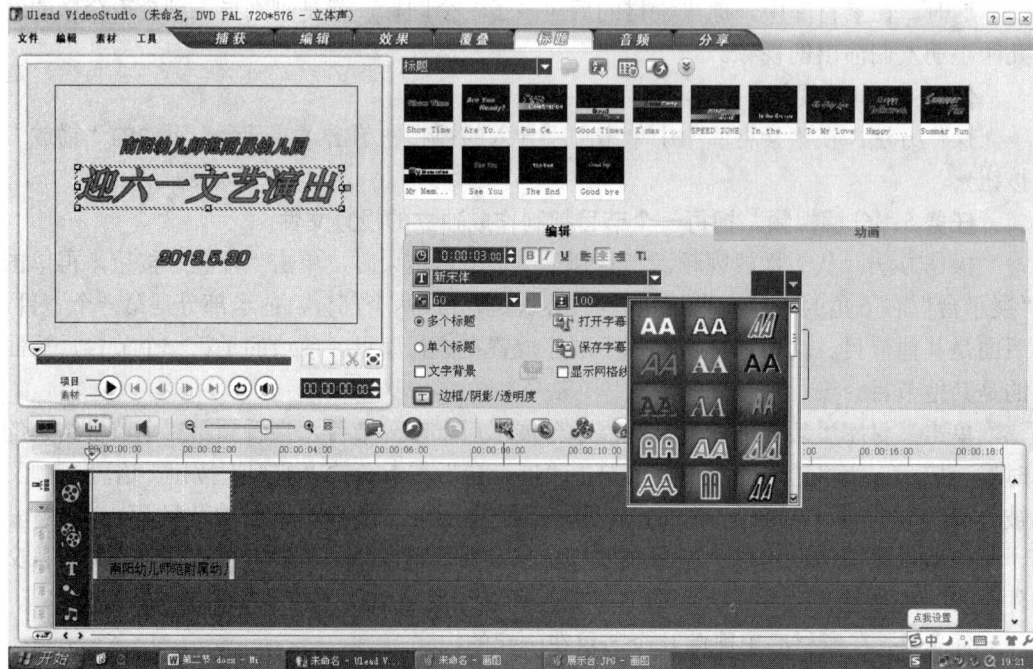

图 8.3

任务 10：组装视频。把加工好的各个节目按照演出的顺序排列起来。

操作方法：把素材库里加工好的第一个节目拖放到下区的"视频轨"里，放置到片头的后面。把素材库里加工好的第二个节目拖放到下区的"视频轨"里，放置到第一个节目的后面。把素材库里加工好的第三个节目拖放到下区的"视频轨"里，放置到第二个节目的后面。依次把其他节目放置到下区。

任务 11：添加片尾。在片尾输入"谢谢各位家长的支持！"

操作方法：仿照添加片头的方法制作。

【理论升华】

1. 素材的导入

在视频编辑中，导入的素材有视频、图像、音频和 Flash 动画，使用频率比较高的素材是视频和图像。素材的导入在"素材库"进行。在素材库的左上角有一个"白色三角形"，下面隐藏着素材的类型，单击它可以打开下拉列表，展示出会声会影允许使用的所有素材。如图 8.4 所示。

图 8.4

这些素材有视频、图像、音频、色彩、转场、视频滤镜、标题、装饰和 Flash 动画。有些素材的格式非常特殊，制作需要特殊的软件，除了视频制作的专业人士外，其他人很少接触这些软件。像色彩、转场、标题、装饰和视频滤镜这些特殊素材，会声会影的开发商制作了足够用户使用的样本，放在素材库里供用户选用。其他素材则需要用户自己导入。

导入素材一般按照下面的步骤进行：

第一步：选择要导入的素材类型。可以单击素材库左上角的白色三角形，在下拉列表中选择。

第二步：打开要导入的素材。可以单击素材库左上角的"加载"按钮，在弹出的"打开"对话框里找到要添加素材的位置，选中素材，单击"打开"按钮即可。

素材导入后，在素材库里会显示它的图标。比如，导入的是幼儿演出的视频，那么在素材库里就会多出一个幼儿演出的图标，这个图标就是导入的视频素材。不同的素材，在素材库里显示不同的图标。可以根据图标来判断图标所代表的素材内容。会声会影采用原名导入，素材原来叫什么名字，导入到素材库还叫什么名字。我们也可以根据素材的名称来识别素材的内容。素材是按照先后顺序排列的，先导入的图标排列在前边，后导入的图标排列在后边。也可以在素材库中的空白处，单击右键，在弹出的快捷菜单中选择"插入视频"命令添加视频素材，选择"插入图像"命令添加图像素材，选择"插入音频"命令添加音频素材。

2. 素材的展示

编辑素材前，一般要先详细了解素材的内容，弄清楚素材的哪些部分需要删除，哪些部分需要保留，哪些部分需要缩小，哪些部分需要放大。而要详细了解素材，那就要全面展示素材。

展示素材的方法比较简单。在素材库里单击素材，这个素材便被放到了展示台，再单击展示台下边的"播放"按钮，就可以看到素材的全部内容了。

3. 展示台

展示台如图 8.5 所示。

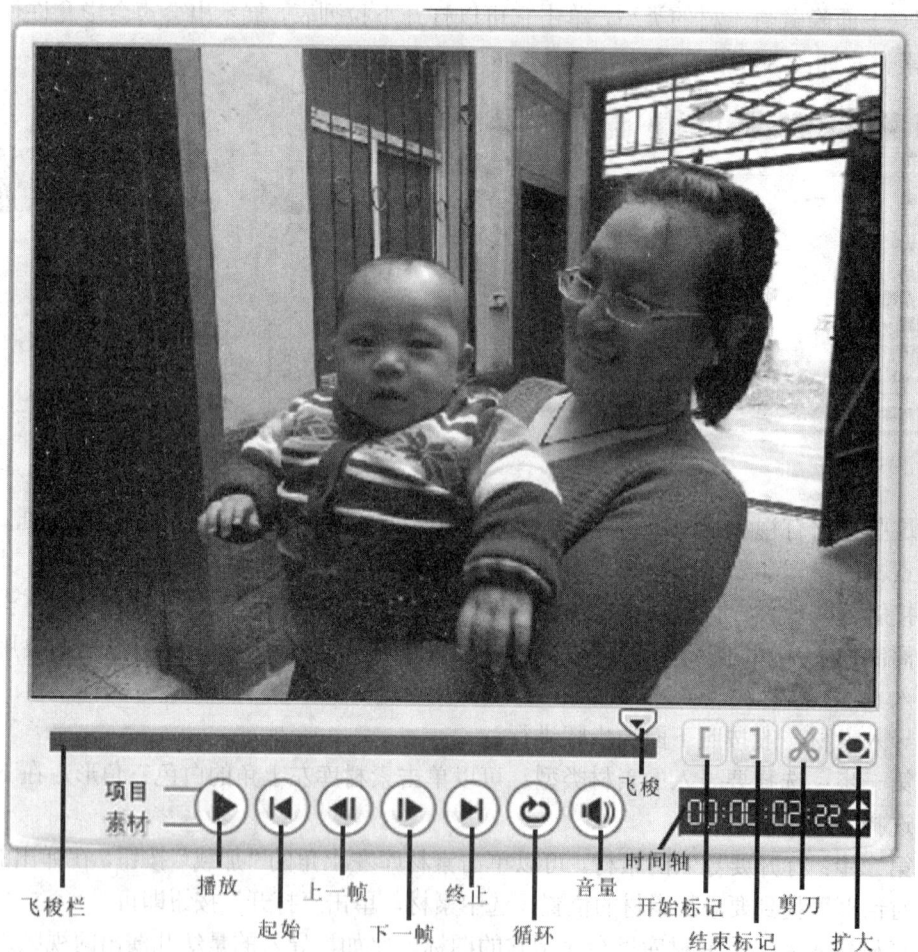

图 8.5

"飞梭"。飞梭的功能是指示视频播放的位置。播放视频的时候，飞梭从左向右移动。通过飞梭，可以大致估计出视频播放了多少，还剩多少。也可以通过拖动飞梭快速浏览视频的内容。

"时间轴"。时间轴显示的是播放的时间。播放视频的时候，时间轴上的数值发生着变化。通过时间轴，可以精确地看到视频已经播放了多少。时间轴上的数值 00:00:00:00，依次表示的是小时、分钟、秒和百分之一秒。单击时间轴上的每个时间段，这个时间段的数值闪动，可以重新输入时间。我们用这种方法对视频进行精确定位。

"播放"按钮。单击它，播放放在展示台上的素材。

"起始"按钮。单击它，飞梭回到视频开始的位置。

"终止"按钮。单击它，飞梭回到视频终止的位置。

"上一帧"按钮。单击它，视频向后退一帧。

"下一帧"按钮。单击它，视频向前进一帧。

"循环"按钮。单击它，循环播放视频。

"音量"按钮。显示的是系统音量，单击它，打开滑动按钮，拖动滑动按钮，可以改变系统的音量。

"拖柄"，又叫"修正拖柄"，作用是剪辑视频。拖柄有两个，左边的表示视频开始播放的位置，右边的表示视频终止播放的位置。可以来回拖动拖柄改变视频播放的起始位置和终止位置。我们常用拖放拖柄的方法，对视频做大致的剪辑。

"标记"按钮，作用是剪辑视频。标记有两个，一个是"开始标记"，一个是"终止标记"。开始标记，标示的是视频开始的位置；终止标记，标示的是视频结束的位置。在视频播放的过程中，单击开始标记，可以删除飞梭前边的视频；单击终止标记，可以删除飞梭后边的视频。我们常常这样做，把鼠标指针放在标记上播放视频，当需要剪辑的时候，快速单击标记。这样，可以比较准确地把不要的视频删除。比如，我们要删除视频的前半部分，那么从哪个地方删除呢？可以把鼠标指针放到"开始标记"上，右手放在鼠标上，时刻准备着按下左键，左手按一下键盘上的"空格"键，播放视频。当看到要保留的视频开始点后，迅速地单击一下鼠标，前边的内容便被删除了。

"剪刀"按钮。单击它，把展示台上的视频，从飞梭的位置一分为二，分为两个独立的视频文件，分别放进素材库，前半部分视频排列在前，后半部分排列在后。我们常用这种方法分解视频。素材库中的图标是视频第一帧的图像。

4. 播放与停止。

方法一：按钮法。单击展示台下边的"播放"按钮，开始播放视频，同时播放按钮变成停止按钮，单击停止按钮，视频停止播放。

方法二：键盘法。按"空格"键，开始播放视频。再按"空格"键，视频停止播放。

5. 下区视图

下区显示的是视频编辑情况，即制作的视频是由哪些视频、图像、声音和动画组成的，谁在先，谁在后，谁在上，谁在下，各个素材的播放时间等。下区有两种板式：故事板视图和时间轴视图。在下区的左上角有两个按钮，左起第一个是"故事板视图"按钮，第二个是"时间轴视图"按钮。单击哪个按钮，就打开相应的视图。

故事板视图。长的视频是由许多短的视频拼接而成的。在故事板视图中，这些短的视频是以图标的形式出现的，先播放的放置在左边，后播放的放置在右边。如图 8.6 所示。

图 8.6

　　时间轴视图，是以轨道形式出现的，上边有时间刻度线。素材在轨道里不但有图标，而且有长度，在这里可以清晰地看到各个素材之间的位置关系。如图 8.7 所示。

图 8.7

6. 文字的添加

文字和视频不是一回事，文字是要占据轨道的。时间轴视图的下区显示轨道。所以，在会声会影里添加文字要在时间轴视图里进行。因此，在会声会影里添加文字的第一步就是把下区切换到时间轴视图。切换的方法很简单，单击下区左上角的"时间轴视图"按钮就可以了。

在时间轴视图中，以"T"开头的行叫文字轨道，是放置文字的地方。单击这个轨道一下，就预示着要添加文字。这个时候，在展示台上会出现"双击这里可以添加标题"的字样。双击展示台，会出现闪动的"光标"，这时就可以输入文字了。

要在视频上添加文字，就要给文字设置播放的时间。不给文字播放的时间，也就是不给观众观看文字的时间，那么观众是看不到文字的。所以，必须给文字一定的时间。当我们插入文字后，计算机会自动分配给文字一个时间。这个时间的长度是 2.24 秒，可以延长和缩短这个时间。单击文字轨道里的文字，文字的两端变成黄色。把鼠标指针放到黄线上，鼠标指针会变成箭头，这个时候拖动鼠标，便可以延长和缩短文字播放的时间，也可以在文字编辑面板上调整时间。

7. 文字的编辑面板

要改变文字的属性，先要选中文字。单击展示台上的文字，文字周围出现虚线和控制点，该文字即被选中。被选中的文字周围有两圈虚线和黄蓝两色的控制点。内圈虚线表示文字的外围，外圈虚线表示文字边线的外围。拖动蓝色控制点，可以改变外圈虚线的大小，即文字边线的宽窄。拖动黄色控制点，可以改变文字的大小。

在选中文字的情况下，单击"属性栏"的"编辑"选项卡，可以打开文字编辑面板。如图 8.8 所示。

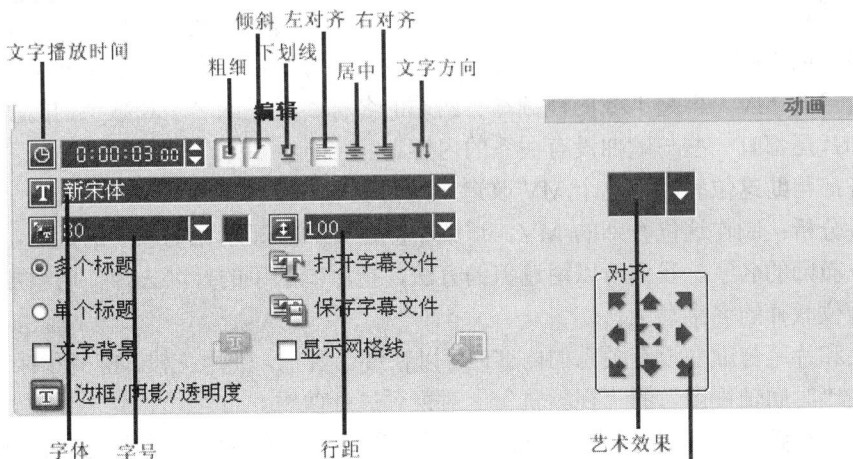

图 8.8

在文字编辑面板设定文字播放的时间。编辑面板左上角的第一文本框是时间设置框。有四组数值：0:00:00:00，依次是小时、分钟、秒和百分之一秒。单击某一组数，这组数闪动，在键盘上输入数据，会把闪动的数据替换掉。单击右边的增减值按钮，可以递增或者递减时间参数。

在文字编辑面板里可以给文字添加背景色。勾选"文字背景"前，单击它后面的文字标示为"T"的按钮，可以选择背景的颜色。取消"文字背景"前面的"✓"，取消文字的背景。如图8.9所示。

单击"艺术效果"上的"白三角"，能够弹出一些文字艺术效果的样式，在这里单击一种样式，这种样式便被加载到文字之上。

【读者演练】

（1）导入一段视频，把它分成三段，并删除其中的一段。

（2）给一个视频添加片头和片尾。

图 8.9

第三节　改造 MV

【编写意图】

（1）介绍时间轴视图的结构和用法。

（2）介绍视频与声音的分离。

（3）从视频中分离出的声音的保存。

（4）录音。

（5）音乐的添加。

（6）视频的修改。

一个乡村学前教育教师，要举办个人演唱会，来宣传学前教育。想制作一个《大海啊，故乡》的 MV，但是没有去过大海，也不熟悉字幕的制作方法，想把网络上的 MV 改造成自己的 MV。但是下载的视频都有网站的名称、歌手的名字和歌手们的演唱，而且片头和片尾都有一些与歌曲没有关系的内容。

任务：帮助这位教师把这个 MV 改造成她自己的 MV。

任务分析：制作这位教师的 MV，那就不能在视频上显示原唱歌手的姓名，还要添加上这位教师的名字。我们可以用遮盖的方法，把原唱歌手的姓名去掉，用添加文字的方法把这位教师的名字写上。

片头和片尾与歌曲没有关系的内容，可以在展示台上，使用飞梭、拖柄和标记删除。也可以在"时间轴视图"的"视频轨"上对视频进行剪辑。

原唱和视频是组合在一起的。不想要原唱，那就要把视频和声音分离开。只有分离开，才能够删除声音。也可以把分离出的声音保存起来备用。

要制作这位教师的 MV，视频中肯定得有这位教师的演唱声。插入这位教师的演唱声有两个方案，一个方案是使用专用的录音软件来记录她的演唱声，把这个声音文件导入到会声会影素材库里，再从素材库里将其拖入时间轴视图的声音轨道上；另一个方案是在会声会影中录音。

只有教师的歌唱声是很干瘪的，还要给这个教师的歌声添加伴奏的声音。我们可以把找到的《大海啊，故乡》的伴奏导入到素材库，再把它拖放到声音轨道上。调整伴奏和教师歌唱声音的位置，使二者和谐一致。

【任务分解】

任务 1：打开视频"大海啊，故乡"和"大海啊，故乡"的伴奏。

操作方法：单击"素材库"的"白三角"→在下拉列表中单击"视频"→找到视频"大海啊，故乡"并选中→单击"打开"按钮。

单击"素材库"的"白三角"→在下拉列表中单击"音频"→找到音频"大海啊，故乡"的伴奏并选中→单击"打开"按钮。

任务 2. 打开时间轴视图。

操作方法：单击下区左上角的"时间轴视图"按钮。

任务 3：把素材库中的视频"大海啊，故乡"拖放到"视频轨"上。

操作方法：单击"素材库"的"白三角"→在弹出的下拉列表中单击"视频"→把鼠标指针放到视频"大海啊，故乡"上，按下左键向下区拖动，当"视频轨"变成浅灰色，鼠标指针变成一个小箭头和一个小长方形时，松开鼠标。

任务 4：分离有用和没用的视频。

操作方法：在时间轴视图上，单击"放大"按钮，或者"缩小"按钮，适度放大、缩小时间刻度→单击"视频轨"下面，当展示台出现大海的图像后，单击"视频轨"上的视频，即"大海啊，故乡"的视频→单击"展示台"上的"剪刀"按钮→单击"展示台"上的"终止"按钮→在"视频轨"的下边，从后向前单击，当出现图像后，单击"视频轨"上的视频→单击"展示台"上的"剪刀"按钮。

这样就把原来的视频分成了三段，第一段和最后一段都是没有用的，中间这一段就是 MV 的内容。

任务 5：删除没有用的视频。即删除时间轴视图"视频轨"上的第一个视频和最后一个视频。

操作方法：单击第三段视频→在第三段视频上单击右键→在弹出的快捷菜单中选择"删除"命令→单击"展示台"的"开始"按钮→右键单击"时间轴视图""视频轨"的第一段视频→在弹出的快捷菜单中单击"删除"命令。

任务 6：影音分离。把"大海啊，故乡"的影像和声音分离开。

操作方法：单击"视频轨"上的视频→单击"属性栏"的"视频"选项卡→单击"分割音频"按钮。

这时，在时间轴视图的"声音"轨道上出现了音频。这个音频就是从视频"大海啊，故乡"上分离出来的，原来"视频轨"上的视频只剩下了影像，没有了声音。

任务 7：保存分离出的声音。

操作方法：单击"菜单"栏的"分享"选项卡→单击"属性栏"的"创建音频文件"→在打开的对话框里指定音频的存放位置，输入音频的名称→单击"保存"按钮。

任务 8：保存分离后的影像。

操作方法：单击"菜单"栏的"分享"选项卡→单击"属性栏"的"创建视频文

件"→在打开的对话框里指定视频的存放位置，输入视频的名称→单击"保存"按钮。

任务 9：移动分离出的音频至音乐轨道。

操作方法：从声音轨道把从视频中分离出的音频拖放到音乐轨道上。再在音乐轨道上向左拖动音频，使音频的开始点与影像的开始点对齐。

任务 10：录音。记录这位幼儿教师的歌唱声。

操作方法：让这位教师拿起话筒，做好录音的准备→单击时间轴视图上"声音轨"前面的话筒→把视频的位置确定在歌词即将出现的位置→单击"属性栏"的"录制声音"按钮→看着"展示台"上的歌词演唱→演唱结束后，单击"属性栏"的"停止"按钮。

任务 11：试听。

操作方法：单击"展示台"上的"播放"按钮。如果记录的声音不合适，那么就要删除刚才的录音，重新进行录音。

任务 12：删除原始的声音。

操作方法：单击"音乐轨"上的原唱声音→在原唱声音上单击右键→在弹出的快捷菜单中单击"删除"命令。

任务 13：添加伴奏音乐。

操作方法：把素材库中"大海啊，故乡"的伴奏拖放到"音乐轨"→试听→移动伴奏，使伴奏和歌唱的声音和谐一致。

任务 14：修改视频上的演唱人。

操作方法：在时间轴视图上找到写有演唱人的帧，在"覆叠轨"放置一个颜色。如图 8.10 所示。

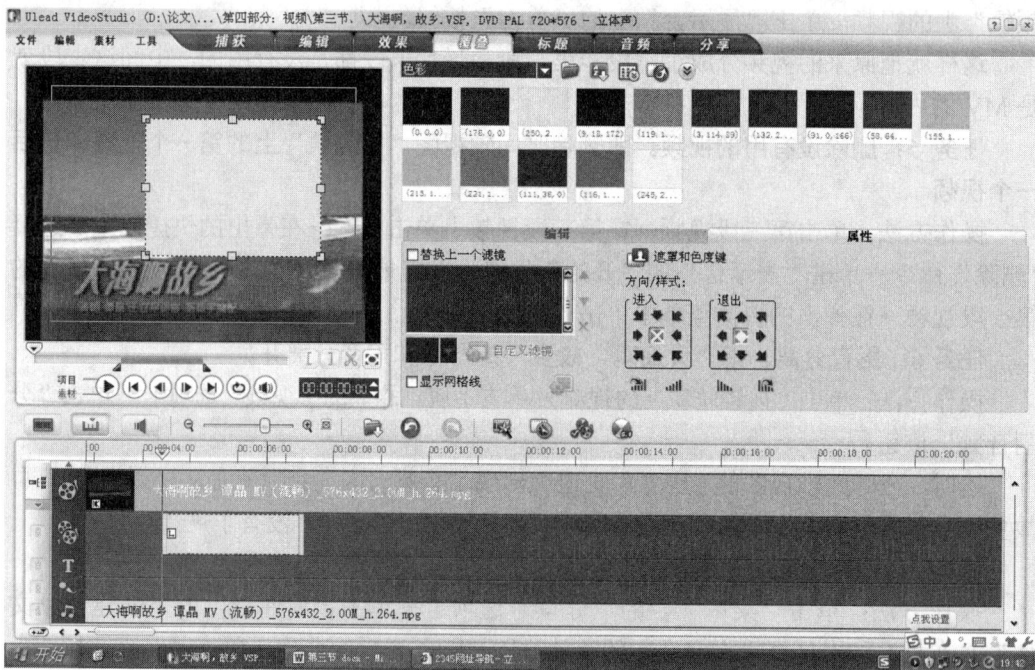

图 8.10

在展示台拖动颜色块覆盖住不要的文字，拖动控制点，把颜色块变得和将要覆盖的文字一样大小。如图 8.11 所示。

在选中颜色块的前提下，单击"属性栏"的"编辑"选项卡→单击"编辑"选项卡里的"颜色选择器"→选择与背景比较接近的颜色。

也可以把这幅图片放到 Photoshop 里，选取文字周围的部分建立一个图片文件，并把这个图片文件导入到会声会影的素材库，再把它拖放到"覆叠轨"上，掩盖住原来的文字。如图 8.12 所示。

图 8.11

图 8.12

在"标题轨"添加文字。比如输入文字"演唱：南阳附属幼儿园 李娜"。如图 8.13 所示。

在"覆叠轨"中单击颜色块，把鼠标指针放到颜色块右边的黄色竖线上，向右拖动，拉长颜色块的播放时间，直到原来的文字消失。同样，也要改变文字的播放时间，使文字和颜色块的播放时间一致。

任务 15：保存作品。

操作方法：单击"文件"菜单→单击"保存"命令→在打开的对话框里找到作品的保存位置，输入文件名→单击"保存"按钮。

任务 16：分享作品。

操作方法：单击"分享"选项卡→在"属性栏"单击"创建视频文件"按钮→单击"与项目设置相同"命令→指定视频的保存位置→单击"保存"按钮。

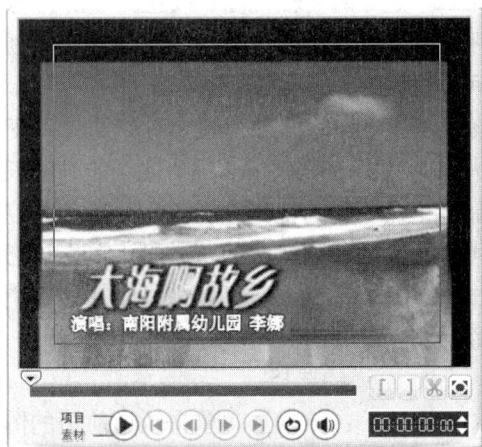

图 8.13

【理论升华】

1. 时间轴视图

单击下区左上角的"时间轴视图"按钮，在下区显示该视图。如图 8.14 所示。

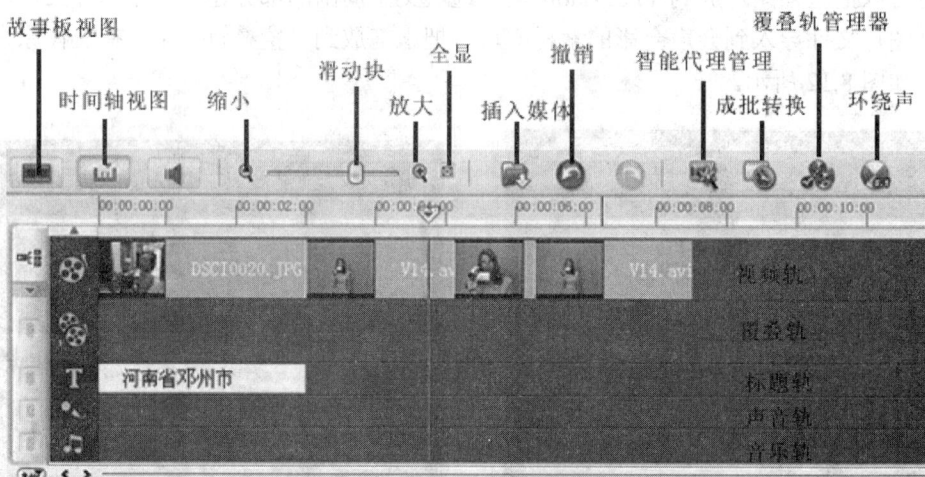

图 8.14

时间轴视图自上而下分成三个部分，最上边的一行是一些功能性按钮，下边一行是时间刻度线，时间刻度线下边的灰色部分是轨道，自上而下依次是视频轨、覆叠轨、标题轨、声音轨和音乐轨。

上边第一行，左起第一个是"故事板视图"按钮，单击它切换到"故事板视图"；第二个是"时间轴视图"按钮，单击它切换到"时间轴视图"；第三个是"音频视图"按钮，单击它切换到"音频视图"；第四个是"缩小"按钮，单击它，时间刻度变小，在时间轴视图上看到的时间变长。有"+"标示的放大镜，叫作"放大"按钮，单击它时间刻度变宽，在时间轴视图上看到的时间变短；来回拖动"滑动块"，可以改变时间刻度的大小，进而改变时间轴视图视频的时间长短。单击"全显"按钮，在时间轴视图上全部显示正在编辑的视频。单击"插入媒体"按钮，找到媒体（如视频、声音、动画和图片），可以直接插入到选中的轨道里。单击"撤销"按钮，可以撤销在时间轴视图的操作。单击"重复"按钮，又可以恢复刚才的撤销。单击"覆叠轨管理器"，可以打开此管理器，添加和删除轨道。

2. 轨道的选择

方法一：单击法。单击轨道前边的图标。

方法二：双击法。双击轨道。

3. 在时间轴视图选择对象

选择一个对象：单击时间轴视图上的对象，选中的视频两端有黄色的竖线。选择多个对象：按下 Shift 键，分别单击要选择的对象，多个被选中的视频颜色要亮丽一些。在选中的视频以外单击，能够取消对视频的选中。

例如，同时选择"视频轨"上的第二段视频，"覆叠轨"上的第一段视频，标题轨上的第三段文字。

操作方法：按下 Shift 键不松手→单击"视频轨"上的第二段视频→单击"覆叠轨"上的第一段视频→单击标题轨上的第三段文字→松开鼠标。

4. 视频位置的确定

确定视频的位置很重要。要编辑的视频一般都是有一定瑕疵的，可能需要删除一些内容。要删除内容，就要确定从什么地方开始到什么地方结束。这就需要确定视频的位置了。如果不能够确定视频的位置，就无法删除有瑕疵的内容。

确定视频的位置是需要试验的。在放置有视频的轨道下边单击，有一条上边是三角形的竖线会移动到鼠标指针的位置，展示台上的画面也会变换。这条竖线的位置，就是当前展示台上画面所在时间刻度线上的位置。比如说，这条竖线在 03:17 秒的位置，那么展示台上的画面就是视频上 03:17 秒的画面。在视频轨的下面左右试着单击，观看展示台上的画面，确定哪一帧画面是我们需要的，哪一帧画面是我们开始剪的地方。

5. 影音分离

影音分离，即把视频中的影像和声音分离开。

影音分离的步骤：单击"视频轨"上的视频→单击属性栏的"视频"选项卡→单击"分割音频"。

分离后的影像和声音可以单独保存，分别建立影像文件和声音文件。分离出来的声音放置在声音轨道上。声音轨道也是一个录音轨道，如果这个轨道有声音，那么录音将没有地方放置，也就不能够录音。要想录音，就需要把这个轨道上的声音移动到音乐轨道上。

6. 轨道上媒体的移动

把一个轨道上的媒体移动到另外一个轨道，一般用拖放的方法。即拖住媒体对象放到另一个轨道后松开鼠标。媒体移动到另外一个轨道后的位置常常会发生变化，要想恢复到原来的时间点上，就需要在该轨道上移动媒体。在轨道上水平拖动媒体，当发现媒体的位置合适时，松开鼠标。

7. 轨道的移动

大多数情况下，在下区看不到全部的编辑内容。常常通过移动轨道来查看要编辑的内容。这就需要把所有的轨道一起向左移动或者向右移动。移动的方法是：

方法一：Ctrl+方向键。按下 Ctrl 键不松手，按方向键。

方法二：翻页键。按键盘上的 Page Up 键或者 Page Down 键。

方法三：鼠标中键。滚动鼠标的中轮。

8. 录音

录音要使用到"录制声音"按钮，而"录制声音"按钮是声音的属性。声音的"属性栏"和声音的轨道是联动的。选中"声音轨"，自然打开声音的"属性栏"，露出"录制声音"的按钮。所以，录音前先要选中"声音轨"。

单击"录制声音"按钮，录音开始，同时这个按钮变成"停止"。录音完毕，单击"停止"按钮，结束录音。

9. 作品的保存与分享

保存可以把制作的过程全部存储起来，再次使用会声会影打开后，还可以继续修改。分享是把全部的制作过程合成一个视频文件，这样的视频文件不能够轻易修改。没有完成的作品，一般要保存，以便继续加工。已经完成的作品，一般是分享，以便使用。分享，其实就是对作品进行打包。打包后的作品，可以脱离会声会影的环境播放。

分享有多种格式，一般使用"与项目设置相同"的格式。如果要把制作的视频插入到 Powerpoint 2003 做课件，那么建议把它分享为 MPEG1 格式。因为 Powerpoint 2003 是 2002 年前后推出的，当时国际上流行的是 MPEG1 格式的视频。开发商是在当时的国际视频格式环境下开发的 Powerpoint 2003，所以它与 MPEG1 兼容，对后来流行的高版本的视频不兼容，插入的视频常常不能够播放，甚至会造成计算机死机。如果使用 Powerpoint 2007，或者 Powerpoint 2010 做课件，或者使用视频软件直接播放，那么可以把分享的格式设置为 MPEG2。

10. MV 的概念

MV，即音乐电视，和 MTV 不同。

【读者演练】

（1）快速把有 5 个节目的录像分解成 5 个独立的节目。

（2）改造一个 MV，用自己的歌声换掉原唱的歌声。

第四节　爱我你就抱抱我

【编写意图】

（1）介绍 MV 的制作方法。

（2）介绍把静止图片制作成动态效果的方法。

（3）介绍声音的定位方法。

（4）介绍转场效果的应用。

（5）介绍文字动画的设置方法。

任务： 有一个学前教育教师教唱儿歌《爱我你就抱抱我》，想制作一个音乐电视播放给小朋友们看。她手头有平日里积攒的幼儿园的孩子们和爸爸妈妈在一起的照片，一些反映母子、父子情深的图片和《爱我你就抱抱我》的歌曲。我们的任务是利用这些素材制作一个 MV。

任务分析： MV 有两类，一类是带字幕的，一类是不带字幕的。字幕有动态的和静态的。动态的字幕和歌词的唱声是同步的，唱到哪个歌词，就突出显示那个歌词，没有唱到的歌词，要么不显示，要么低亮度显示。而且歌词的显示速度和歌唱的音长一致。静态歌词和歌词的乐句是一致的，唱到哪一句，就出示那一句歌词。静态的歌词制作比较简单，只要在歌唱乐句的时间点上输入歌词就可以了。在这里，我们介绍静态字幕

MV 的制作方法。

MV 中的影像和声音是一致的。歌曲《爱我你就抱抱我》，歌唱的是父子亲情和母子亲情，所以，影像必须是反映母子之间、父子之间亲情关系的。如果使用武打的影像、装神弄鬼的影像制作这个 MV，那影像和歌曲就不协调了。

制作成功的 MV，观众放眼一看，就能够进入歌曲的意境之中，认真观看，回味无穷。怎样做到让观众放眼一看就能够进入歌曲的意境之中呢？常用的手段是在"视频轨"上放置与歌曲主题有关的影像，铺满整个屏幕。观众放眼看，看到的是整个屏幕，而整个屏幕都是与主题相关的影像，自然会使观众联想到影像所反映的事物。所以，在"视频轨"上应该大量放置母子、父子的照片。

要让观众回味无穷，必须让图片的内容和歌词完全吻合。歌词说的是什么，图片上的内容就是什么。歌唱的声音是可以一下子听完的，但是图片的内容往往一眼看不完，特别是图片的细处和周边的内容。人们看东西有个特点，目光首先会集中在对象中心的一个 2:3 的长方形里，然后向外扩散。所以，对要看内容的中心记忆得快而深刻，对其他地方的内容要通过回味进行感知。人们在听到声音的时候，会联想到声音所表达内容的形象。在这个时候正好看到影像，思维就由眼前的影像展开。所以，好的 MV 除了"视频轨"有大量的影像外，在"覆叠轨"上也会放一些漂移的影像，随歌词的变化而变化。

要使歌词和影像吻合，首要的是对歌词进行定位，确定了歌词播放的时间段，才能够在这个时间段里插入相应的影像。所以，一般要先播放声音，认真听歌词，并对歌词的播放位置在时间刻度上做出标记。

动态的影像比较吸引人的眼球，集中观众的注意力。所以，制作《爱我你就抱抱我》这个 MV，还有一个重要任务，那就是把静态的图片制作成动态的视频。

【任务分解】

任务 1：导入素材。

操作方法：按照前面介绍的方法操作。

任务 2：制作视频片头。在片头输入文字"爱我你就抱抱我"和"河南省邓州市十林镇胡岗村萌芽幼儿园胡小英"。

操作方法：在素材库单击"白三角"→在下拉列表中单击"视频"→把素材库中的一个视频（比如文字标示为 v02 的视频）拖放至"视频轨"→单击"标题轨"左端的"T"→双击"展示台"→输入"爱我你就抱抱我"和"河南省邓州市十林镇胡岗村萌芽幼儿园胡小英"→移动文字的位置，改变文字的长短，使文字的播放时间和视频的播放时间一致。如图 8.15 所示。

任务 3：添加文字的动画效果。

操作方法：在展示台上单击要添加动画效果的文字→单击"属性栏"的"动画"选项卡→勾选"应用动画"→单击"属性栏"的"白三角"→在下拉列表中选择一种动画类型→单击一种动画。如图 8.16 所示。

任务 4：把音乐插入到"音乐轨"。

操作方法：把素材库中《爱我你就抱抱我》的音乐拖放到"音乐轨"上，并移动它的位置，使它的左端与片头的末尾对齐。如图 8.17 所示。

图 8.15

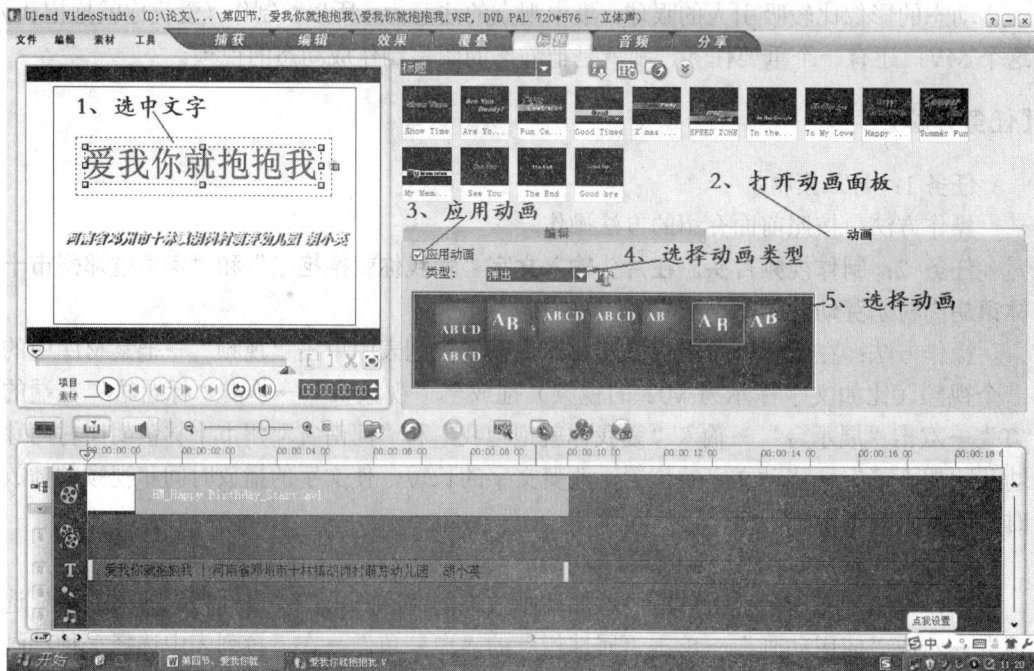

图 8.16

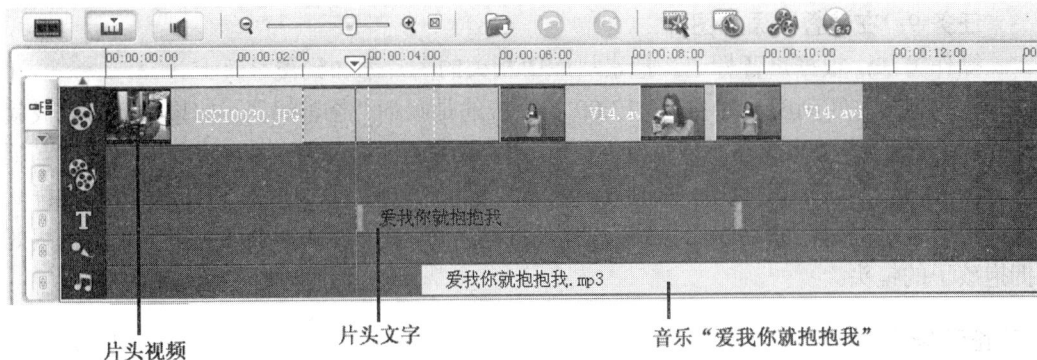

片头视频　　　　　　　　　片头文字　　　　　　　　音乐"爱我你就抱抱我"

图 8.17

任务 5：制作背景影像。把一些反映母子、父子关系的图片放到"视频轨"上，使它们充满屏幕。

操作方法：

①添加图像。单击"编辑"选项卡→单击素材库的"白三角"→在下拉列表中单击"图像"→把素材库中母子、父子图片拖放到"视频轨"上。

②设置图像播放时间。在"视频轨"上单击第一幅图→向右拖放它右端的黄线，拉长它的播放时间→单击"视频轨"上的第二幅图→单击"属性栏"的"图像"选项卡→单击"增减值"按钮，或者输入数字，调整图片的播放时间→按照设置第一幅、第二幅图片播放时间的方法，设置其他图片的播放时间。

③改变图像的大小。单击轨道上的图片→单击"属性栏"上的"属性"选项卡→勾选"素材变形"→拖动"展示台"上图像上的黄色控制点，使图像充满整个屏幕。

任务 6：变静态图像为动态视频。

操作方法：在"视频轨"上单击第一幅图片→单击"属性栏"的"图像"选项卡→点选"摇动和缩放"→单击"白三角"→在下拉列表中选中一种动画效果。

任务 7：给图像添加转场效果。

操作方法：单击视频轨上第一幅图片→单击"菜单栏"的"效果"选项卡→单击素材库的"白三角"→在下拉列表中选择"相册"→把素材库左起第二个转场效果"旋转 1"拖放到第一幅图片的前边。效果如图 8.18 所示。

其他图片的转场，可以模仿此设置。

任务 8：做声音标记。

操作方法：从头播放视频，用心听音乐，把鼠标指针放到"视频轨"上边、左端有一个黑色三角形的栏目（这个栏目叫章节点栏）上，在说每句话，或者听到唱每个乐句时，就快速地单击

图 8.18

一下鼠标。单击鼠标的时候，会在单击的地方留下一个黄色三角形标记。我们可以根据此标记判断每句话或者每个乐句在时间轴上的位置。

任务 9：在覆叠轨添加图片。

操作方法：根据声音标记，把素材库中相关的图片添加到覆叠轨上。

比如，与时间刻度上的 00:00:12:00 相对应的是唱词"爸爸妈妈，如果你们喜欢我就抱抱我"的开始，00:00:18:00 对应的是下一个乐句的开始，那么 00:00:18:00 也是这句唱词的结束。我们就把爸爸妈妈拥抱孩子的照片放到"覆叠轨"中这个时间段里。这样，当歌唱"爸爸妈妈，如果你们喜欢我就抱抱我"的时候，屏幕上出现的正好是爸爸妈妈拥抱孩子的镜头。

【理论升华】

1. 会声会影自带的素材

我们在安装会声会影的时候，会自动导入一些素材。其中有视频、图像、声音、色彩、转场、标题、视频滤镜如 Flash 动画等。这些都是比较常用的，可以作为片头、片尾，或者其他媒体的效果等。如果没有特殊的要求，我们一般会从这些素材中选择一些做片头和片尾，或者对媒体做一些艺术加工。这一节，我们就是使用会声会影自带的视频做了片头和片尾。每个片头和片尾的时间大约 9 秒钟。

2. 文字动画

会声会影为用户预设了一些文字动画效果，有八个类型：淡化、弹出、旋转、飞行、缩放、下降、摆动和移动路径。每个类型里有八种动画效果。用户可以根据自己的需要把这些动画效果加载到文字上。向文字上加载动画的步骤如下：

在"展示台"中选中文字→打开"动画"面板→勾选"应用动画"→单击"动画"面板的"白三角"选中动画的类型→单击一种动画效果。

如果觉得这些动画不够用，那么可以单击"动画"面板中的"TT"，在那里对动画做一些设计，得到具有个性的文字动画。如图 8.19 所示。

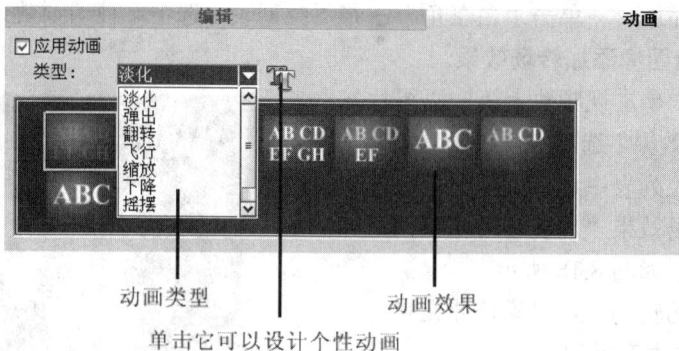

图 8.19

3. 媒体播放时间的设置

方法一：在轨道上设置。单击轨道上的媒体对象→拖动对象左端或者右端的竖立黄线。

方法二：在属性栏设置。单击轨道上的媒体对象→单击"属性栏"上钟表标示⊕后面的"增减值"按钮（或者单击⊕后面的数值，重新输入时间）。

4. 给视频轨上的媒体添加动画

会声会影的开发商为视频轨上的媒体设计了 16 种动画效果,放置在视频轨上的视频和图片都可以享受这些动画效果。可以按照下面的方法给媒体添加动画效果:

单击视频轨上的媒体→单击"属性栏"的"属性面板"→点选"摇动和缩放"→单击"白三角"→选择下拉列表中的一种动画。

也可以自己定义媒体的动画。操作的方法是:单击视频轨上的媒体→单击"属性栏"的"属性面板"→点选"摇动和缩放"→单击文字标示为"自定义"的按钮,打开"摇动和缩放"面板。如图 8.20 所示。

面板上有两幅图片,左边的是原图,右边的效果图,叫作预览图。右边的图是左边虚线方框里的图片。拖动方框里的"红十字",可以移动方框的位置,拖动方框上的控制点,可以改变方框的大小。

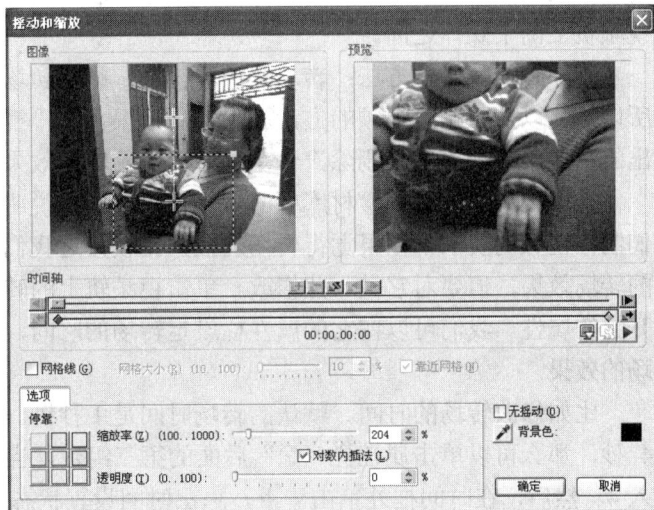

图 8.20

图像的下边是时间轴。时间轴的左端和右端各有一个菱形。一个是红色的,一个是灰色的。红色的菱形是被选中的,灰色的菱形是没有被选中的。单击某个菱形,这个菱形便被选中。单击左边的菱形,选中第一帧,预览图显示的是第一帧的图像;单击右边的菱形,选中最后一帧,预览图显示的是最后一帧的图像。通常,我们先选中时间轴上的第一帧,改变原图上虚线方框的大小和位置,看预览图的效果,如果合适再单击时间轴上最后一帧,还是通过改变原图中虚线框的大小和位置获得最后一帧的效果。设置完毕,单击"确定"按钮,把动画加载到选中的媒体上。

比如,我们想把第一幅图片制作成拉近镜头的动画。

单击视频轨上的第一幅图→单击"属性栏"的"图像"选项卡→点选"摇动和缩放"→单击"自定义"→单击时间轴上第一帧的菱形→在原图里移动虚线框、拉大虚线框,使虚线框最大→单击最后一帧的菱形→在原图里移动虚线框、缩小虚线框,使虚线框圈住人的脸部→单击"确定"按钮。

5. 转场

转场,指的是由一个场景转入下一个场景的过程。比如从片头转入第一幅图片。转场效果,指的是转场的方式,就是用什么样的方式从一个场景转入下一个场景。会声会影库存的转场方式有 15 个类型:三维、相册、取代、时钟、过滤、底片、闪光、遮罩、果皮、推动、滚动、旋转、滑动、伸展和擦拭。每个类型里又有若干种效果。给媒体添加转场效果,能够增强作品的艺术感染力,提高作品的品位。

素材库中的这些转场效果,仅对视频轨上的影像媒体起作用。即视频轨上的视频、图片、动画前面可以添加转场效果。覆叠轨、标题轨、声音轨和音乐轨上的媒体不能添加转场效果。转场效果作为一段视频加载于两个媒体之间，不能放在片头的前边和片尾的后边。在视频轨上，转场效果的颜色与众不同，其他媒体的左端有图标，右端是浅蓝色；转场效果没有图标，全部为黄色。

加载转场的方法：单击"视频轨"指明加载效果的轨道→单击"效果"选项卡打开转场效果的素材库→单击"白三角"，在下拉列表中选择转场的类型→把转场效果拖放到视频轨上两个媒体之间。

删除转场效果的方法：转场是一段视频，删除转场效果，其实就是删除一段视频。所以，可以按照删除视频的方法删除转场效果。在"视频轨"上，右击转场效果，在弹出的快捷菜单中单击"删除"命令，被选中的转场效果被删除。

转场效果的修改。素材库中的转场效果，只是说明转场效果的特点，不一定符合我们制作视频的要求。如果觉得转场的效果比较接近我们的要求，那么可以决定使用这样的转场效果，但要对它做一些修改。单击视频轨上的转场效果，同时，在"属性栏"展开它的属性。我们可以在它的属性栏设定转场的时间，转场的边缘，甚至可以自定义转场的效果。

比如修改转场的时间。默认的转场时间是 1 秒钟。如果觉得时间短，想把它修改成 4 秒，那么可以单击属性栏"⊕"后面的第三组数，当这组数闪动的时候，使用键盘输入 4。然后，在时间框外单击一下，退出时间设置状态。

单击文字标示为"自定义"的按钮"✳"，可以打开自定义窗口，在那里可以对转场效果做更多的设置，获得具有个性的转场效果。图 8.21 是"翻转—相册"的自定义窗口。

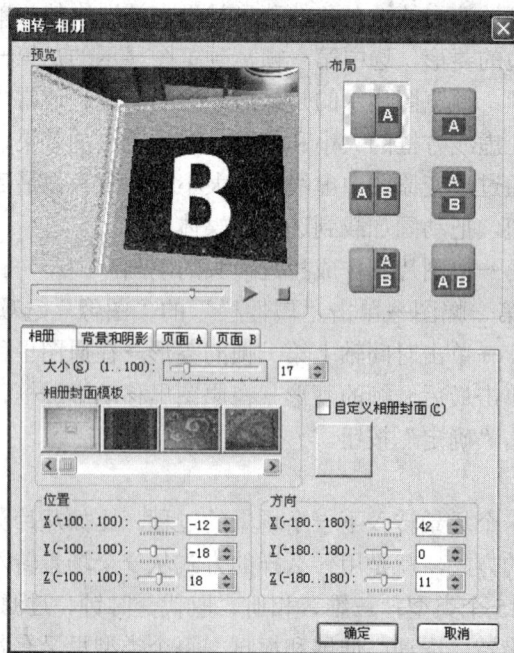

图 8.21

在这里，可以选择相册翻页的方式，相册底纹的样子，添加背景和阴影，指定前一媒体和后一媒体在相册中的位置等。

6. 章节点栏

章节点栏在时间轴视图中，位于"时间刻度"和"视频轨"之间，是一道大约 1 毫米高的长方形区域。左端有一个灰色三角形。如图 8.22 所示。

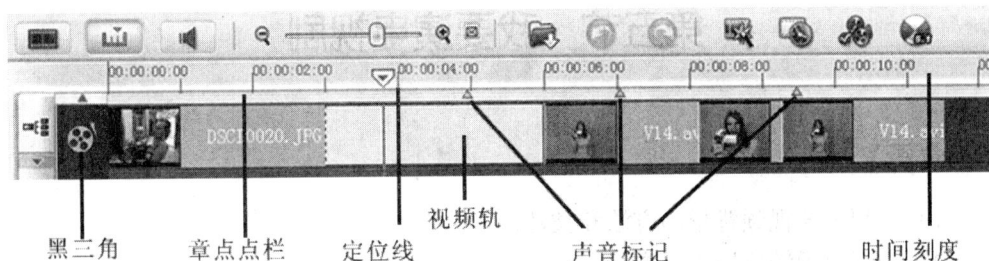

图 8.22

在它上边单击，会出现黄色三角形。我们常用在"章节点栏"上单击的方法做出一些标记，以便确定一些对象的位置。

标记的删除。在"章节点栏"上右击，在弹出的快捷菜单中选择"删除所有章节点"命令。

7. 关于如果使"覆叠轨"上的媒体与声音相吻合的问题

解决这个问题的关键是要弄清楚，哪句话在哪个时间段里。知道了说哪句话，或者唱哪个乐句，开始是在时间刻度的哪个位置，结束是在时间刻度上的哪个位置，那么，我们把反映这些话和唱词的图片或者视频放到"覆叠轨"这个时间段上就可以了。困难的是确定说话的位置。为了克服这个困难，我们常用下面的措施：

第一，逐个击破的方法。

从头开始播放视频，认真听说话声和歌词，在"章节点栏"做出第一句话的标记。在"覆叠轨"上放置图片、视频或者动画。第一句话的影像被确定之后，再确定第二句话的影像，第二句话的影像确定后，再确定第三句话的影像。一句一句地制作，不要一下子听很多句，听的内容太多，做的标记必然多。标记多了会分不清楚哪个标记指的是哪句话。

第二，反复试听的方法。

听一遍，很难确定说话和歌唱的位置。第一次听，先确定声音在时间刻度上的大致位置。然后，反复试听标记处的声音，矫正声音的位置。一般来说，试听三五次，基本上可以把发音的时间精确到帧。

第三，放大时间刻度的方法。

时间刻度过小，声音标记的近似度比较高，做出的标记不精确。初次试听，可以把时间的刻度设置得小一些，试听的时候，要把时间的刻度设置得大一些，最后把时间刻度放大至帧。

【读者演练】

（1）把一张静态的图片制作成从左向右摇动镜头的效果。

（2）使用自己的歌声制作一个 MV。

第五节　我要演电视剧

【编写意图】

（1）介绍去掉视频背景的方法和技巧。

（2）介绍视频颜色校正的方法。

任务：有一个幼儿师范女孩，梦想自己也能够在电视剧里演一个角色。我们的任务是帮助她圆这个梦。

任务分析：我们不是导演，不可能让她真正地去演一个电视剧。但是，我们有处理视频的手段，可以让她的形象进入电视剧中，成为电视剧中的一个小角色。

要让她成为电视剧里的一个小角色，必须具备两个条件：首先要有一个电视剧的视频；其次要有这个女孩的视频。有了这两个条件，分配给这个女孩一个角色就是一件容易的事情了。把她的背景去掉，再把她的形象插入到电视剧中去就可以了。找一段电视剧并不难，在数字化的今天，你可以从书店或者文化市场买一个电视剧光盘，也可以从网络上下载一集电视剧。关键是摄录这个女孩的视频。会声会影有去掉某种颜色的功能，但是不能够同时去掉多种颜色。所以，对这个女孩进行录像的时候，背景必须是单色的，而且穿的服装颜色不能和背景一样。

会声会影有多个视频轨道，默认的是两个，一个是视频轨，一个是覆叠轨。我们可以把电视剧放在视频轨上，把女孩的录像放到覆叠轨上。再在覆叠轨上把女孩的背景去掉。下面以把这个女孩的形象插入电视剧《西游记》中的"蟠桃盛会"一集为例，说明在电视剧中插入角色的具体操作方法。

我们希望制作成的效果是，在蟠桃盛会上，这个女孩端一盘仙桃从屏幕上走过。

【任务分解】

任务 1：从网络上下载电视剧《西游记》中的"蟠桃盛会"一集。

操作方法：参见有关从网络上下载视频的资料。

任务 2：摄录女孩的形象。

操作方法：以白色的墙壁为背景，让这个女孩穿着古装，端一盘桃子靠墙走过，开启数字摄像机记录她走过的情景。

任务 3：导入素材。把下载的电视剧和女孩的录像导入到会声会影。

操作方法：参见前面的介绍。

任务 4：**新建会声会影文档。**

操作方法：单击"文件"菜单→选择"新建项目"。

任务 5：**影像合成。**

操作方法：切换到"时间轴视图"→把视频"蟠桃盛会"放到"视频轨"上，左端与时间刻度 0 对齐→把女孩的视频放到"覆叠轨"上→在时间轴视图选中女孩的视频，按空格键播放，剪掉不要的镜头→单击"编辑栏"的"编辑"选项卡→在"编辑"面板，单击"颜色校正"，修改颜色，使其有比较大的反差、饱和度，合适的亮度→单击"颜色校正"面板右上角的双"v"号，退出"颜色校正"状态→在"编辑"面板，单击"分割音频"→在"声音轨"上右键单击分离出的音频→在弹出的快捷菜单中单击"删除"命令→单击"属性栏"里"属性"选项卡→单击文字标示为"遮罩和色度键"按钮→勾选"应用覆叠选项"→单击标示为"吸管"的按钮→鼠标指针在女孩视频的白色背景上单击→修改"吸管"按钮后边的参数（相似度），使女孩清楚不透明，边缘无白色。

任务 6：**调整女孩的大小。**

操作方法：单击"覆叠轨"上女孩的视频→拖动"展示台"上女孩视频周边的控制点，使其大小合适。

任务 7：**分享视频。把合成的视频导出成能够在常用视频播放器播放的格式。**

操作方法：单击"分享"选项卡→单击"创建视频文件"命令→单击"MPEG2"→指定视频的保存位置和名称→单击"保存"按钮。

【理论升华】

1. 色度键

色度键说是键，其实是一个菜单。其功能是控制影像的颜色。使用它可以取消影像中的某种颜色和调整某种颜色的浓度，设置影像的透明程度。我们常使用它去掉一个视频、图片的背景，把这个视频或者图片添加到另外一个视频上，并使二者融合在一起。色度键只对"覆叠轨"里的图片和视频起作用，而不能改变"视频轨"里影像的颜色。

打开色度键的方法：选中需要改变颜色的影像→单击"属性栏"里的"属性"选项卡→勾选"应用覆叠选项"→单击"类型"后面的"白三角"→在下拉列表中选中"色度键"。如图 8.23 所示。

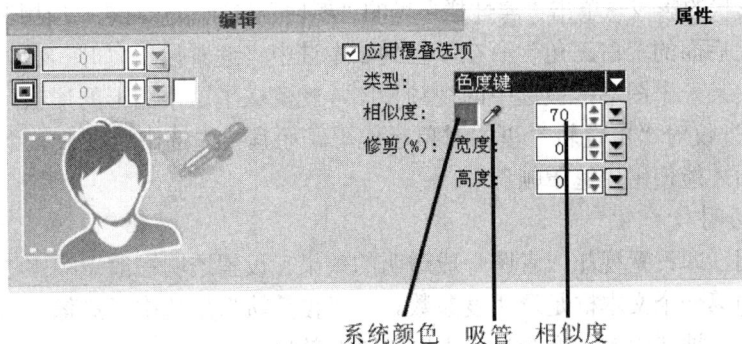

图 8.23

单击"系统颜色"按钮，弹出系统颜色，可以在这里选中你想控制的颜色。如图 8.24 所示。

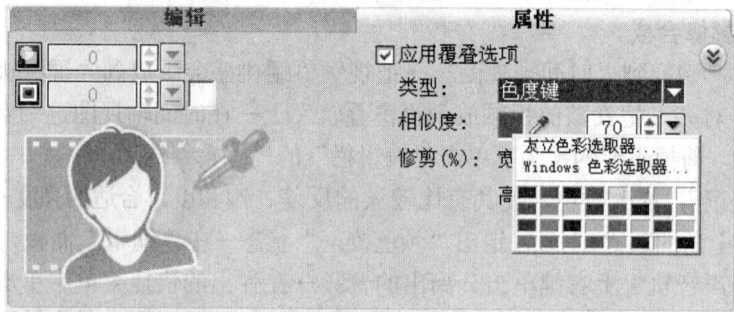

图 8.24

自然界的颜色丰富多彩，有时候我们很难准确判断背景的颜色。那么怎样才能比较准确地选择背景颜色呢？可以先单击"吸管"按钮，再单击背景，这样背景的颜色便被选中。

"相似度"后面的数据，是相似度的值。从字面上理解，相似度指的是与选中颜色的接近程度。其实不然，它指的是与选中颜色接近的色阶范围。相似度的参数越大，选择颜色的范围越宽，参数越小，选择颜色的范围越窄。

在这里选择什么颜色，就是不要什么颜色。比如说选择了黄色，那就是说在影像中隐藏黄色。相似度的参数越大，选择的范围越宽，不要的颜色越多；相似度的参数越小，选择颜色的范围越窄，隐藏的颜色越少。相似度的值过大，可能会把选择颜色的范围扩展到前景中去，结果使前景的某些部分也没有了颜色；相似度的值太小，背景可能去得不干净，前景的边缘会保留背景的颜色。要想把相似度的值设置得比较合适，往往需要多次试验。

2. 遮罩帧

遮罩帧也是一个菜单，位于属性面板的一个下拉列表里。其功能是剪裁"覆叠轨"里的影像，给"覆叠轨"里的影像做一个造型。可以把"覆叠轨"里的视频、图片剪裁成心、椭圆、旗帜的形状等。

打开"遮罩帧"的方法与打开"色度键"的方法类似。打开"遮罩帧"的方法：选中需要改变形状的影像→单击"属性栏"里的"属性"选项卡→勾选"应用覆叠选项"→单击"类型"后面的"白三角"→在下拉列表中选中"遮罩帧"。如图 8.25 所示。

单击其中某一个图形，被选中的视频和图片就变成了这个图形的形状。

"遮罩帧"仅对"覆叠轨"里的对象起作用。而且要先选中"覆叠轨"里的视频或者图像，然后才能使用"遮罩帧"。

3. 设置透明

设置透明，即设置视频或者图片成透明的效果。设置透明在遮罩帧中进行。遮罩帧面板的左上角第一个文本框是透明度参数。在"覆叠轨"里选中了影像后，再在这里输入不同的参数，被选中的影像会显示不同的透明效果。

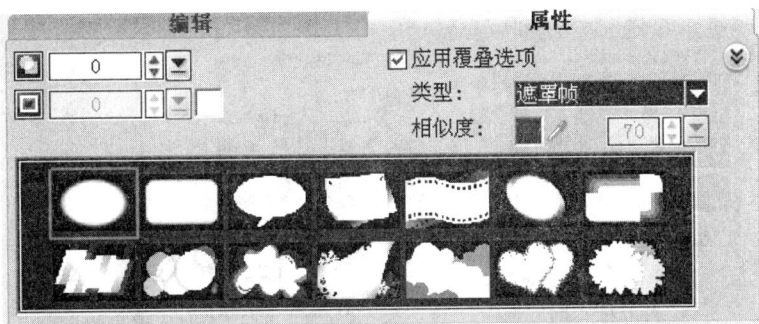

图 8.25

4. 颜色校正

录像和拍摄照片，受环境和条件的影响，得到的视频和相片，颜色、反差、饱和度、亮度，不一定是最佳的。有时候拍摄和摄录的效果可能是很差的，而我们总希望自己制作的视频是比较好的。那么在制作视频的过程中就要对这些素材做一些加工，亮度不够的要提高亮度，反差过小的要提高反差，偏色的要校正颜色，饱和度不足的要增加饱和度。这些都可以在选中了影像之后，在属性栏进行调整。

选中了影像对象后，单击"属性栏"里的"编辑"选项卡，可以打开影像的编辑面板。如图 8.26 所示。

拖动项目名称后面的滑动块，可以改变被选中对象的这一属性；双击这一属性上的直线，这一属性将恢复原始状态；单击下边文字标示为"重置"的按钮，所有设置将全部恢复原始状态。比如，摄录的视频有些昏暗不清，那么就可以在选中了视频的情况下，把对比度后面的滑动块向右拖动一点，并把亮度后面的滑动块也往右移动一点。

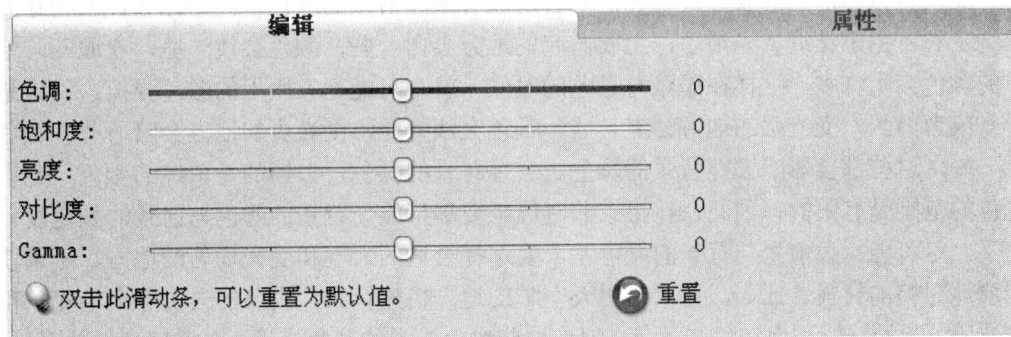

图 8.26

5. 影像的进入和退出

在会声会影里，可以给"覆叠轨"里的影像设置多种进入和退出的效果。操作的方法是：在覆叠轨里选中影像对象→在属性栏单击"属性"选项卡→选择对象进入和退出的方向和样式。如图 8.27 所示。

比如，让对象旋转着从左边进入，逐渐隐藏着从右下角退出。

操作方法：选中对象后，单击"进入"栏里指向右的箭头，和"进入"栏下边有旋转标示的按钮→单击"退出"栏指向右下角的按钮和"退出"下边的渐变按钮。

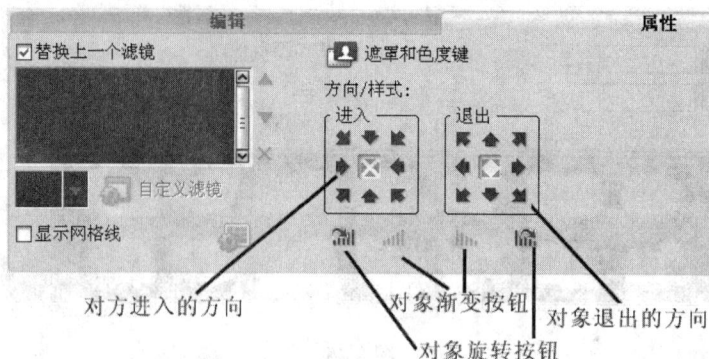

图 8.27

6. 向电视剧里插入视频的技巧

向电视剧里插入视频，重要的是去掉视频的背景。如果视频的背景不能够去掉或者隐藏背景不彻底，那么会造成录制的视频与电视剧不够融合的现象。比如，录制的视频去掉背景后，剩下的人物周边的背景有颜色，或者去掉的背景有浅颜色的底色，把这样的视频插入到电视剧里，显然二者是两张皮。能否把摄录的视频背景全部去掉，与拍摄背景和前景颜色的选择关系极大。如果背景和前景的颜色一样，那么删除背景也会把前景删除。比如，向电视剧里插入的角色穿的是蓝衣服，背景也是蓝色，那么在删除背景的蓝色的时候，会把人身上的颜色也删除，使人只剩下一个脑袋。如果背景和前景的颜色接近，那么在删除背景的同时会把前景中的一部分颜色删除。比如，欲插入电视剧的人物穿的是黄色，背景是橙色，如果人的身上受光不是均匀的，那么可能有些地方的颜色会变成橙色。这样，当删除背景的时候，就会把人身上的橙色也删除，使人物残缺不全。如果背景和前景的表面过于光滑，会造成背景和前景的颜色不纯。比如，人物穿着丝绸上衣，由于丝绸太光滑了，上衣凸起的地方会白一些，颜色会浅一些，衣服凹陷地方的颜色会重许多。这样在隐藏背景色的时候，就有可能把衣服上的颜色弄掉。不论是背景或者前景，受光强的地方会亮一些，颜色会浅一些，受光少的地方会暗一些，颜色重一些，这些都会影响去掉背景的颜色。去掉背景的颜色，去掉的是单纯的颜色，允许选色的范围是有限的，因此，在摄录的时候，要尽可能使背景的颜色与前景的颜色没有交叉，尽可能拉大前景与背景的颜色差，要选择合适的天气和受光均匀的地方，尽量使用质地粗糙的材料。比如，可以在阴天空旷的地方搭建背景，出演的人员穿上毛呢、粗布衣服。背景一般不用红色和黄色，因为这些颜色与人的肤色接近，在去掉背景的时候，容易把人脸上的颜色也去掉。我们通常使用绿色做背景，这是因为穿绿色衣服的人比较少，而且绿色与人脸的颜色相差比较大。

【读者演练】

给自己制作一段腾云驾雾的视频。

提示：找来一段俯瞰地球的视频，自拍一张打禅的单色背景照片。把视频放到"视频轨"上，把自拍的照片放到"覆叠轨"上去掉背景。